책에 갇히다

김성일
문녹주
송경아
오승현
이경희
이지연
전혜진
천선란

책에 갇히다

책과
서점에 관한
—— SF 앤솔러지

Contents

붉은 구두를 기다리다   **김성일** ————————————

금서의 계승자   **문녹주** ————————————

12월, 길모퉁이 서점   **송경아** ————————————

컨   **오승현** ————————————

바벨의 도서관   **이경희** ————————————

역표절자들   **이지연** ————————————

모든 무지개를 넘어서   **전혜진** ————————————

두 세계   **천선란** ————————————

007

057

133

165

197

245

285

325

붉은구두를 기다리다

김성일

장편 『메르시아의 별』, 『별들의 노래』, 『널 만나러 지구로 갈
게』를 썼으며 단편으로 「성전사 마리드의 슬픔」(앤솔러지 『엔
딩 보게 해주세요』 수록), 「라만차의 기사」가 있다. 때때로 소설
플랫폼 브릿G에도 글을 쓴다.

"그래서 어떻게 되었을까? 도로시를 드디어 마주한 오즈의 마법사는 과연 무엇이라고 말했을까?"

제사장의 목소리가 차가운 하늘에 울려퍼졌다. 부족민들은 숨을 죽이고 다음을 기다렸다. 푸른소는 자기 차례가 되자 자리에서 일어났다. 긴장 때문인지, 동지 축제의 붉고 푸르게 빛나는 전깃불 장식 때문인지, 약간 현기증이 느껴졌다. 무대 아래에 앉은 부족민들 사이에 두 아버지의 얼굴이 보였다. 푸른소는 힘을 내어, 연습한 대로 목소리를 높였다.

"마법사는 이렇게 말했다. '나는 가짜요! 마법 따위는 쓸 줄 몰라요.'"

푸른소는 제단의 괴물 인형을 향해 손을 뻗었다.

"저 괴물은 천장에서 밧줄로 늘어뜨렸을 뿐이오. 저 불덩이도 천뭉치를 기름에 적셔 불을 붙인 속임수라오."

더운가랑비가 다음을 이어받았다.

"로봇 기사는 이렇게 말했다. '그 오즈의 마법사가 가짜였다니! 나는 이제 마음을 가질 수 없고, 헝겊인형은 뇌를 가질 수 없고, 산고양이는 용기를 얻을 수 없게 되었소.'"

제사장이 말을 계속했다.

"그것은 도로시 또한 칸사스로 돌아갈 수 없다는 뜻이기도 했다. 그렇다면 낙심하여 그 자리에 주저앉았을까?"

제사장은 모두가 느낄 길이의 침묵을 두었다가 목소리를 한층 높였다.

"그렇지 않았다! 위대한 조상 도로시는 두 눈을 부릅뜨고 마법사를 질타했다."

그리고 푸른소가 내내 기다렸던, 붉은구두의 맑고 높은 목소리가 울려퍼졌다.

"도로시는 이렇게 말했다. '마법사여, 거짓으로 세상을 속이다니 부끄러운 줄 아시오. 나는 칸사스로 돌아가서 나라를 세워야 합니다. 당신이 마법사가 아니라면 누가 나를 그리로 보내 줄 수 있소?'"

부족민들이 잠잠해졌다. 기대감이 손끝에 만져질 것만 같았다. 푸른소도 숨을 죽이고 다음을 기다렸다.

사실은 모두가 아는 이야기다. 마법사는 풍선을 타고 돌아갈 수 있다고 말하지만, 도로시는 결국 거기에 타지 못한다. 하지만 남쪽으로 가서 악한 마녀를 물리치고, 그동안 신고 있던 빨간 구두가 마법의 구두였음을 알아채고 용맹한 충견 토토와 함께 칸사스로 돌아온다. 그리고 오즈에서 가져 온 보물과 지식으로 이 부족의 기틀을 세운다.

매년 겨울이 되면 마을 사람들은 이렇게 무대를 만들었고, 제사장과 제자들은 그 위에 올라 부족의 신화들을 이야기했다. 구성은 매년 달랐지만, 칸사스족의 기원을 밝히는 위대한 조상 도로시의 이야기는 빠지는 법이 없었다.

침묵이 계속되었다. 이야기가 이어지기를 기다리던 푸른소는 제사장의 황급한 손짓을 보고서야 자기가 붉은구두의 물음에 대답할 차례임을 깨달았다. 푸른소는 벌떡 일어나 마법사의 대사를 외쳤다.

"마법사는 이렇게 말했다. '나는 풍선을 타고 하늘의 구름처럼 여기로 왔소! 당신도 풍선을 타고 나와 함께 돌아갑시다.'"

이야기는 계속되었다. 아이도 어른도 때로는 긴장하여 숨을 크게 들이쉬고, 때로는 소리내어 웃었다.

제사가 끝났다. 발을 구르고 무릎을 치는 환호가 들려왔다. 푸른소를 비롯한 제자들은 제단에서 내려왔고, 제사장은 무대 중앙에 서서 마지막 축복의 말을 했다.

제사를 마치면 으레 그렇듯, 마을 사람들은 제단에서 내려온 제자들에게 한두 마디씩 평가를 해 댔다. 푸른소도 거기에 대충 대답을 하고 있는데, 어제 일곱 살이 된 흰고사리가 생일 선물로 받은 나무 창을 들고 뛰어왔다.

"푸른소 선생님!"

푸른소는 달려오는 흰고사리를 붙잡고 번쩍 들어 올렸다. 흰고사리가 꺅 하고 비명을 질렀다.

"한 살 더 먹더니 이렇게 무거워졌네! 내일이라도 밭일을 나갈 수 있겠어."

확실히 좀 무거웠다. 푸른소는 아이를 내려놓았다. 흰고사리의 얼굴이 진지하게 바뀌었다.

"선생님. 로봇 기사 말인데요."

"도로시의 친구 로봇 기사? 그게 왜?"

"로봇은 무섭잖아요. 조상님의 친구였으면 왜 이제는 우리를 괴롭혀요?"

흰고사리의 할아버지가 채집을 나갔다가 로봇들의 손에 죽은 것이 작년이다. 푸른소는 말을 조심해야겠다고 생각하며, 흰고사리의 머리를 쓰다듬었다.

"너, 아직 조상 사라와 로봇 자객 이야기를 모르지?"

흰고사리가 고개를 저었다. 그 이야기는 성인식을 마친 젊은이들에게만 해 주게 되어 있다.

"그건 도로시가 우리 부족을 세우고 한참 뒤의 얘기야. 사라의 후손이 언젠가 로봇들을 멸망시킨다는 예언이 있었어. 그래서 로봇 임금은 무서운 자객을 보내 사라를 죽이려고 했지…."

흰고사리가 침을 꿀꺽 삼키고 물었다.

"그래서요?"

"나머지는 나이가 더 들면 해 줄게. 하지만 로봇들이 우리를 미워하는 건 그래서야."

푸른소는 흰고사리의 얼굴에 전에 본 적 없는 단단함이 피어나는 것을 보았다.

"우리가 사라의 후손이니까, 우리 중에 누가 로봇들을 멸망시킨다는 거죠?"

잠시 망설이다가 대답했다.

"그런 예언이 있어. 어쩌면 너일지도 모르지."

흰고사리가 환하게 웃더니 허리를 꼬박 숙여 인사를 하고 등을 돌렸다.

약간 씁쓸했다. 푸른소는 칸사스족의 삼백예순 신화를 모두 암기하고 있다. 이야기를 하는 것도 좋아했고, 듣는 사람들의 반응을 보는 것이 무엇보다 즐거웠다. 축제에서 이렇게 역할을 맡을 때도, 평소 스승을 대신해서 신화를 몇 대목씩 읊을 때도, 자신은 신화를 말하기 위해 태어난 것이 아닌가 하는 생각을 하곤 했다.

그러나 그 이야기들이 가감 없는 사실이라고 믿지는 않았다. 기억조차 할 수 없는 까마득한 옛날부터 입에서 입으로, 스승에게서 제자로 전해지는 과정에 왜곡도 있었겠거니와, 당초에 자기 부족의 조상들이 정말로 겪었던 일인지, 아니면 다른 부족의 이야기가 흘러들어온 것인지, 지금 알 길은 없다.

그 불신을 느꼈는지, 제사장은 푸른소가 평소 주민들 앞에서 신화를 말할 때 진심이 부족하다는 지적을 하곤 했다. 푸른소가 제사장 자리는 자기가 아닌 붉은구두가 이어받으리라 생각하는 것도 그 때문이었다. 붉은구두의 목소리에는 감정이 풍부했다. 푸른소는 그런 감정이 신화에 대한 믿음에서 나오는 것이리라고 생각했다. 비록 신화의 사실성을 의심하는 푸른소였지만, 붉은구두의 낭송을 들을 때만큼은 그 모든 것이 지금 눈앞에서 벌어지는 현실처럼 여겨졌다.

"푸른소야!"

오른아버지가 싱글벙글 웃으며 다가왔다.

"올해도 전혀 틀리지 않고 읊었구나. 너처럼 정확하게 이야기를 하는 아이가 없지."

칭찬에서 미묘한 위화감이 느껴졌다. 푸른소는 눈썹을 올렸다. 오른아버지가 말했다.

"제사장이 오늘은 네가 늦게 들어올 테니까 먼저 자라고 하더라. 수제자 얘기가 나올 때잖니."

그 말을 듣고 푸른소는 붉은구두가 있는 쪽을 보았다. 붉은구두는 동네 젊은이들 사이에 인기가 많다. 지금도 곁에서 칭찬과 축하를 하는 사람이 대여섯 명은 된다. 오른아버지가 푸른소의 시선을 따라 눈을 돌리더니 덧붙였다.

"붉은구두는… 참 잘하지. 그런데 가끔 틀리는 것 같단 말이야. 그럴 때마다 우리는 조금 불안하거든."

푸른소는 기억력만큼은 자신이 있었다. 제사장에게서 이야기를 들으면 듣는 대로, 마치 머릿속에 그 말이 새겨지는 것 같았다. 신화를 되풀이할 때에도, 잊어서 더듬거리거나 틀리게 말해 본 적이 없었다.

"계승이야 스승님이 알아서 하시는 거죠."

오른아버지가 고개를 끄덕였다.

"축제가 끝날 때면 결정이 내리겠지. 내가 보기에 수제자는 너 아니면 붉은구두다."

그것은 아마 다른 제자들도 알고 있을 것이다.

"왼아버지는 어디 계세요?"

"붉은구두네 어머니가 물어볼 게 있다고 해서 같이 갔어."

제사장의 제자들은 그 가족들끼리도 가깝다. 항상 뭔가를 상의

하고, 같이 음식을 만들고 옷을 짓는다. 푸른소는 제단 저쪽 가장 자리를 보았다. 붉은구두가 친구들과 이야기하고 있었다. 푸른소는 오른아버지에게 말했다.

"저는 그럼 스승님한테 가 볼게요."

"우리는 먼저 자고 있을 테니까 천천히 들어와라. 축제니까 친구들하고도 좀 어울리고."

푸른소는 삼삼오오 모여서 음식을 먹고 요란하게 떠드는 부족민들 사이를 지났다. 아까는 신경 쓰지 않는 것처럼 말했지만, 계승은 중요한 문제였다. 푸른소는 어려서부터 신화 외에는 관심이 없었다. 이야기를 듣고 곱씹고 되풀이하는 것 외에 무엇을 하고 살아야 할지 알 수 없었다. 더운가랑비는 신화를 배우는 것 외에도 어머니를 따라 종종 로봇과의 싸움에 나간다. 붉은구두는 일가가 모두 사냥꾼이라서 활솜씨가 대단하다. 수제자가 되지 못하면, 푸른소는 두 아버지로부터 뒤늦게 바구니 짜는 법을 배우는 것 말고는 수가 없었다.

제단 가장자리, 제자 일곱 명이 모인 곳에 다다랐을 무렵에는 제사장이 이미 와서 함께 음식을 먹고 있었다. 분위기가 진지한 것을 보면 올해 겨울 축제의 제사를 평가하고 있는 모양이었다. 아까 이야기에 홀리는 바람에 박자를 놓쳐서 한 소리 들을 것이 분명했다.

"스승님."

푸른소는 고개를 꾸벅 숙였다. 제사장이 음, 하고 대답을 했다.

"푸른소가 왔으니 얘기를 하마. 오늘 밤에 내 뒤를 이을 수제자를 결정할 거다."

모두 이미 짐작을 하고 있었던 듯, 아무도 놀라지 않았다.

"너희는 모두 각자 장점이 있지만, 제일 뛰어난 것은 붉은구두와 푸른소다. 몇 년을 함께 배웠으니, 그건 다들 알고 있겠지? 혹시 자기가 낫다고 생각하는 아이가 있으면 손을 들어라. 선정이 며칠 늦어지는 일이 있더라도 내가 진지하게 고려하마."

술 때문에 얼굴이 평소보다 붉어진 저녁해가 말했다.

"푸른소랑 붉은구두는 코흘리개 때부터 신화를 배웠지요. 저는 우리 부족의 이야기를 더 알고 싶어서 제사장님께 배웠고, 수제자가 될 수 있으면 그것도 좋았겠지만, 어차피 원래부터 농사를 지을 거였어요. 다들 비슷하지?"

동의의 웅성거림에 이어 박수가 들려왔다. 제사장이 그들을 향해 웃어 보였다.

"수제자가 못 된다고 해서 그간의 배움이 쓸모 없는 것은 아니다. 신화는 부족의 영혼이야. 항상 마음에 담고, 그 가르침을 실천하고, 이웃과 후세에게 전하는 일을 제사장만이 할 수 있는 건 아니지. 하지만 푸른소야, 붉은구두야. 너희 둘 중 하나는 태고로부터 이어져 내려오는 횃불을 받게 된다."

푸른소는 붉은구두를 쳐다보았다. 빨간 머리가 등불을 받아 반짝이고 있었지만, 입술을 굳힌 표정은 그리 밝지 않았다. 붉은구두도 자기와 같은 걱정을 하고 있는지?

"둘은 나랑 같이 우리 집으로 가자. 나머지는 밤새 먹고 마시고 놀거라. 겨울이 아직 많이 남았으니까…."

기분 좋게 떠들썩한 축제에서 벗어나, 푸른소와 붉은구두는 제사장의 뒤를 따라 조용한 밤길을 걸었다. 마을에서 조금 떨어진 제사장의 집까지 가는 동안, 푸른소는 경쟁심이 잿불 위의 죽처럼 약하게 꿈틀거리는 것을 느꼈다. 둘은 아무 말도 하지 않았고, 제사장 역시 그저 뒷짐을 지고서 길가를 밝히는 축제 등불들을 하나하나 지나칠 뿐이었다.

제사장의 집에서 제일 큰 방은 제자들을 가르치는 학당이다. 제사장과 그 남편은 강변의 자갈과 모래를 굳혀 만든 소박한 안채에 살았지만, 귀한 철근과 유리로 된 학당은 마치 사시사철이 축제인 것처럼 화사했다. 그곳에서 보낸 지난 세월을 떠올리자, 푸른소는 절로 미소가 지어졌다.

세 사람은 학당에 들어갔다. 다른 의자들은 모두 치워져 있고, 제사장의 큰 의자 앞에 걸상 둘이 놓여 있었다. 제사장은 의자 쪽으로 손짓을 하고, 방을 돌며 구석구석의 등불을 하나하나 켜 나가다가 마지막 하나를 벽걸이에서 풀고 손에 들었다. 푸른소는 망설이다가, 붉은구두가 먼저 오른쪽에 앉는 것을 보고서야 남은 자리에 앉았다.

제사장이 자리에 앉아 등불을 옆에 내려 놓았다. 그리고 푸른소와 붉은구두의 얼굴을 찬찬히 살폈다. 푸른소는 긴장해서 침을 삼키며, 붉은구두 쪽을 힐끔힐끔 쳐다보았다.

제사장의 말이 떨어졌다.

"푸른소야. 너부터 시작해 보자. 부족의 분열과 통일에 관한 이야기를 하나 읊어 보아라."

푸른소의 머릿속에 세 가지 이야기가 지나갔다. 잠깐 이맛살을 찌푸리고 고민했다. 역적 베스는 너무 우울하다. 루크와 죽음의 기사는 너무 길다. 푸른소는 롬과 율의 비극적 사랑을 읊기 시작했다.

"아름다운 베로나에, 똑같이 긍지 높은 두 집안이 있었다. 불화는 오래되었지만 다툼은 새로워, 누군가의 손이 피로 물들지 않는 날이 없었다."

베로나가 어디인지는 모른다. 한때 우리 부족의 터전이었을 테지만, 삼백예순 신화 중 오직 롬과 율의 이야기에만 나온다. 푸른소에게, 이 신화는 그저 좋은 대목이 많은 사랑 이야기에 지나지 않았다.

푸른소는 한참을 읊어 나갔다. 롬이 밤에 집을 몰래 빠져나와 율의 창가 아래에서 밀담을 나누는 장면을 마치자, 제사장이 손을 살짝 들고 말했다.

"그만하면 됐다. 역시 너는 어느 한 마디도 틀리는 법이 없구나. 너처럼 정확한 제자는 아마 부족 역사에 처음일 게다. 붉은구두야. 너도 같은 주제의 이야기를 해 보거라."

붉은구두의 목소리가 평소보다 조금 높게 울렸다.

"아주 먼 옛날, 은빛 강이 흐르는 머나먼 곳에…."

아이도 어른도 모두 좋아하는 루크와 죽음의 기사 신화였다. 푸른소는 이 이야기에 항상 빈틈이 많다고 여겼다. 루크는 처음에는 사막에 살더니 다음에는 빙판에서 싸우고, 늪에서 수련을 하다가 숲 속에서 결전을 벌인다. 이런 다양한 환경이 서로 가까운 곳에 있을 리가 없다. 루크가 죽음의 성을 무너뜨려 대승을 거두지만, 바로 다음 대목이 되면 로봇들은 타격을 전혀 받지 않은 것처럼 공격해 온다. 게다가 마지막에 가면 검은 황제는 아무도 모르는 곳에 어느새 더 큰 성을 하나 더 지어 놓고 있다. 아무리 생각해도 말이 되는 얘기가 아니다.

하지만 붉은구두가 이야기를 읊을 때는 그런 것이 하나도 중요하지 않았다. 푸른소는 가슴이 뛰는 것을 드러내지 않으려 애썼다. 사막의 은둔 기사가 죽는 장면에서는 눈물이 나려고 했다.

붉은구두의 이야기는 루크와 죽음의 기사가 구름 성채에서 대결하는 장면으로 접어들었다. 루크의 손이 잘리는 장면에서, 푸른소는 하마터면 앗, 하고 소리를 지를 뻔했다.

"…죽음의 기사는 구름 덮인 벼랑에 한 손으로 매달린 루크를 내려다 보았다. 절망한 루크는 손을 놓고 낭떠러지 밑으로 떨어져 내려갔다."

푸른소는 마치 달리다가 돌부리에 걸린 것처럼 당황했다. 죽음의 기사는 여기서 자기가 루크의 어머니라는 것을 밝히게 되어 있다. 이런 실수를 하면 그 뒤의 이야기가 다 틀어져 버린다. 제사장도 이맛살을 찌푸렸다. 붉은구두는 눈치채지 못한 듯, 이야기를 이어나갔다. 구름 성채의 성주가 절벽에서 떨어진 루크를 구출하는 대목의 중간에서. 제사장이 손을 들어 말을 끊었다.

"그만하면 됐다."

푸른소는 침을 삼켰다. 붉은구두는 아직도 자기 실수를 눈치채지 못했는지 태연했다. 잠시 침묵이 흐른 후, 제사장이 말했다.

"푸른소는 기억에 빈틈이 없지만 이야기에 정성이 부족해. 그리고 붉은구두는 읊기를 누구보다 잘하지만 틀리는 게 많아."

제사장이 자리에서 일어나더니 의자 뒤로 돌아가 벽장 문을 열었다. 그리고 네모난 판자 같은 것을 꺼내 들고 왔다. 껍질에는 흐려져서 알아보기 힘든 그림과 뜻을 알 수 없는 복잡한 무늬가 그려져 있었다.

그러나 그것은 판자가 아니었다. 한쪽 면이 수백 갈래로 쪼개지듯 열리더니, 누렇고 빳빳한 천을 반듯하게 잘라 실로 엮은 것 같은 속이 드러났다. 푸른소는 그것이 무엇인지 몰라 어리둥절해서 붉은구두를 쳐다보았다. 붉은구두는 아까보다 훨씬 진지한 눈으로 그 물건을 응시했다.

"푸른소야, 붉은구두야. 이것은 '책'이라는 물건이다."

그 이름은 여러 차례 들어 보았다. 제사장에게서 제사장에게로 전하는, 칸사스족 제일의 보물이다. 실제로 목격하는 것은 이번이 처음이었다. 제사장은 말을 계속했다.

"이 껍질의 그림이 보이느냐? 이 사람이 위대한 조상 도로시다. 그 옆에 있는 것이 용맹한 충견 토토이고."

"여기… 가로로 죽 그려진 무늬가, '글'이지요?"

푸른소는 붉은구두가 묻는 목소리가 살짝 떨리는 것을 느꼈다. 제사장이 고개를 끄덕이고 대답했다.

"이미 알고 있구나. 글은 말소리를 그리는 태고의 비결이다. 글의 비밀을 아는 자만이 책의 소리를 들을 수 있지만, 이제 완전히 잊히고 말았지."

푸른소는 홀린 것처럼 책을 향해 귀를 기울였다. 아무 소리도 들리지 않았다. 제사장이 말을 이었다.

"책에 그려진 소리는 변하지 않지만, 글의 비밀은 모두가 잊었다. 그렇기 때문에 이제는 우리가, 제사장과 제자들이, 이 책의 역할을 해야 하는 게다. 이 책이 칸사스의 보물로 이어져 내려오는 까닭은, 우리가 조상들의 이야기를 잊지 말아야 함을 일깨우기 위한 것이다. 신화가 부족민들의 입에서 입으로 전해지다가 왜곡되는 한이 있더라도, 우리가 제대로 기억하고 있으면 본디 모습으로 되돌릴 수 있다. 붉은구두야."

붉은구두가 대답했다.

"네, 제사장님."

"그렇기 때문에 너를 수제자로 삼을 수 없을 것 같구나."

푸른소는 가슴이 뛰는 동시에 깊이 가라앉았다. 붉은구두의 표정을 살폈다. 그 눈가에 스치고 지나가는 일종의 안심을 푸른소는 놓치지 않았다. 제사장이 이번에는 푸른소에게 눈을 돌리고 말을 계속했다.

"푸른소야, 네가 우리 삼백예순 신화를 모두 사실로 여기지 않는 것은 알고 있다. 누구나 의심을 하기 마련이지. 나도 젊었을 때 그랬고, 지금도 약간은 그렇다. 하지만 이야기를 하는 동안만큼은 믿어야 해. 붉은구두처럼 말이야. 그래야만 신화가 그 본디 힘을 발휘할 수 있다."

푸른소는 고개를 숙이고 말했다.

"알겠습니다."

"이제부터 너는 내 수제자이고, 다음 대 제사장이다. 우리 부족의 이야기를 올바르게 기억하고 후대에 전하는 중책이 네 몫임을 이제 하루도 잊어서는 안 된다."

"명심하겠습니다."

바라 마지않던 일이다. 그런데도 푸른소는 기쁘다는 생각이 들지 않고 그저 붉은구두에게만 신경이 쓰였다.

제사장은 흡족한 표정으로 말했다.

"붉은구두는 너무 실망하지 말아라. 너는 그 사이 가업도 충실하게 배웠고, 앞으로 푸른소를 도울 일도 많을 거다. 나는 이제 들어가 자야겠다. 축제는 피곤한 일이야…. 둘 다 오늘 수고가 많았다. 너희도 집에 돌아가서 푹 쉬거라."

제사장이 책을 도로 벽장에 넣었다. 푸른소는 붉은구두의 시선이 책에 꽂힌 것을 눈치챘다. 둘은 함께 학당을 나갔다.

나란히 걸으면서도 두 사람은 아무 말도 하지 않았다. 각자의 집에 가는 길이 갈라지는, 등불 하나 없는 캄캄한 갈림길에 다다랐을 때, 푸른소는 붉은구두에게 물었다.

"너 왜 일부러 틀렸어?"

붉은구두가 움찔하더니 말했다.

"아? 어, 나 그 얘기는 많이 틀리는 거 알잖아."

"그 신화에서 '나야말로 네 어머니이니라'를 누가 빼먹어? 네가 루크와 죽음의 기사를 읊는 걸 지금까지 스물세 번 들었는데, 다른 데는 다 틀려도 그 부분을 틀린 적은 한 번도 없었어."

"왜 그런 걸 다 기억하고 있어…?"

푸른소는 대답을 기다렸다. 붉은구두가 한참을 가만히 있다가 머리를 뒤로 넘기더니 말했다.

"너 오늘 우리 집에서 자고 갈래?"

이번에는 푸른소가 움찔했다.

"갑자기 무슨 소리야?"

"보여 주고 싶은 게 있어서 그래."

푸른소는 앞장서는 붉은구두의 뒤를 따라 걸었다. 차가운 겨울 바람이 풀을 스치는 소리를 듣다 보니 어느새 오두막이었다. 다들 축제에서 돌아오지 않았는지, 불은 모두 꺼져 있었다.

"나는 저기 별채에 살아."

별채라기보다는 작은 헛간 같다. 푸른소는 붉은구두가 열어 주는 문으로 들어갔다.

붉은구두가 등잔에 불을 켜자 어지러운 방의 모습이 드러났다. 처음 보는 물건들이 잔뜩 있었다. 이름 모를 동물의 나무 조각, 처음 보는 구슬 박힌 옷 한 벌이 보였다. 침상은 짚이 곳곳으로 비어져 나와 있었고, 두꺼운 겨울 이불이 구겨져 있었다.

방 뒤쪽의 서랍장 위에는 새빨간 구두가 한 켤레 놓여 있었다. 푸른소는 홀린 것처럼 그 구두를 향해 다가갔다. 루비처럼 빛나는 빨간색이라는 생각이 제일 먼저 들었지만, 루비는 이야기 속에서만 들었을 뿐 실제로 본 적이 없다는 것을 깨달았다. 푸른소는 작고 빨간 비늘이 촘촘하게 덮인 구두를 매만지다가, 문득 떠오른 것이 있었다.

"너… 그거 해 봤어?"

붉은구두가 웃었다.

"해 봤지. 구두가 좀 작아서 발을 꽁꽁 동여매고 신어 봤는데, 뒷꿈치를 부딪쳐도 아무 일 없더라고."

"어디 가고 싶다고 빌었는데?"

붉은구두가 어깨를 으쓱하고 대답했다.

"저기 산 너머 어디로든."

푸른소는 매끄러운 구두를 계속 매만졌다. 붉은구두가 말을 이었다.

"푸른소야, 나는 여행을 떠날 거라서 제사장이 될 수 없어. 어차피 수제자는 너라고 생각했지만, 혹시라도 나를 짚으실까 봐 틀리게 읊었지…."

푸른소는 속이 조금 울렁거렸다.

"여행…? 어디로?"

"저기 산 너머 어디로든."

"보여 주겠다는 건 이 구두야?"

붉은구두는 다시 웃더니, 침상 밑에서 작은 나무 상자를 하나 꺼내더니 푸른소에게 다가왔다. 푸른소는 상자를 받으려고 손을 뻗었지만, 붉은구두는 건네주지 않고 뚜껑을 열었다.

푸른소는 눈을 의심했다. 그 안에 든 것은 책이었다. 바로 조금 전에 제사장이 보여 준 것과 똑같이 생겼다. 그러나 껍질에는 도로시와 토토 대신 기묘한 사각형 기둥 같은 것이 수없이 늘어서 있었다.

"봐도 돼."

붉은구두의 말을 듣고 푸른소는 상자에서 조심스럽게 책을 꺼냈다. 당장이라도 바스라질 것처럼 연약한 물건이다. 조심스럽게 펼쳤다. 상당 부분 뜯어지거나 찢어져 있고, 그림이 하나도 없이 '글'로 가득했다.

"이건 어디서 난 거야?"

"재작년 겨울에 사냥 나가서 우연히 만난 행상한테서 샀어."

"이런 보물을 그냥 판다고…?"

책에서 눈을 떼지 못하는 푸른소의 손을 붉은구두가 잡았다.

"나는 책을 더 찾으러 갈 거야."

"이런 게 세상에 더 있다는 말이야?"

붉은구두가 웃었다.

"지금은 어떨지 모르지. 하지만 이건 옛날에 훨씬 더 많이, 한꺼번에 여럿씩 만들었을 것 같아. 이 부분을 봐봐. 여기 이거랑 이거, 이거 하고 이거…."

붉은구두가 손가락으로 군데군데를 짚었다.

"완전히 똑같이 생기지 않았어? 여기 동그라미 끝에 머리카락 삐친 것 같은 부분도 그렇고, 이 막대기 끝에 휘어진 부분도 그렇고…. 이건 손으로 그린 게 아니라 틀을 만들어서 찍어낸 거야. 하나만 만들었다면 그런 수고를 했겠어?"

"그 행상은 어디서 샀대?"

"동쪽에서. 여러 곳에서 잡동사니를 사는 사람이라 정확히 어딘지는 자기도 모르겠대."

"그럼 동쪽으로 무작정 가는 거야?"

붉은구두가 고개를 끄덕였다. 푸른소는 어이가 없었다.

"어차피 거기 나온 이야기를 우리는 알 수가 없잖아. 글의 비밀을 알아야 소리를 알 수 있다고 스승님이 그러셨잖아. 책이 있어서 뭐해?"

붉은구두가 말했다.

"이게 정말로 말소리를 그린 거라면, 말소리처럼 되어 있을 거야. 말조각이 반복되는 것처럼, 글도 반복이 되지 않겠어? 책을 충분히 모아서 연구를 해 보면 분명 뜻을 알 수 있을 거야."

푸른소는 이해가 가지 않았다. 붉은구두가 계속 말했다.

"그렇게 해서 글의 비밀을 밝히면 우리 부족의 삼백예순 신화도 책으로 만들 수 있을 거야. 몇 대를 거쳐도 하나도 변하지 않게…."

"그걸 정말로 할 수 있다고?"

"할 수 있어."

붉은구두의 얼굴에 비치는 자신감과 희망을 보고, 푸른소는 복잡한 기분이 되었다. 그게 가능하다면 정말 멋진 일일 것이다. 하지만 그것을 위해 평생 살아 온 마을을 떠날 수 있다는 게 대단하면서도 원망스럽게 느껴졌다. 말리고 싶었지만 푸른소는 자기가 붉은구두의 아무것도 아니라는 사실을 알고 있었다.

"가족하고도 얘기 다 했어. 며칠 있다가 떠날 거야. 스승님한테는 말씀 안 드렸으니까, 너도 괜히 말하지 마."

푸른소는 붉은구두 어머니가 왼아버지에게 할 얘기가 있다고 했다는 오른아버지의 말을 떠올렸다. 어쩌면 붉은구두의 여행을 준비하기 위해서였는지도 모른다. 먼 길을 가는데 바구니 하나는 필요하겠지….

붉은구두는 책을 충분히 모으면 돌아와서 글의 비밀을 밝히는 연구를 하며 살 것이라고 했다. 책을 모으는 데는 적어도 2, 3년이 걸리지 않겠느냐고…. 근처 야산으로 사냥을 다니고 이웃 부족에 가죽을 팔러 다니는 붉은구두와 달리, 푸른소는 마을 밖으로 멀리 나가 본 적이 없었다. 저 산 너머에 무엇이 있을지 궁금했던 적도 없다. 단지 부족의 신화들을 들으며, 그 안의 이국적 풍경과 사람들에게 매료되었을 뿐이다.

부러운지 아쉬운지 모를 애매모호한 감정으로, 푸른소는 붉은 구두의 이야기를 들으며 그날 밤을 보냈다.

붉은구두가 마을을 떠난다는 말은 바로 다음 날부터 퍼지기 시작했다. 제사장의 제자가 아니더라도, 후계자 경쟁에서 밀려난 자가 마을을 떠나는 일은 드문 일이 아니다. 사냥으로 얻은 모피의 새 판로를 개척하러 간다는 명목에도 불구하고, 마을 사람들은 수제자 자리를 놓친 붉은구두가 상심했다는 뜬소문을 진실처럼 믿었다. 붉은구두의 가족을 제외하면 오직 자기만이 붉은구두가 마을 역사에 없는 큰 모험에 나선다는 것을 알고 있다는 사실이, 푸른소의 마음을 조금이나마 가라앉혔다.

붉은구두는 닷새 후, 날이 밝았을 때 마을을 떠났다. 제사장도 푸른소도, 다른 제자들도, 모두 나와서 붉은구두의 안전을 빌었다. 제사장이 반지 신화의 시구를 인용하여 축복을 내렸다.

"금이라고 모두 빛나는 것은 아니요—"

어쩌면 이렇게 꼭 맞는 구절일까? 푸른소는 받아서 말했다.

"떠돈다고 모두 길을 잃은 것은 아니다."

제사장이 푸른소에게 흡족한 시선을 보낸 뒤 붉은구두에게 말했다.

"일을 잘 이루고 빨리 돌아오거라. 가족과 친구들이 걱정하지 않도록."

붉은구두가 허리를 깊이 숙여 작별을 하고 말에 올랐다. 푸른소는 동구 밖까지 배웅을 할까 망설였지만, 주변의 눈치를 살피다 보니 어느새 붉은구두는 모퉁이를 돌아 더이상 보이지 않았다.

한 번도 돌아보지 않았다. 푸른소는 그날 내내 우울했다.

붉은구두가 떠났지만 수업은 계속되었다. 수제자가 되지 못한 제자들도 꾸준히 신화를 배웠지만, 제사장의 관심이 푸른소에게 집중되는 것은 당연했다. 잔소리도 많아졌고 시험도 잦아졌다.

제사장은 신화의 인물들과 나란히 있는 것처럼 느끼면서 말하라고 요구했지만, 푸른소가 그런 기분을 느꼈던 것은 붉은구두의 낭송을 듣던 때뿐이었다. 그리고 붉은구두는 이제 없었다. 푸른소는 어렴풋이 예상했던 상실감을 온전히 느꼈다.

시간이 흘렀다. 두 아버지는 바구니를 계속 만들었고, 붉은구두 가족은 사냥을 다니느라 집을 비울 때가 많았다. 붉은구두네가 마을에 있을 때면, 푸른소는 핑계를 만들어 찾아가 붉은구두의 소식을 물었지만 아는 사람이 아무도 없었다. 붉은구두의 어머니는 별로 걱정하는 눈치 없이 이렇게 말했다.

"푸른소 너도 알잖니. 걔는 어디서도 제 앞가림은 할 아이야. 눈 속에서 혼자 사흘 걸려서 바위사슴을 쫓은 적도 있지. 바위사슴 실제로 본 적 있니?"

고기를 먹은 적은 있어도 실물을 본 적은 없었다. 붉은구두 어머니는 바위사슴이 얼마나 흉포한지에 관해 길게 설명했다. 푸른소는 연신 고개를 끄덕였지만, 붉은구두가 지금쯤 가 있을 동쪽 먼 곳에는 사냥꾼이 잡아서 가죽을 벗기고 고기를 얻을 수 있는 짐승보다 무서운 것들이 얼마든지 있을 것이었다.

수확이 끝나고 다시 겨울 축제가 찾아왔을 때까지도 붉은구두에게서는 연락이 없었다. 제사장은 가을에 걸린 기침병이 낫지 않아 푸른소가 그 역할을 대신했다. 마을 사람들은 호평이었지만, 제단 옆에 앉아 듣고 있던 제사장의 표정에서 푸른소는 아쉬움을 보았다. 그러나 제사장은 제자들을 모두 치하할 뿐, 푸른소에게 어떤 충고나 요구도 하지 않았다.

겨우내 제사장의 건강은 악화되어 갔다. 더운가랑비가 로봇들을 피해 산을 넘어서 천신만고 끝에 가져온 약도 소용이 없었다. 어느 봄날 아침, 제사장은 잠에서 깨어나지 않았다. 마을에서 신화를 전한 지 딱 20년이 되는 해였다.

장례는 이틀간 이어졌다. 수제자로서 장례를 주관하는 것은 푸른소의 일이었다. 장례 마지막날, 푸른소는 역적 베스 이야기의 한 대목을 읊었다.

"…말콤이 이렇게 말했다. '슬픔에는 말을 주시오. 말하지 않는 슬픔은 근심하는 마음에 속삭여…'"

푸른소는 목이 메어 그 구절을 중간에 멈췄다. 눈물이 얼굴을 덮었고, 깨끗해야 할 낭송에 흐느낌이 섞여 들어갔다. 부족민들 사이에서 울음이 터져 나왔다. 푸른소는 목소리를 추스려 그 대목을 마쳤다.

"'…끝내는 깨어지게 만든다오.'"

장례가 끝나고, 푸른소는 깨달았다. 제사장은 이야기에 마음을 실으라고 했지만, 사실은 그 반대였다. 마음에 이야기를 실었을 때, 신화는 살아난다. 붉은구두도 필시 그랬을 것이라고 푸른소는 생각했다. 수제자 자리를 포기하고, 될지 안 될지 모르는 일을 하기 위해 가 본 적 없는 곳으로 길을 떠나는 마음은 대체 무엇이었을까? 푸른소는 그저 짐작만 할 뿐이었다.

그다음 겨울 축제에서 푸른소는 첫 제자를 들였고, 전 제사장의 제자들은 가업으로 돌아갔다. 신화에 관해 종종 묻는 흰고사리가 제자로 나섰으면 좋겠다는 마음이 있었지만, 그 아이는 이미 여름부터 더운가랑비네에서 전사 수업을 받고 있었다. 로봇을 멸망시키는 예언의 주인공이 되고 싶었던 것인지도 모른다.

제자를 들임과 동시에 푸른소는 제사장의 집으로 거처를 옮겼다. 그와 함께 전 제사장의 남편은 전통에 따라 친정으로 돌아갔다. 아버지들은 자식이 어른이 되었다며 잔치를 열었고, 그 자리에서는 푸른소의 결혼에 관해 말을 얹지 않는 사람이 없었다.

푸른소가 당분간은 제사장의 일에 집중하고 싶다고 말하자, 왼아버지가 타일렀다.

"제사장 집이 넓은데 너 혼자 살면 아깝잖니. 게다가 가정이 있어야 일도 잘 되는 거야."

오른아버지도 음, 음, 하는 동의의 소리를 냈고, 두 아비가 모두 뜻이 있는 것을 확인한 부족민들은 즉시 자기 아들, 딸, 조카, 손자 등을 입에 올리기 시작했다. 제사장은 마을에서 존경받는 중책이다. 혼기가 막 된 젊은이가 제사장이 되었으니, 슬하의 아이들을 떨어낼 좋은 기회로 보일 터였다.

푸른소는 제사장의 체면을 생각해서 웃으며 넘겼지만, 혼담은 잔치의 화제로 끝나지 않았다. 며칠에 한 번은 누군가가 꽃을 놓고 갔다. 선물을 들고 찾아와 중매를 자처하는 사람도 드물지 않게 있었다. 신화를 들으러 오는 사람보다 결혼을 시키려는 사람들이 더 많아질 즈음부터, 푸른소는 문에 달린 종을 울리는 것이 구혼자가 아니라 귀한 손님이라는 상상을 하기 시작했다. 붉은구두가 책을 한 아름 들고 왔을지도 모른다는 생각으로 매번 문을 열고, 매번 실망했다. 그러나 그 실망조차도 즐겁게 느껴졌다.

젊은 제사장을 결혼시켜야 한다는 칸사스족의 열망은 마치 여름의 폭풍처럼 몰아치다가 이내 사그라들었다. 하지만 푸른소는 이제 문의 종이 울리는 것을 낙으로 삼게 되었다.

그 후로 몇 해 동안 푸른소의 삶은 단조로웠다. 제사장으로서 마을 사람들을 모아 놓고 신화를 이야기해 주는 것이 주된 업무였다. 때때로 선물을 들고서 찾아와 고민을 상담하며 옛 전승의 지혜를 묻는 사람에게 적절한 이야기를 골라 읊어 주고 조언을 하는 것도 제사장의 임무였다. 1년에 수 차례 있는 축제, 특히 가장 큰 겨울 축제를 준비하는 것도 중요했다. 처음에는 제자가 적어서 전 제사장의 제자들을 모아 역할을 나누어 주었지만, 제사장을 맡은 지 3년이 되었을 때 푸른소는 이미 네 명의 제자를 두고 있었다.

이번 겨울 제사에서도, 푸른소는 오랜 전통에 맞게 위대한 조상 도로시의 이야기를 마지막에 배치했다. 빠른개울은 기억력이 좋고 발음이 또렷해서, 문하에 들어온 지 얼마 되지 않았지만 도로시 역을 맡겼다. 어려서 말이 서툰 검은사슴에게는 충견 토토 역을 맡겼다. 암기를 어려워하지만 말에 감정이 풍부한 솟은꽃에게는 마법사 역을 주었다.

마을은 고양되어 있었다. 가을의 수확이 최근 10년 새 제일 좋았고, 며칠 전 로봇들을 상대로 큰 승리를 거두기도 했기 때문이다. 흰고사리는 이제 아이 티를 벗었을 뿐인데 벌써부터 부족 제일의 전사가 될 소질이 보인다는 칭찬이 자자했다. 예언에 나오는 사라의 후손이라는 소문도 돌았다.

푸른소는 제사장이 된 후에도 그런 예언을 믿지 않았다. 단지 겨울 제사에 올릴 이야기들 중에 사라와 로봇 자객 신화 한 대목을 골라 넣었을 뿐이다.

겨울밤이었지만 포근한 날씨였고, 제사는 순조로웠다. 힘든 일을 마친 제자들에게 칭찬과 조언을 한 뒤, 푸른소는 집으로 돌아갔다.

목욕물을 덥히려고 불을 때고 있는데 문의 종이 울리는 소리가 들렸다. 이 밤중에 웬 손님이지? 푸른소는 막 불이 붙은 아궁이와

문 쪽을 번갈아 쳐다보다가 대문으로 나갔다.

"누구세요?"

익숙한 목소리가 들렸다.

"오랜만이야. 들어가도 돼?"

푸른소는 귀를 의심했다. 문을 벌컥 열자 붉은구두가 서 있었다. 한 번도 본 적 없는 무늬의 외투를 입고 묵직한 등짐을 지고 있다. 말문이 막힌 푸른소에게 붉은구두가 다시 말했다. 웃고 있다.

"잘 있었어?"

"드디어 돌아왔구나."

푸른소는 간신히 한 마디를 하고, 붉은구두를 안에 들였다. 붉은구두가 문턱을 넘으며 말했다.

"제사장님이 돌아가셨다는 얘기는 오는 길에 건넛마을에서 들었어."

"돌아가시기 전에 너를 한 번 더 보고 싶어 하셨어."

붉은구두가 학당을 향해 고개를 숙이는 것을 보고, 푸른소도 따라서 고개를 숙였다. 짧은 침묵이 지났다. 붉은구두가 고개를 들고 말했다.

"여기는 변한 데가 없네."

"여기저기 수리는 좀 했어…. 언제 왔어?"

"방금. 마을 들어가기 전에 여기 먼저 들른 거야. 겨울 제사는 보고 싶었는데…."

"집에 안 가고 바로 여기로 왔어?"

붉은구두가 웃었다.

"피곤한데 집에 가면 무슨 난리를 칠지 모르니까 그랬지. 여기서 하룻밤 자고, 아침에 도착한 척하려고. 괜찮아?"

"물론이지. 들어와."

푸른소는 처음에 붉은구두를 학당으로 안내했지만, 이쪽에 종일 불을 때지 않았다는 것을 떠올리고 물었다.

"좀 좁지만 내 방이 더 따뜻해."

붉은구두가 손뼉을 치며 기뻐했다.

"요 몇 년 새 뜨거운 바닥에서 거의 못 잤어!"

날이 덜 추워 그런지, 불을 넣은 지 얼마 되지 않았는데 방바닥이 뜨거워져 있었다.

붉은구두가 외투를 벗고 아랫목에 자리를 잡았다. 푸른소도 그 맞은편에 앉았다. 붉은구두는 지난 몇 년 세상을 떠돌며 겪은 일들을 말해 주었다. 그 목소리와 말솜씨가 예전과 다르지 않아, 푸른소는 신화를 배우던 어린 시절로 돌아간 듯한 기분이 되었다. 머나먼 동쪽 땅에는 로봇을 부려 농사를 짓는 부족이 있다. 코가 길고 머리에 날개가 달린 괴물이 산다. 말도 바퀴도 없는 수레가 짐을 싣고 다니는 마을이 있다. 자라는 꽃이 다르고 나무가 다르다. 푸른소는 마치 자기도 먼 동쪽을 헤매는 듯 이야기에 취했다. 반은 로봇 반은 사람인 산적을 만나 큰 곤경에 빠졌던 이야기를 했을 때, 푸른소는 놀라서 숨을 들이쉬었다.

"동쪽은 그렇게 위험해?"

"몇 년 동안 돌아다니다 보면 그런 일도 있는 거지. 더 무서운 얘기 해 줄까?"

붉은구두가 옷깃을 헤치고 몸을 뒤로 돌렸다. 하얀 등 위쪽에 큰 흉터가 나 있었다.

"이건 어쩌다가…."

"야만인 마을에 갔는데, 책을 찾는다고 하니까 다들 창을 던지고 활을 쏴 댔어. '책은 안 돼! 지식이 세상을 저주했다!' 같은 소리를 외치면서…."

푸른소는 놀랐다. 칸사스족에게는 대대로 전하는 보물이 어떤 사람들에게는 말만 들어도 눈이 뒤집히는 부정한 물건인 것이다. 붉은구두가 말을 계속했다.

"이게 화살을 맞은 자리야. 나 혼자서는 뽑지도 못할 위치잖아? 피는 계속 나지, 야만인들은 계속 쫓아오지…."

"그래서 어떻게 했어?"

"금줄을 쳐 놓은 걸 보고 그 너머로 도망쳤지. 아니나다를까 로봇들이 잔뜩 있더라고."

푸른소는 다시 헛, 하고 숨을 들이쉬었다. 붉은구두가 말했다.

"야만인들은 무서워서 도망치고, 로봇들은 날 붙잡아서 자기네 굴로 데려가는 거야. 아, 나는 이제 죽었다, 하고 생각했는데…."

붉은구두가 말을 멈추고 푸른소의 표정을 살폈다. 푸른소는 초조해서 다그쳤다.

"그래서? 그래서 어떻게 됐는데?"

"그런데 이 로봇들은 뭔가 달랐어. 하얀 방에 데려가더니 약을 주고 화살을 뽑아 준 거야. 그리고 어디로 또 데려가려고 했는데, 그때 잽싸게 빠져나왔어. 뒤쫓아오지도 않더라고."

"왜 그런거야?"

"나야 모르지!"

붉은구두가 큰 소리로 웃었다. 푸른소도 따라 웃다가, 지금까지의 이야기에서 제일 중요한 것이 빠졌음을 깨달았다.

"붉은구두야."

"응?"

"책은 찾았어?"

붉은구두가 기다렸다는 듯 가방에 손을 넣어, 가죽으로 곱게 싼 꾸러미를 꺼냈다. 얼굴에 아까보다도 큰 웃음이 피었다. 푸른소는 꾸러미보다 그 낯빛이 더 신비롭게 느껴졌다.

"이건 그림이 거의 없어."

가죽 꾸러미를 풀자 바랜 주황색 껍질이 드러났다. 칸사스의 보물로 학당 벽장에 간직된 도로시의 책과 달리, 이것은 표지에 작은 그림이 하나만 있었다. 마치 사람 같이 서 있는, 부리 달린 검고 흰 생물이다. 붉은구두가 아주 조심스럽게 책을 펼쳤다. 글이 가득했다.

"읽는 법은 아직 몰라."

"읽는?"

"글을 소리로 바꾸는 걸 읽는다고 한대. 이 책을 준 사람이 가르쳐 줬어."

붉은구두는 이 책을 어떻게 손에 넣게 되었는지 이야기했다. 그 이야기 자체는 앞서의 모험담에 비하면 평범했다. 우연히 머문 집에서 일을 도와줬더니 품삯으로 주더라는 것이다. 그러나 그 이야기를 하는 붉은구두의 표정은 상기되어 있었고, 푸른소는 그 얼굴에서 눈을 뗄 수 없었다.

붉은구두가 말했다.

"옛날에는 책을 수십 권씩 쌓아놓은 '서점'이라는 곳이 있었대. 그때는 다들 글의 비밀을 알고 있어서, 누구나 가서 집어들고 글을 소리로 바꾸었다는 거야. 칸사스에는 거기를 찾아가는 길에 들른 거야."

푸른소는 놀랐다.

"네 생각이 맞았구나. 옛날에는 책을 많이 만들었을 거라는 얘기, 떠나기 전에 했었잖아?"

"응! 그 서점이라는 게 서쪽 유적 어딘가에 있을지도 모른다는 얘기를 들었어. 그쪽으로 가는 길에 마을에 들른 거야."

붉은구두가 다시 환하게 웃었다. 같이 배우던 시절에는 미처 알지 못했다, 붉은구두의 얼굴이 이렇게 빛나는 줄은.

둘은 늦게 잠들었다. 푸른소가 일어났을 때 붉은구두는 이미 없었다. 대신 마을 쪽이 떠들썩했다. 푸른소는 느릿느릿 옷을 챙겨 입고 마을 광장에 나가, 돌아온 붉은구두를 오늘 처음 봤다는 시늉을 했다. 제사장으로서 해야 할 축복의 말을 내렸다.

사흘 뒤, 붉은구두는 푸른소를 다시 찾지 않고 서쪽으로 떠났다. 푸른소는 내심 아쉬웠지만, 붉은구두가 다음에 돌아올 때도 자기를 제일 먼저 찾아와 줄 것 같아 설렜다.

계절이 바뀌고 또 바뀌었다. 겨울 축제가 찾아올 때마다, 푸른소는 두꺼운 옷을 입고 길을 따라 마을 서쪽의 언덕에 올랐다. 하지만 어느 해에도 붉은구두의 모습은 보이지 않았고, 푸른소도 제자들도 마을도 나이를 하나씩 먹어갈 뿐이었다.

푸른소에게 결혼을 권하는 사람도 드물어졌을 무렵, 왼아버지가 병들었다. 오른아버지가 간병을 하느라 일을 거의 못하게 되자, 푸른소는 능숙하지 못한 솜씨로 두 아버지의 제자들을 도와 바구니를 짰다. 제사장의 피붙이가 병이 들자 처음에는 마을 사람들이 나서서 도왔지만, 곧 흉작이 닥쳤다. 다른 마을에서 약을 살 수 없게 되자 오른아버지는 로봇들의 영토로 약을 구하러 떠났다가 돌아오지 않았다. 왼아버지는 병세가 빠르게 악화되어, 그 뒤를 따르듯 죽었다.

둘 다 나이가 있었고, 마을이 굶고 있는 마당에 바구니 짜는 두 사람의 죽음은 냉정하게 말해 그리 중요한 문제가 아니었다. 장례는 간소하게 치러졌고, 푸른소는 그저 정성을 다해 신화를 읊는 것밖에 할 도리가 없었다.

진짜 고난은 그다음에 찾아왔다. 로봇들이 마을에 쳐들어 온 것이다. 마을의 존망을 건 싸움이 벌어졌다. 한 번도 싸우는 법을 배운 적이 없는 푸른소는 노인들과 함께 제일 후방에서 아이들을 지키는 역할을 맡았지만 그래도 무기를 들어야 했다. 스물이 갓 넘은 흰고사리가 이 싸움에서 용감하게 싸우다가 전사했다. 연로한 붉은구두의 어머니도 궁수들과 나란히 싸우다가 로봇들의 빛활에 맞아 크게 다쳤다.

푸른소는 부족이 이렇게 힘들어하는 모습을 태어나서 한 번도 본 적이 없었다. 먹을 것은 부족했고, 40년 만에 처음 있는 로봇 습격으로 죽은 사람도 많았다. 로봇들은 마을에서 물러난 후에도 전보다 훨씬 가까운 곳을 맴돌았다. 사냥이 어려워졌다. 행상들도 칸사스를 피했다.

로봇들은 그해 첫눈이 내린 뒤에야 물러났다. 교역로가 다시 통하게 되었다. 장인들은 재료를 외상으로 사서 밤낮으로 팔 물건을 만들었다. 사냥꾼들은 지난 싸움에서 수가 크게 줄었고, 그때 노획한 무기로 들소를 잡느라 마을에 붙어 있을 때가 없었다. 푸른소는 틈만 나면 붉은구두의 집에 들렀다. 로봇들에게 큰 부상을 당해 사냥에 나가지 못하는 붉은구두 어머니에게 문안을 드리러 가는 것이었지만, 붉은구두가 마을 소식을 용케 전해 듣고 찾아오지 않을까 하는 기대 역시 항상 있었다. 겨울이 되자 푸른소는 여느 해와 같이 매일 서쪽 언덕에 올랐고, 붉은구두는 오지 않았다.

동지가 다가왔다. 이맘 때가 되면 마을은 축제에 대한 기대로 들떠 있을 터였지만, 올해는 그러지 않았다. 잔치 음식의 재료도, 그것을 만들 사람도 모자랐다. 장식에 쓸 물건들을 사들일 여유도 없었다. 푸른소는 축제를 취소할지 진심으로 고민했지만, 이내 마음을 고쳐먹고 준비에 들어갔다.

그해의 축제는 전깃불도 없었고, 풍성한 음식도 없었다. 예년과 다르지 않은 것은 오로지 제사뿐이었다. 로봇들과의 싸움에서 살아남은 제자들은 가업에 바빠 연습할 여유가 부족했기 때문에, 작은 역할들은 대부분 푸른소가 직접 맡았다. 부족민들은 모두 제단 앞에 모여 쭈그리고 앉아 있었지만, 전혀 힘이 없어 보였다. 푸른소는 차디찬 공기를 마시며 목이 쉬도록 신화를 읊었다.

제사가 거의 끝나가고 있었다. 마지막 순서인 위대한 조상 도로시의 이야기도, 이제 마법사를 만나는 장면에 접어들었다. 솟은꽃이 말했다.

"로봇 기사는 이렇게 말했다. '그 오즈의 마법사가 가짜였다니! 나는 이제 마음을 가질 수 없고, 헝겊인형은 뇌를 가질 수 없고, 산고양이는 용기를 얻을 수 없게 되었소.'"

푸른소가 이어받아 말했다.

"그것은 도로시 또한 칸사스로 돌아갈 수 없다는 뜻이기도 했다."

거기까지 말했을 때, 푸른소는 아까까지만 해도 추위에 얼어붙을 것 같았던 가슴이 확 달궈지는 듯한 기분이 들었다. 현기증이 났다. 도로시의 처지가 마치 지금 칸사스족의 처지 같다는 생각이 들었다. 고난을 겪었고, 앞날을 헤쳐 나갈 길이 보이지 않는다. 하지만 푸른소에게는 다음에 할 말이 있었다.

"그렇다면 낙심하여 그 자리에 주저앉았을까? 그랬을까?"

푸른소의 쉰 목소리가 쩌렁쩌렁 울렸다. 부족민들 몇 명의 눈이 휘둥그레졌다. 푸른소는 뱃속에서부터 우러나는 소리를 질렀다.

"그렇지 않았다! 위대한 조상 도로시는 두 눈을 부릅뜨고 마법사를 질타했다."

몇 사람이 자리에서 벌떡 일어났다. 마치 뭔가 말을 하려는 듯하지만, 제사에서 함부로 입을 여는 것은 금기다. 몇 사람이 더 일어났다. 제사에서 한 번도 본 적이 없는 일이다. 도로시 역할을 맡은 검은사슴이 어리둥절해서 푸른소를 쳐다보았다. 푸른소는 검은사슴을 향해 두 팔을 벌려, 목소리를 높이라고 신호했다. 검은사슴이 푸른소에 지지 않는 큰 소리로 외쳤다.

"도로시는 이렇게 말했다! '마법사여, 거짓으로 세상을 속이다니 부끄러운 줄 아시오! 나는 칸사스로 돌아가서 나라를 세워야 합니다! 당신이 마법사가 아니라면 누가 나를 그리로 보내 줄 수 있소?'"

부족민들이 너나 할 것 없이 자리에서 일어났다. 푸른소는 놀란 제자들에게 멈추지 말라는 신호를 보냈다. 위대한 조상 도로시의 이야기가 계속 펼쳐졌다. 나쁜 마녀는 죽고, 도로시는 칸사스로 돌아와 부족의 시조가 되었다. 모든 것이 마땅한 결말에 도달했다.

먹을 것도 마실 것도 마련되지 않은 축제 자리는 제사가 끝나자 거짓말처럼 비었다. 하지만 푸른소는 알았다. 내일은 어제보다 잘 풀리리라는 것을.

겨울은 예년보다 혹독했지만, 마을에는 죽은 사람이 한 명도 없었다. 겨울이 다 가도록 붉은구두는 오지 않았다. 푸른소는 겨울 축제에서 상한 목청이 원래대로 돌아오지 않았지만, 마을 사람들은 제사장의 목소리가 더 어른스러워졌다고 느꼈다.

봄볕에 풀이 돋아나기 시작할 무렵이 되자 예년보다 유난히 결혼이 많았다. 그와 함께, 지난해 로봇 습격으로 부모를 잃은 고아들도 모두 새 집을 찾았다. 푸른소는 혼례와 입양례를 주관하느라 눈코 뜰 새 없이 바빴다. 길게 이야기를 하면 목이 불편했기 때문에, 예식을 상당 부분 검은사슴과 솟은꽃에게 맡겼다. 그 둘을 보고 있노라면 어렸을 적의 자신과 붉은구두가 떠올랐다.

그해 여름, 작년에 입었던 부상이 낫지 않아 앓던 붉은구두 어머니가 가족과 친구들에게 둘러싸여 세상을 떴다. 로봇 습격 뒤로 마을에 찾아 온 첫 죽음이었다. 푸른소는 존경받는 사냥꾼 우두머리를 보내는 데 어울리는 성대한 장례를 준비하면서, 마을에 드나드는 행상들에게 부고를 널리 알려 달라고 부탁했다. 혹시라도 붉은구두가 듣고 돌아올지 모른다는 일말의 기대가 있었다.

1년이 지나자 사냥꾼들은 상복을 벗었다. 행상들이 수고해 주었는지 멀리 떨어진 부족들에서도 조문객들이 찾아왔지만 붉은구두는 오지 않았다. 어쩌면 서쪽에서 이미 목숨을 잃었는지도 모를 일이었다. 푸른소는 그래도 겨울이 되면 매일같이 서쪽 언덕에 올라 붉은구두를 기다렸다.

해가 가고 또 갔다. 크고 작은 일들이 있었지만, 그해의 로봇 습격이나 흉년 같은 큰 재난은 없었다. 아이들은 태어나 자랐고, 노인들은 늙어갔다. 푸른소는 날마다 쉰 목청으로 신화를 읊었다. 수확도 사냥도 교역도 원래대로 돌아갔다. 마을은 내내 평온했다.

어느 여름밤이었다. 푸른소는 학당에서 하지 축제에 올릴 신화를 제자들과 상의하고 있었다. 제일 뛰어난 솟은꽃과 검은사슴이 모두 성년을 훌쩍 넘겼기 때문에, 푸른소는 이번 겨울 축제에 수제자를 정할 생각이었다. 하지 축제는 그 결정의 첫 번째 근거가 될 터였다.

하지 축제의 끝에는 슬프거나 장렬한 이야기를 올리는 것이 관례다. 솟은꽃은 역적 베스를, 검은사슴은 롬과 율을 마지막에 올려야 한다고 서로 옥신각신하고 있는데, 밖에서 종소리가 들렸다.

"이 깊은 밤에 누가 제사장 댁을… 그것도 축제 기간에….."

제자들 중 가장 어린 이슬풀이 그렇게 중얼거리고 누가 찾아왔는지 보러 나갔다. 종소리에 잠시 조용해졌던 학당에는 다시 제자들의 의논 소리가 울렸다. 푸른소는 솟은꽃과 검은사슴이 하는 말 한 마디 한 마디에 귀를 기울여 둘의 생각을 가늠하고자 했지만, 같은 주장이 계속 반복되자 졸리는 것을 어쩔 수 없었다.

이슬풀이 돌아왔다. 열띤 대화가 멈추었다. 푸른소는 하품을 한 번 하고 물었다.

"누가 찾아왔더냐?"

"모르는 사람들이에요. 축제 상의를 하고 있으니까 지금은 못 들어온다고 했어요."

푸른소는 머리를 긁었다.

"모르는 사람들…? 그러고 보니 행상이 오기로 되어 있지. 밤중에 오는 건 이상하다만."

"돌아가라고 말했는데, 상의가 끝날 때까지 문 앞에서 기다리겠대요."

이슬풀이 자리에 앉았다. 푸른소는 문 앞에서 기다리는 것이 누구인지 궁금했지만, 축제보다 중요할 것이라고는 생각하지 않고 제자들의 대화에 집중했다. 솟은꽃은 말에 힘이 있고, 검은사슴은 차분하고 조리가 있다. 하지만 둘 다 말을 할 줄만 알고 나눌 줄을 모른다. 누가 제사장이 되건, 결국은 부족민들과 부대끼면서 천천히 배워야 할 기술이다. 푸른소는 자기도 모르게 빙긋 웃었다.

밤이 깊었지만 제자들끼리는 결론을 내지 못했다. 축제에 올릴 신화를 정하는 것은 푸른소의 몫이 되었다.

푸른소는 학당을 나가는 제자들에게 기다리는 손님을 들어오게 하라고 부탁했지만, 좀 기다렸는데도 인기척이 없었다. 등잔을 들고 문 앞에 나가 보니 어느새 부슬비가 내리고 있었다. 좀 두리번거리자 저쪽 길가에 쪼그리고 있던 사람 두 명이 일어섰다.

"누구시오?"

두 사람이 걸어왔다. 하나는 어른이고 하나는 아이다. 손을 잡고 있다.

"오랜만이야."

붉은구두의 목소리였다. 이게 대체 몇 년 만이지? 푸른소는 등잔을 들었다. 옆에 있는 아이는 다섯 살 정도로 보였다. 둘 다 비에 젖어 윤기 나는 검은색 외투를 입고 있었다. 붉은구두의 얼굴에 주름이 보였다. 푸른소는 무심코 자기 눈가를 쓰다듬으며 말했다.

"전에 들른 뒤로 10년이 넘었어. 그동안 어디서 뭘 했어?"

붉은구두가 대답은 하지 않고 놀라서 되물었다.

"너 목소리가 왜 그래? 완전히 쉬었네. 긴 얘기는 들어가서 해도 되지?"

붉은구두는 그렇게 말하고, 아이의 손을 끌어 문턱을 넘었다. 푸른소는 등잔을 들고 그 뒤를 따라갔다.

아이는 내내 말이 없었고, 푸른소를 한 번 쳐다보았을 뿐 인사

를 하지도 않았다. 푸른소는 붉은구두와 아이의 얼굴을 번갈아 쳐
다보았다. 닮은 것 같기도 하고 아닌 것 같기도 했다.

학당의 불은 아직 켜진 채였다. 붉은구두는 신발을 벗고 들어와
아이의 외투를 벗겨 주었다. 아이는 아까까지 제자들이 앉았던 의
자를 하나 골라 앉았다. 눈이 크고 똑똑해 보이는 아이다. 붉은구
두가 말했다.

"우리 어머니가 돌아가셨다는 소식을 들었어."

"그것도 여러 해 된 일이야."

"알아. 그동안은 도저히 올 수가 없었어."

붉은구두는 지쳐 보였다. 여행에서 처음 돌아왔을 때 얼굴에 띠
고 있던 빛은 이제 찾아볼 수 없었다.

"그… 책을 모아둔다는 그 장소….."

"서점."

"그래, 서점. 거기는 찾았어?"

붉은구두가 아이의 머리에 장갑 낀 손을 가져갔다. 아이는 마치
고양이처럼 붉은구두의 손을 향해 머리를 기울였다. 머리를 쓰다
듬는 손에서 연달아 윙윙 소리가 났다. 로봇에게서 나는 것 같은
소리다. 푸른소의 표정이 변하는 것을 보고, 붉은구두는 장갑을
벗었다. 금속으로 된 뼈다귀 같은 손이 드러났다.

"서쪽에서 서점 유적을 하나 찾기는 했어. 그런데 책은 없어진
지 오래였어. 유적을 지키던 로봇에게 손을 잃었는데, 불행 중 다
행으로 어느 마을에서 기계 손을 붙일 수 있었지."

푸른소는 바로 신화를 하나 떠올렸다.

"마치 죽음의 기사와 싸운 루크처럼."

"그래,"

붉은구두가 처음으로 웃었다. 희망 가득하던 이전의 웃음은 아니다. 기계 손이 아이의 머리를 다시 쓰다듬었다. 푸른소가 아이에 관해 물을지 말지 고민하는데, 붉은구두가 말했다.

"얘는 마을에 두고 갈 거야."

푸른소는 아이를 쳐다보았다. 아이는 이미 알고 있는 듯, 아무 말 없이 붉은구두의 손에 머리를 맡기고 있었다. 붉은구두가 계속 말했다.

"남쪽 멀리 있다는 다른 서점을 찾아가야 해. 어린아이를 데리고 가기에는 너무 위험하고 먼 곳이야."

푸른소는 잠시 할 말을 잊었다. 속에서 뭔가 끓어올랐지만 왜 그런지는 알지 못했다. 푸른소는 무슨 말을 해야 할지 고르다가 아이를 향해 물었다.

"너는 이름이 뭐니?"

"찾을책."

그 이름을 들었을 때, 푸른소는 붉은구두가 마을을 떠났다는 사실을 실감했다. 푸른소는 그 긴 세월 동안 마을에서 붉은구두를 생각할 때마다, 어느 외딴 유적에서 책을 찾고 있는 모습을 상상했었다. 그러나 그것이 전부일 리가 없는 것이다. 지루한 여행길을 하염없이 걸을 때도 있다. 새로운 친구를 만날 때도 있다. 먹고 살기 위해 남의 밭일을 도울 때도 있다. 찾을책이라는, 붉은구두가 지었을 수밖에 없는 이름을 가진 이 아이는, 푸른소가 마을에서 겪은 것과 똑같은 시간을 붉은구두 또한 겪었음을 가르쳐 주는 증거였다. 푸른소는 그것이 참을 수 없을 정도로 원망스러웠다. 하지만 마음을 아무리 더듬어 보아도 이유를 짚을 수 없었다.

푸른소는 한숨을 쉬고 말했다.

"먼 길 왔고, 밤이 늦었으니까 일단 얘는 재우는 게 좋겠지? 너 없던 사이에 제자들이 가끔 묵으라고 곁방을 지어 놨어. 거기서 자면 되겠다. 괜찮니, 얘야?"

아이는 붉은구두를 한 번 쳐다보더니 고개를 끄덕였다.

푸른소는 찾을책의 손을 잡아 방으로 안내했다. 붉은구두가 옆에서 따라왔다. 아이를 자리에 눕히고 따뜻한 이불을 골라 덮어 준 다음, 둘은 학당으로 돌아왔다.

붉은구두가 자리에 앉았다. 푸른소는 목소리를 낮추어 물었다.

"찾을책은 왜 두고 가? 네 애잖아."

붉은구두의 표정이 굳었다.

"아까 말했잖아. 길이 위험하다고."

"너도 마을에 남으면 되잖아."

"알면서 왜 그래? 나는 할 일이 있어."

푸른소는 말을 확 내뱉었다.

"그래서 그 뒤로 서점을 찾았어? 책을 대체 몇 권이나 찾았어? 또 그걸 찾으면 어쩔 거고? 뭐가 달라져?"

"얘기했잖아. 글의 비밀을 알게 되면….”

"그게 그렇게 대단하다고 쳐. 마을을 떠난 지 얼마나 됐는데, 넌 한 글자라도 읽을 수 있어? 왜 그런 쓸데없는 일에 이렇게 시간을 낭비해?"

붉은구두는 대답하지 않았다. 푸른소는 계속 몰아붙였다.

"네가 떠난 사이에 마을에 무슨 일이 있었는지 알아? 다들 얼마나 힘들었는지 아냐고! 내 목은 이렇게 쉬었고, 너희 어머니는 결국 널 보지도 못하고 돌아가셨단 말이야."

"나라고 놀고 있던 건 아니야…"

푸른소는 아까부터 막연했던 원망의 이유를 이제 알았다. 그래, 놀고 있던 것은 아니다. 하지만 붉은구두는 마을을 벗어나서, 마을과 관계 없는 삶을 살고 있었다.

무엇보다도, 푸른소를 떠나서, 푸른소와 관계 없는 삶을 살고 있었다.

"너 혼자 멀리 가 버리고, 너 혼자, 너 혼자…. 나는 네가 돌아오기만 기다리고 있는데…."

붉은구두가 자리에서 일어났다. 푸른소는 자기 얼굴 가득 눈물이 흐르고 있는 것을 그제서야 눈치챘다. 붉은구두가 다가와서 푸른소의 머리를 끌어안았다. 푸른소는 붉은구두를 올려다보기가 겁났다. 그저 붉은구두의 배에 얼굴을 묻고 허리를 두 팔로 꽉 안았다. 자기의 눈물이 붉은구두의 옷에 스며 살갗에 닿았으면 좋겠다고 생각했다. 그러면 자기의 기분이 전해질 것처럼.

붉은구두가 다정하다시피한 목소리로 말했다.

"그럼 너는 왜 그때 나랑 같이 안 갔어?"

따라갈 수야 있었다. 하지만 푸른소는 제사장이 되고 싶었다. 진짜라고 믿지도 않는 신화이지만, 외는 것도 읊는 것도 즐거웠다. 스승님이 부족민들에게 도로시와 사라와 베스의 이야기를 해 주는 모습을 볼 때마다 존경스러웠다. 붉은구두가 말했다.

"나는 말이야, 스승님한테 이야기를 배울 때 너무 부러웠어."

푸른소는 붉은구두의 허리를 더 꽉 껴안고 말했다.

"나도…."

붉은구두가 푸른소의 머리를 안은 두 팔을 살짝 풀고 말했다.

"너는 스승님을 부러워했잖아. 나는 신화의 주인공들이 부러웠어. 도로시나, 율이나, 심지어 역적 베스까지도. 그런데 도저히 이야기를 안 틀리고 외지는 못하겠더라. 심지어 지금은 줄거리만 빼고 거의 다 잊어버렸어…. 대목을 몇 개나 읊을 수 있을지 모르겠다."

붉은구두의 목소리가 슬퍼졌다. 마치 죽음의 기사의 최후를 이야기하는 것처럼, 롬과 율의 죽음을 말하는 것처럼….

"찾을책이 칸사스족답게 자라려면 여기서 어린 시절을 조금이라도 더 보내야 해. 신화를 들으면서, 축제에 참가하면서…. 내가 서점을 찾지 못하면, 내가 글의 비밀을 알아내지 못하면, 그 애가 이어받아서 할 거야."

마치 이야기가 제사장에게서 제자에게로 이어지는 것처럼. 푸른소는 그제야 붉은구두의 얼굴을 올려다볼 수 있었다.

"기다려 줘서 고마워. 하지만 나는 또 가야 해…. 하지만 그 전에 서쪽 땅 얘기를 해 줄게."

붉은구두의 얼굴에 웃음이 피어올랐다. 푸른소는 그 웃음을 보고서 계속 침울해 있을 수가 없었다.

푸른소는 밤새 붉은구두의 서쪽 이야기를 들었다. 푸른소는 마치 다시 어린 시절로 돌아가, 붉은구두가 읊는 신화에 귀 기울이는 것 같은 기분이 되었다. 서쪽 땅끝 너머에 있다는 '바다'라는 거대한 강은 너무 커서, 며칠을 가도 반대편이 보이지 않는다. 거기에는 사람보다 몇 배나 큰 흉포한 물고기들이 산다. 바다를 건너는 데는 족히 한 달이 걸리는데, 붉은구두는 그곳에서 서점을 발견했다. 손을 잃은 것도, 로봇들에게서 기계 손을 받은 것도 그 이상한 나라에서 있었던 일이다.

아침이 되자 붉은구두는 마을 사람들을 만나지도 않고, 찾을책과 푸른소에게 작별 인사를 한 다음 온 길을 돌아갔다. 남쪽에 무엇이 있는지 다음번에 돌아올 때 이야기해 주겠다는 말을, 푸른소는 보물처럼 간직했다.

붉은구두가 따로 부탁하지는 않았지만, 푸른소는 찾을책이 붉은구두의 아이라는 것을 부족 사람들에게 밝히지 않았다. 여행자가 맡기고 간 아이라고만 했다. 집안의 허락도 받지 않고 밖에서 애를 만들어 왔다는 게 밝혀지면 붉은구두도 그 집안도 곤란해질 것이기 때문이었다.

부족민들은 처음에 찾을책을 불편하게 여겼다. 이름부터 그랬다. 당초에 '책'이 무엇인지 아는 부족민이 많지 않았다. 하지만 제사장인 푸른소가 부모 역할을 했기 때문에, 시비를 걸거나 괴롭히는 사람은 드물었다.

그해 겨울 축제가 끝나고 푸른소는 수제자를 정했다. 도로시 역할을 맡은 검은사슴이었다. 아직 제사장이 바뀌는 것은 아니지만,

이제부터는 일을 하나둘씩 수제자에게 넘겨 나가게 될 것이었다.

세월이 지났다. 찾을책은 용모가 점점 붉은구두를 닮아갔지만, 붉은구두가 어떻게 생겼는지 기억하는 사람은 푸른소 말고 거의 없었다. 푸른소는 갈수록 더 많은 일을 검은사슴에게 맡기고 찾을책의 교육에 집중했다. 신화를 가르치고, 붉은구두의 가족들에게 부탁해 사냥을 가르치고, 서툰 솜씨나마 바구니 짜는 법도 가르쳤다. 전사들의 훈련에 참가하여 창 쓰는 법을 배우게 했다. 행상이 찾아올 때마다 붙잡아 두고서, 찾을책으로 하여금 바깥 세상의 이야기를 듣게 했다.

푸른소는 쉬어 버린 목소리가 영원히 돌아오지 않을 것임을 이미 알고 있었지만, 날이 갈수록 일상적인 대화도 점점 힘에 겨웠다. 푸른소는 제사장으로서의 일을 거의 모두 검은사슴에게 맡겼고, 검은사슴은 그 일을 다른 제자들에게 또 나누었다. 찾을책도 그즈음에는 신화에 해박해져서 검은사슴을 도울 수 있었다.

찾을책이 성년이 되는 해 여름, 건강이 많이 나빠진 푸른소는 다음 겨울 축제를 끝으로 제사장 자리에서 물러날 것을 선언했다. 검은사슴은 기억력도 좋고 읊는 솜씨도 뛰어나, 푸른소와 붉은구두의 장점만 갖춘 듯한 제자로 컸다. 제자로 들어온 첫해에 말을 제대로 못해서 충견 토토 역할을 맡겼던 기억을 이야기하자, 검은사슴은 멋쩍게 웃으며 그런 일도 있었느냐고 얼버무렸다.

그해 가을이었다. 계절이 바뀌면서 감기에 걸린 푸른소는 매일같이 솟은꽃의 진료를 받았다. 검은사슴도 수시로 문안을 왔지만, 푸른소는 검은사슴이 자기보다는 솟은꽃을 보러 오는 것임을 잘 알고 있었다. 그날도 검은사슴이 찾아왔는데, 평소의 헤벌쭉한 얼굴이 단단해져 있었다.

"무슨 일이야? 표정이 왜 그래?"

목이 불편한 푸른소 대신 솟은꽃이 물었다. 검은사슴이 말했다.

"찾을책이랑 사냥꾼들이 마을에 돌아왔는데, 수레에 사람을 하나 싣고 왔어요. 아무래도 로봇들한테 당한 것 같다고⋯."

솟은꽃이 놀라서 숨을 들이쉬더니 말했다.

"그놈들은 한참 잠잠했는데 갑자기 또 왜? 다친 건 우리 부족민이야?"

검은사슴이 고개를 저었다.

"아니, 처음 보는 사람이야. 근데 찾을책은 아는 사이인 것 같더라고. 굉장히 침울해 있었어."

푸른소는 가슴이 덜컹해서, 목을 쉬라는 솟은꽃의 조언을 잊고 소리쳤다.

"그 사람, 생명에 지장은 없더냐?"

"잘 모르겠어요. 솟은꽃이 가서 보면 되니 스승님은 너무 신경 쓰지 마세요. 몸조리 하셔야죠."

푸른소는 자리에서 일어나 벽에 걸린 외투를 걸쳤다. 솟은꽃이 말렸지만 아랑곳하지 않고 대문을 나섰다. 두 제자가 급히 뒤를 따랐다.

마을 광장에 도착하자, 기억에 있는 그 검은 망토를 두른 붉은구두가 수레에서 내려져 들것에 실리고 있었다. 찾을책은 내내 붉은구두의 손을 잡고서 놓으려 하지 않았다.

푸른소는 붉은구두에게 다가갔다. 가슴과 배에 마치 불로 지진 것 같은 빛활 자국이 셋이나 나 있었다. 얼굴 주름은 전보다 더 깊었다. 푸른소도 붉은구두의 손을 잡았다. 솟은꽃이 다가와 안색을 살피고 맥을 짚더니 고개를 절레절레 저었다.

붉은구두가 뭔가 말을 하려고 했지만 숨을 쉬는 것조차 어려운 모양이었다. 푸른소는 붉은구두의 시선이 왼쪽 옷소매로 가 있는 것을 눈치챘다. 소매에 손을 넣자 뭔가가 만져졌다. 꺼내 보니 책이었다. 그러나 이것은 다른 책들과 달랐다. 겉에 있는 글도, 안에 있는 글도, 그간 본 두 권의 책처럼 반듯하지 않았다. 이 책은 마치 손으로 직접 그린 것처럼 하나하나가 조금씩 달랐는데, 같은 글이 줄마다 똑같이 반복되고 있었다.

붉은구두가 가쁜 숨을 몰아쉬었다. 푸른소는 소매에서 꺼낸 책을 들고 붉은구두에게 가져갔다. 붉은구두가 글 한 조각을 손가락으로 힘겹게 짚고 말했다.

"칸사스."

그리고 그 옆의 다른 조각을 짚었다.

"찾을책."

그리고 하나 더.

"푸른소."

붉은구두의 손가락이 책에서 미끄러졌다. 붉은구두는 남은 날숨을 힘없이 뱉고, 다시는 들숨을 쉬지 않았다. 푸른소는 그 손가락을 부여잡고 통곡했다.

푸른소가 이 사람이 붉은구두라고 말했을 때, 그것이 누구인지 아는 사람은 많지 않았다. 붉은구두가 하도 오랫동안 마을을 떠났기 때문이기도 했고, 그 또래 부족민들이 로봇 습격에서 상당수 죽었기 때문이기도 했다. 시신은 붉은구두의 일가친척인 사냥꾼들이 수습해 갔지만, 그 사람들마저도 이것이 누구인지 모르는 듯했다.

찾을책이 붉은구두의 자식이라고 이제 와서 쉽게 밝힐 수는 없었다. 그날 밤, 푸른소는 찾을책과 함께 마당에 자리를 차리고 술을 마셨다. 달이 밝았고, 바람이 제법 쌀쌀했다.

"붉은구두는 네가 자기 뒤를 이어서 글의 비밀을 밝히기를 원했다."

찾을책이 대답했다.

"알고 있습니다."

"그럴 생각이냐?"

"안 그래도 봄이 되면 어머니를 찾으러 떠날 참이었어요. 같이 책을 찾고 글의 비밀을 밝히려고요."

푸른소는 고개를 몇 번 끄덕끄덕했다. 찾을책이 말했다.

"어렸을 때 어머니는 칸사스족의 신화를 곧잘 들려주셨습니다. 그때마다 눈이 반짝거리셨어요."

"전에 만났을 때는 다 잊어버렸다고 하던데."

찾을책이 웃었다.

"그런 이야기들을 어떻게 잊을 수 있겠어요? 대목을 잘못 외고 사람 이름을 헷갈릴 수는 있겠지만, 그 내용과 교훈을 잊을 수는 없어요. 정말로 잊었다면 어떻게 어머니가 평생을 떠돌아다닐 수 있었겠어요?"

푸른소는 잠시 숨이 멎는 것 같았다. 찾을책이 말을 계속했다.

"어머니는 항상, 글의 비밀을 찾아나서게 된 것은 신화 때문이라고 말씀하셨지요."

"너는?"

"저는 어머니를 본받아서 떠나는 거고요."

여러 잔의 술에도 불구하고, 그 말을 들은 순간 푸른소는 머리가 한없이 맑아졌다. 신화의 의미가, 제사장의 본분이 환하게 이해되었다. 푸른소는 다시 흐느껴 울었다. 붉은구두의 죽음을 슬퍼하는 눈물이 아니라, 깨달음을 기뻐하는 눈물이 그 주름진 얼굴을 적셨다.

"제사장님, 갑자기 왜 그러세요?"

푸른소는 찾을책이 내민 손을 두 손으로 꽉 움켜쥐고 말했다.

"찾을책아, 네 어머니와 함께 다닌 시절의 이야기를 해 다오."

칸사스족은 겨울 축제를 앞두고 있었다. 해마다 반복되면서도 특별하게 여겨지는 축제이지만, 올해는 푸른소가 은퇴하고 검은사슴이 제사장의 자리를 이어받기 때문에 더욱 특별했다. 겨울 축제에 올릴 신화를 정하러 제자들이 학당에 모였다. 푸른소는 제자들에게 이렇게 말했다.

"칸사스족 신화는 삼백예순 개이지만, 거기에 하나가 더 있다."

제자들이 서로 마주 보고 웅성거렸다.

"오늘은 글의 비밀을 찾아나선 영웅 붉은구두에 관해 이야기를 해 주마. 특히 검은사슴은 잘 들어라. 한 대목도 잘못 외워서는 안 된다."

붉은구두가 어떻게 책과 서점을 찾아나섰고, 무엇을 보았으며, 어떤 일을 겪었고, 끝내 글의 비밀을 알아냈지만 그것을 전하지 못하고 죽었는지, 푸른소는 쉰 목소리로 읊어 나갔다. 제자들의 반짝이는 눈을 보면서, 푸른소는 얼굴에 저절로 미소가 떠오르는 것을 느꼈다. 신화는 정말로 있었던 일인지가 중요한 것이 아니다. 부족민들은 신화를 듣고 어떤 마음으로 어떤 일을 해야 하는지를, 우리가 어떤 사람이어야 하는지를 배운다. 신화는 우리를 만들어 준다.

그리고 붉은구두의 이야기는 붉은구두를 닮은 사람들을 만들어 줄 것이다. 붉은구두는 이야기를 타고서 다시 이 세상에 오는 것이다. 푸른소는 그날이 기다려졌다.

작가의 한마디

"문명이 망한 풍경이 좋아서가 아니라 문명을 되찾으려는
사람이 좋아서 포스트 아포칼립스를 쓴다."

금서의 계승자

문녹주

여성이고 양성애자이며 사변 소설을 쓴다. 2019년부터
SF와 스릴러 등 각종 소설을 발표했다. 한자문화권 전반의
역사·문화적 요소를 적극적으로 활용하고자 애쓴다.

◇

올해로 열일곱 살 먹은 섭양김제농장의 품팔이꾼 가람은 열두 살에 양친을 연달아 병으로 잃고 난 뒤부터 동정을 지키기로 굳게 맹세했다. 썩 터무니없는 논리는 아니었다. 가람의 아버지는 가람이 열 살 때 개에 물려 죽었다. 여섯 달을 자리보전한 끝이었다. 가람의 어머니는 남편의 병구완 비용을 대겠다고 과로하다 2년 뒤 폐렴에 걸려 세상을 떠났다. 부모의 병구완 비용은 고스란히 열두 살 먹은 가람 앞에 놓였다.

가람은 스물다섯 살까지 농장에 묶인 몸이었다. 그나마 농장주가 이자놀이를 하지 않아 다행이었다. 그새 대가 바뀐 새로운 농장주 역시 가람을 딱하게 여긴 탓에, 어린 가람의 품삯을 어른과 비슷하게 쳐주었다. 그래도 가람은 빚이 아득하게 느껴졌다. 홀로 남은 살림집에서 빚만 남기고 떠난 부모를 원망하며 잠드는 날은 점차 줄었지만, 자기처럼 부모의 빚을 어려서부터 갚아야 하는 아이를 만들고 싶지 않았다.

그러나 농장주이자 장서가인 장수정을 따라 전주 책 시장 가장 깊은 창고에서 자기 또래 '책' 한 사람을 처음 보았던 그 순간, 가람은 어찌나 맹세를 저버리고 싶은지 숨이 턱 막히는 듯했다. 도저히 눈을 뗄 수 없었다. 맥이 빠르게 뛰는 소리가 귓전을 울리는 듯했다.

아름다운 책은 뽀얗게 탈색한 브이넥 마직 셔츠에 마찬가지로 마직 바지를 입었다. 그 위에는 여느 책들이 그렇듯 발목까지 내려오는 흰색 마직 가운을 걸쳤는데, 목깃에 가운과 같은 빛깔 실로 수를 놓아 장식했다. 책이라면 모름지기 쓰고 다녀야 할 고깔도 마찬가지였다. 눈부시게 흰 고깔에는 가람이 독해하지 못할 문자일지 아니면 그저 문양일지 헷갈리는 자수가 촘촘이 놓였다. 고깔 아래 박박 민 머리에는 저 책이 지금까지 살면서 배운 전문 지식과 책을 낸 출판사와 혈통 따위를 문신으로 적어 놓았을 터였다. 아직 고깔을 쓴 채였지만, 책을 비추는 눈부시게 밝은 조명 아래로 책의 두피가 얼마나 빽빽할지 짐작할 수 있었다.

가람은 차마 책의 목깃 아래를 제대로 볼 수 없었다. 온통 흰색 마직 옷감으로 몸을 감싼 책은 검게 물들인 허리띠로 가운을 졸라맸는데, 잘록한 허리는 지나치게 극적인 곡선을 그렸다. 얼굴이 아닌 곳에 시선을 옮기기만 해도 불경한 개자식이 된 기분이었다. 하지만 책의 얼굴을 바라보는 일이야말로 가장 위험한 일 같았다.

가람은 농장에서 으뜸가게 키가 컸는데 그 책은 가람과 얼추 눈높이가 비슷했다. 가무잡잡한 피부색이 눈부시게 새하얀 옷차림과 선명하게 대비됐다. 고깔 아래 얼굴 생김은 서늘하고 반듯했으며 우묵하니 깊은 눈에는 총기와 살기가 뒤섞여 어룽거렸다. 앳된 얼굴로 방문자를 직시하는 표정은 제법 불손했지만, 조명 아래 우뚝 선 몸가짐과 자세는 단정했다. 훈련된 모습이 틀림없었다. 서

가는 고급 장서를 수납하기엔 지나치게 단출했으나 그래서인지 서 있는 책이 더욱 빛났다. 인간이라기보다는 곧게 선 기둥 같은 느낌이었다. 가람이 감당하기에는 지나치게 매혹적이었다.

가람은 비로소 평생 원망했던 부모의 욕정을 이해했다. 서로에게 이만큼이나 끌렸더라면 결코 저항할 수 없었으리라고.

그렇게 또 또 첫사랑에 전율하는 얼간이가 세상에 하나 늘어났다는 얘기다.

동정을 맹세한 소년이 우연히 어느 소녀를 만나서 사랑에 빠졌다는 이야기를 잇기 전에 반드시 말해야 할 것이 있다. 지금 지상을 걷는 노인들이 태어나기도 전으로 돌아가 보자. 그 무렵 일어난 재앙이 어쩌면 지금부터 할 이야기 중에서 가장 중요할지도 모르니까.

◇

시작은 시베리아였다. 아니, 아마존이었을지도 몰랐다. 보르네오였을까? 중국 야딩의 자연보호구였을까? 당연히 북미의 옐로스톤 국립공원이라고 피해갈 수 없었다. 재앙은 대륙과 국경을 구별하지 않고 두서없이 평등하게 닥쳤다. 목질만 골라 분해하는 바이러스가 지상에 퍼졌다. 변이도 손쉽게 일어나서 쉽사리 대응책을 마련하기도 어려웠다.

식물계에 일어난 재앙은 처음에 '나무 위기'라고 불렸다. 대략 5년에 걸쳐 나무가 사라진 뒤에는 '나무 멸종 사태'라고 이름이 바뀌었다. 초본은 멀쩡했으나 목본은 줄지어 괴사했다. 죽은 나무도 재앙을 피하지 못했다. 목조 건축물은 어느새 먼지만 남았다. 가구는 말할 것도 없었다. 산 나무고 죽은 나무고 가리지 않고 나무는 먼지로 변했다. 생태계가 완전히 붕괴됐다. 숲에 사는 짐승은 삶의 터전을 잃었고 토양은 물을 머금지 못했다. 광합성을 통해 이산화탄소를 산소로 바꿀 만한 육상 생물은 초본 식물 정도였다. 해양 생태계에서 비슷한 역할을 하던 산호는 보호구역에서나 근근이 목숨을 부지했다.

미국은 중국이 꾸민 일이라고 성명서를 발표했다. 중국은 인도의 음모라 주장했으나 인도는 러시아가 수를 썼다고 역설했다. 러시아는 고래로 모든 재앙은 미국이 야기해 왔다는 뉘앙스를 풍겼다. 유럽의 부유한 국가에서는 이 모든 게 미국과 중국과 러시아 탓이라고 재잘거렸다.

열강이 서로 책임을 회피하고 서로를 공격하는 와중에도 인도네시아 미싱사가 만든 패스트 패션 합성 섬유 의류는 각종 부국을 거친 뒤 쓰레기가 되어 산더미처럼 아프리카에 떠넘겨졌다. 그것만큼은 나무 멸종 사태 전과 별로 달라진 것도 없었다. 각자의 이권을 포기하지 못하는 열강과 부국이 중대사를 결정하기에 5년은 너무 짧은 시간이었다.

나무 멸종 사태에 가장 치명적인 영향을 받기로는 역시 중서부 아프리카 국가들이 으뜸이었다. 부국이 야기한 기후재앙에 이어 나무 멸종 사태까지 일어나자, 한때 사하라 무역의 중심지였던 차드호는 완전히 소멸했다. 동부 아프리카 대호수지대의 여러 호수는 가까스로 버텨냈으나 이 또한 소멸이 얼마 남지 않았다는 전망이 이어졌다.

금각사가 무너지고 자금성이 주저앉는 판국이었다. 나무로 만든 물건을 더는 쓰지 못하는 건 차치하더라도 당장 광합성을 하고 토양 유실을 막아야 했다.

나무 멸종 사태가 종국에 치닫자 영향력 있는 부국의 대표가 모여 나무가 없는 세상에서도 인류가 살아남을 해결책을 궁리했다. 안타깝게도 이 이야기의 배경이 될 남한의 대표는 당장 자기 앞에 놓인 문제를 해결하느라 회의에 참석하지 못했다. 하필 이 무렵에 오랜 휴전이 끝나고 전쟁이 재개된 것이다.

나무 멸종 사태의 여파로 경복궁이 쓰러지자 청와대 참모들은 입을 떡 벌렸다. 북한의 음모라고 확신하는 세력이 벌떼처럼 일어났다. 하필 이번 행정부는 그 의견을 긍정적으로 수용하는 축이었다. 북조선에서도 다를 건 없었다. 때마침 북조선에서는 문화 선전 사업의 일환으로 만월대 위, 고려의 옛 궁궐인 회경전 복원을 막 끝낸 참이었다. 목조 문화재가 하나둘 무너지자 당 중앙위는 책임자를 물색했다. 역시 남조선 역도 패당 말고는 이런 일을 저지를 만한 자들이 없었다.

핵전쟁 같은 건 이미 지난 세기 일이었다. 반도 남반부와 북반부는 핵이 아니라도 서로를 괴롭힐 만한 생화학 병기를 잔뜩 개발한 뒤였다. 더군다나 승리한다면 상대의 수도를 진지로 삼을 가능성 또한 고려해야 했다. 그런데 아뿔싸, 서울이든 평양이든 너무 입지가 좋았다. 포기하기 어려운 땅이었다.

제2차 한국전쟁에서 핵은 논외였다. 열강이 전지구적 목재 멸종 사태를 어떻게 해결해야 하느냐며 논의하는 동안 서울과 평양은 서로의 수도에 생화학 병기를 쏟아부었다. 사람만 치워 놓고 시간이 지나 무기의 영향력이 가시고 나면, 얻어낸 도시는 승리한 국가의 주요 발전 시설이 될 터였다. 그 옛날 열강의 대리전을 치렀던 시절과 가장 큰 차이가 있다면, 이번 전쟁은 전적으로 반도 남반부와 북반부 지도자들의 의지에 달렸다는 점이었다.

당장 광합성 문제부터 해결해야 할 판국에 전쟁을 재개하다니 제정신이냐는 연락이 각국 대사관을 통해 도달했다. 품위 있는 외교적 수사를 걸러내고 나면 결국 그 얘기였다. 몇몇 국가는 제발 정신 좀 차리라며 지도자가 직접 성명을 발표했다. 그러거나 말거나 남북은 서로의 수도에 생화학 병기를 투하했다. 개전 직전 며칠에 걸쳐 경고가 앞섰기에 그나마 인명 피해가 적었다. 하지만 당분간 양국의 수도권은 사람이 살 수 없을 땅이 될 터였다.

서울이든 평양이든 국가의 핵심 시설이 모여 있는 지역이니만큼 몹시 치명적이었다. 평안도와 황해도와 경기도는 사람이 접근하기 어려운 땅이 되었다. 가뜩이나 나무를 잃어 생태계를 빼앗긴 그 지역 생물들의 피부에는 포진이 올랐으며 네발짐승은 다리가 다섯 달린 새끼를 낳았다. 배를 뒤집은 물고기가 한강과 대동강에 꽉꽉 들어차서 악취가 풍겼다. 이 참혹한 현장은 세계에 생생히 중계되었다.

천만다행으로 그때쯤 타국의 영향력이 한반도를 흔들었다. 강력한 무역 제재를 받고 싶지 않으면 적당히 하라는 말에 먼저 손을 든 건 북조선 측이었다. 북조선으로 말할 것 같으면 무역 제재를 버티는 법에는 이골이 났으나, 다른 문제가 심각했다. 하필 이 놈의 남조선 역도들이 황해도와 평안도의 곡창 지대에 생화학 병기를 쏟아부은 것이었다. 남한이야 제2 도시인 부산도 멀쩡하고 호남의 곡창 지대도 온전히 보전했다. 행정부는 세종시로 옮기면 그만이었다. 그러나 북조선은 제2 도시인 남포부터 생화학전의 집중 포격을 받았다. 무역 제재를 풀고 식량을 지원하며 완전 휴전 협약을 맺겠다는 서약 아래, 한반도는 또 휴전선을 중심으로 두 쪽 났다. 북조선은 함흥으로 임시 수도를 정했고, 남한은 한동안 북조선을 통해 중국 둥베이성으로 향하는 강원도 쪽 철도를 이용하지 못했다.

수도권에서 일어났던 생화학전만 아니었더라도 파주 출판 단지는 여전히 그 명맥을 유지했을지 몰랐다. 비록 종이책을 만들 목재가 없더라도 더는 펄프로만 책을 만드는 시대가 아니었다. 하지만 이제 전자책 같은 사치를 부릴 여력이 없었다. 이제 인류가 생산한 에너지는 생태계에서 나무가 사라진 자리를 대체해야 했다.

모든 멸망이 그렇듯 시원찮고 구질구질하며 하잘것없이 조금씩, 문명은 마모되었다. 하지만 혼란기에도 기회를 얻는 자들은 언제나 있는 법이었다.

◇

생화학전 직전, 전쟁 분위기가 고조되고 있을 무렵이었다. 그 시기 전주는 엉망이었다. 목재 절멸 사태는 심각했다. 경기전도, 한옥마을도 오랜 기간 전주를 지킨 풍남문도 스러졌다. 전북대 정문은 말할 것도 없었다. 오직 로마네스크 양식으로 지어진 전동성당만이 석조 건축물 특유의 단단함을 유지한 채 우뚝 섰을 뿐이었다. 전동성당에 목재가 조금 들어간 걸 아는 낮살 지긋한 신자들은 신의 은혜에 감사 기도를 올렸다. 새롭게 광역시로 승격된 전주는 곧 남한 가톨릭 신앙의 중심지가 되었다.

삼림에 괴질이 돌고 목재가 삭던 그 시절에 나타난 불세출의 출판인이 바로 출판의 패러다임을 바꾼 장미정이었다. 장미정은 종이가 없더라도 책은 만들 수 있다는 혁신적 사고로 출판계를 뒤엎어 놓았다. 마침 새 출판 단지가 될 만한 장소도 있었다. 비록 한옥마을이 주춧돌과 깨진 기와와 쓰레기만 남았을지언정, 장미정의 어머니를 비롯한 서울 투기꾼들은 전주 한옥마을 부지의 주인이었다.

전주 한옥마을은 장미정을 비롯한 여러 출판인의 손길을 거쳐 전주 출판 단지로 변모했다. 한옥마을 부지에 새로이 출판 단지를 꾸린 한 무리 출판인들은 그 무렵 급증한 고아를 데려다가 먹이고 입히고 가르쳐 암기 노예로 육성했다. 하필이면 교사까지 충분했다. 언제나 막일로 벌어먹기엔 몸이 영 부실하지만, 아는 건 많고 벌어먹일 식구가 딸린 사람이야 있는 법이었다. 전주 사람은 물론이요, 곡창 지대의 생산력을 믿고 피란 온 여러 분야의 지식인이 그 아이들을 가르쳤다.

그렇게 책도 전기도 변변찮은 시대에도 아이들은 구술과 흙바닥과 철필과 석필을 이용해 배우며 자라났다. 교사가 이만하면 배울 만큼 배웠다고 인증한 고아는 출판 단지 옆 남부시장에서 '양

육비'라는 명목을 받고 팔려 나갔다. 몇 세대 지나지 않아 '책'은 곧 특정 지식을 학습한 암기 노예를 이르는 말로 뒤바뀌었다. 한옥마을 옆에 있는 남부시장에서는 곧 새로운 '책'도 취급하기 시작했다. 지식인을 매매하는 문화는 세계 곳곳에서 동시다발적으로 일어났지만, 한국어권 서적을 취급하기로는 전주 남부시장만 한 곳이 없었다. 장미정과 그 일족은 자연스레 전라북도 일대의 유지로 자리잡아 그 세력을 길러나갔다.

◇

목재 절멸 사태 이후, 호남 곡창 지대는 살아남은 자들의 식량을 댔다. 그러나 시간이 지날수록 지력은 쇠하고 땅은 황폐해졌다. 한때 가을녘이면 금빛으로 물들던 김제 평야는 어느새 김제 황야로 불렸다.

섭양김제농장은 김제 황야에서 두 번째로 큰 채소 생산 시설이었다. 주로 초본 식물을 길러 호남과 영남 일대의 부유층에게 생채소를 댔다. 워낙 큰 농장이니만큼 딸린 식구도 많았다. 단순한 품팔이 일꾼이 묵는 바깥채의 규모만도 어마어마했다. 게다가 농장 소속 책들도 족히 예닐곱 권은 되었다. 다들 특수영농 같은 지식을 지닌 어엿한 전문 서적이었다. 특히 발전과 의료 같은 고급 서적은 귀한 대우를 받았다.

대우가 곧 자유를 증명하는 것은 아니었다. 품팔이꾼은 대개 농장주와 계약을 맺고 품을 팔았다. 가람 같은 처지만 아니라면 언제든 농장을 떠날 수 있었다. 반면 책들은 한 번 거래된 이상 농장에 매인 처지였다.

농장의 상속자이자 농장에 딸린 모든 책의 주인인 장수정은 바깥나들이를 무척이나 즐겼다. 전주 출판 단지를 일구고 완산 장씨의 시조가 된 장미정의 육대손이었다. 이립을 겨우 넘긴 이 젊은이는 "예쁘지도 않고 아무렇지도 않은 사철 발 벗은" 여자였지만, 순박한 인상과는 달리 조부모부터 농장의 모든 지분을 물려받은 야심가였다.

수정은 혼란의 상속 과정을 어느 정도 정리한 후에 새로운 사업을 벌일 요량이었다. 지금 섭양김제농장에서는 초본 식물로 생채소를 생산했다. 생채소는 태양광 발전 전기차를 통해 부유층이 식재료를 구매하는 곳으로 팔려 나갔다. 이것만 해도 큰 벌이였지만, 수정은 거기서 그치지 않고 직접 가공까지 해낼 생각이었다.

갓 수확해 수분을 잔뜩 머금은 채소를 구매할 만한 재력을 갖춘사람은 드물었다. 반면 말린 채소는 어느 정도 형편이 괜찮다면충분히 넘볼 만했다. 농장에서 생산한 생채소에 건조 공정을 거쳐말린 채소로 만든다면 훨씬 더 많은 사람에게 팔 수 있었다. 고급품만을 취급했던 기존 유통망을 확장할 기회기도 했다.

건조장을 짓는 건 문제가 없었다. 수정이 조부모에게 물려받은장서는 하나같이 실용적이고 풍요로웠다. 뺨이 해쓱한 건축 서적은 채소 건조장을 짓겠다는 말을 듣자마자 진흙판에 철필로 슥슥도면을 그려냈다. 털보 식가공 서적은 현재 농장에서 취급하는 식량을 어떻게 가공할 것이며 가공에 유리한 다른 초본 식물은 무엇이 있는지 척척 이름을 댔다. 새로 지을 건조 공정에 투입할 품팔

이꾼이야 문제랄 것도 없었다. 일자리는 항상 모자랐다. 특히 식
량을 생산하는 농장에는 다들 들어가고 싶어 안달이었다.

수정은 호기롭게 가장 중요한 밑준비에 들어갔다. 이번 사업을
시작하면 수정의 농장은 규모가 몇 배로 커질 터였다. 수정은 자
기가 제쳐 버린 다른 일족만큼이나 어린 시절부터 농장주 겸 장서
가가 되기 위해 훈련받았기에, 사업체가 커질수록 주인 손이 가는
일은 제곱으로 는다는 걸 뼈저리게 잘 알았다.

사람은 직접 관리하지 않으면 문제가 생기지만 주인이 전부 관
리하려고 들어도 사고가 나는 법이었다. 게다가 수정은 갓 결혼한
몸이기도 했다. 신혼에 사업까지 벌였는데 과로까지 하다가 신랑
이 삐치기라도 하면 성가실 터였다.

이럴 때 필요한 게 바로 전문 경영 서적이었다. 수정에게는 이
제 믿을 만한 경영자 겸 장서 관리자가 필요했다. 전문 경영 서적
을 잘못 들이면 사업을 말아먹는다지만, 어차피 수정은 농장의 장
부를 처음부터 끝까지 관리했다. 200여 명이 넘는 농장 구성원의
이름과 얼굴과 내력을 소상히 꿰는 건 물론이었다. 이런 판국이니
재고 대조쯤이야 문제없었다. 그냥 앞으로 더욱 규모가 커질 농장
의 인력을 어떻게 관리해야 할지, 수정이 이름을 외지 못할 만큼
규모가 커진다면 어찌 처신해야 알맞을지 배울 필요가 있었다. 적
어도 그걸 누군가에게 가르치거나.

마침 지금 남부시장의 서점조합장도 완산 장씨로, 장해정이라
는 사내였다. 수정보다는 대여섯 살쯤 위였다. 조합장이 집안사람
이라니 호재였다. 현 서점조합장은 수정과는 팔촌쯤 되는 먼 친척

이었다. 그 또한 운이 좋았다. 촌수가 가까워 농장을 상속받기 위해 경쟁하던 사이라면 여러모로 곤란할 터였다. 팔촌쯤 되면 애초에 이권이 겹치지 않는 이상 분가나 다름없었다.

하지만 같은 일족이라는 건 변하지 않았고, 그게 중요했다. 더군다나 해정과는 일족 모임에서 마주칠 때마다 제법 죽이 맞아떨어지기도 했다.

섭양김제농장의 역대 농장주는 대처에 나갈 때면 늘 태양열로 충전한 전기차를 이용했다. 태양광 발전 전기차는 김제에서도 두 대밖에 없는 귀물로, 신선한 채소를 재빨리 전주 남부시장에 옮길 때 주로 쓰였다. 그러나 이번 전주행은 다른 용무로 가는 것이기에, 뒤쪽 짐칸은 텅 빈 채였다. 돌아오는 길에는 짐칸이 잔뜩 채워질 것이었다.

용무가 단순하다지만 어쨌든 시중들 사람은 필요했다. 남부시장은 남한의 물산이 죄 모인 곳이었다. 새로운 행정 중심지인 세종시보다 나을 때도 많았다. 한번 나가는 김에 떨어진 실용품도 사고 모자란 물건도 구비해야 하는데 그걸 수정이 다 들고 다닐 수도 없는 노릇이었다.

수정은 뒷짐 진 채 하우스를 살피며 짐꾼으로 누구를 데리고 갈지 고민하다가, 하필 눈앞을 지나가던 소년을 불렀다.

"가람이냐? 너 잠깐 와 봐라."

"저요?"

"그럼 너 말고 우리 농장에 가람이가 더 있나? 내가 모르는 가람이가 있으면 냉큼 말해라. 지금 말하면 용서해 주마."

수정의 농지거리에도 아랑곳하지 않고 가람은 수정 앞에 성큼성큼 다가왔다. 얼굴은 앳됐지만 몸은 오랜 노동으로 잘 다져졌다. 거기에 선 굵은 얼굴은 제법 보는 사람의 눈길을 홀릴 만했다. 특히 웃는 법을 모르는 듯한 표정이 더욱 그랬다.

수정은 모든 농장 구성원의 내력을 알았다. 사업의 규모가 지금보다 더 커진다면 몰라도, 아직까지는 괜찮았다. 가람으로 말할 것 같으면 섭양김제농장에서 태어나 열일곱 살이 된 지금까지 농장을 떠난 적이 없었다. 어려서 부모를 병으로 차례차례 잃었는데, 그 병구완에 드는 비용을 모두 수정이 치른 탓에 품팔이꾼이면서도 앞으로 몇 년은 너끈히 농장에 묶인 처지였다. 썩 근사하게 생긴 편이어서 품팔이꾼 사이에서 인기가 많다는 소문을 들은 바 있었다. 다른 품팔이꾼처럼 단체 숙소를 썼다면 사달이 났더라도 몇 년 전에 났겠으나, 수정의 배려로 먼저 간 부모가 남겨 준 살림집을 혼자 쓰며 지냈기에 아직 별 탈 없는 모양이었다.

수정은 가람의 어깨를 턱턱 치며 말을 붙였다. 가람은 어느새 훌쩍 자라 키 작은 수정이 고개를 한참이나 꺾어서 올려봐야 할 지경이었다.

"네가 올해로 열일곱이지, 아마?"

"그렇죠."

"그간 농장 밖으로 나가 본 일도 없고?"

"어… 그렇네요. 그렇게 됩니다."

"그래, 그럼 너도 슬슬 대처 구경 한번 할 때가 됐다. 내가 요즘 책이 필요해서 전주에 가야겠는데, 혼자 갈 수는 없잖냐? 그러니까 너도 내일 아침에 같이 전주 갈 채비를 해라."

가람의 눈이 휘둥그레 커졌다.

"전주요?"

"그래, 인마. 김제 황야 너머 전주."

수정은 몇 번 헛기침하더니 이내 말을 이었다.

"내일 쌈짓돈 좀 챙겨 주마. 너도 남부시장에서 사고 싶은 것 보면 사고 그래라. 네 품삯이 부모님 약값이랑 혼자 쓰는 집값으로 들어가는 거야 빤하지. 시장 갔는데 돈 없으면 무슨 재미냐. 책만 사고 들어가진 않을 테니까는."

"…고맙습니다."

"나도 너만할 때가 있었는데 그 심정 모르겠냐. 거, 지금 입은 합섬떼기 차림으로 나갈 수야 없으니 안채 옷방 가서 전주 갈 때 입을 나들이옷 챙겨 달라고 하고. 나 수행하러 간다고 말하면 알아서 치수 재 줄 거다. 돈 걱정은 말고. 내가 옷 한 벌쯤 못 해 주겠냐. 이만 가마."

"고맙습니다. 들어가세요."

가람의 목소리가 푹 잠겼거나 말거나 수정은 다시 가람의 어깨를 툭툭 치고 가던 걸음을 계속 갔다. 전주에 가려면 수정도 이것저것 준비해야 할 일이 많았다. 각종 장서들에게 필요한 물건을 대라고 해서 점토에 기록하는 건 물론이요, 남편한테 생색낼 물건도 필요했다.

워낙 마음이 급해서인지 수정은 잠깐이나마 돌아볼 생각조차 하지 못했다. 수정이 고개를 돌리자마자 가람이 어떤 표정을 지었는지 직접 보았더라면 가람과 전주에 가기는커녕 전주로 나가는 길에 제일 먼저 처분했을지도 몰랐다. 소년의 눈은 이글거렸고 양 주먹을 하도 꽉 쥐어 손바닥에 피가 날 지경이었다. 그 모습만 보면 부모의 원수를 섬기는 중이라고 해도 과언이 아니었다.

그도 그럴 것이, 가람의 처지로 보자면 수정은 멋대로 품삯을 떼어가는 도둑이나 진배없었다. 부모의 병구완 비용을 치르는 것도 그랬다. 내내 약값을 아끼지 말고 무슨 병이든 처음에 잡았더라면 상황이 달랐을지도 몰랐다. 적어도 어머니만큼은 그렇게 순식간에 가지 않을 수도 있었다.

가람의 어머니는 폐렴으로 죽었다. 가람은 어머니가 죽기 직전에 어떤 일이 일어났는지 아주 똑똑히 기억했다. 어린애가 환자를 보는 게 아니라는 명목으로 가족으로부터 떨어뜨려 놓았었는데, 가람은 몰래 어머니 침대 아래로 기어들어가서 농장에 하나뿐인 의학 서적이 어머니를 진료하는 걸 엿들었다. 의학 서적은 가람을 직접 받아내기도 했거니와 가람의 어머니와는 유난히 가까운 사이였다. 품팔이꾼과 책이 아니라 친구라고 불러도 이상할 게 없었다. 그러니 가람의 어머니가 앓아누운 직후부터는 지극정성으로 돌보던 참이었다.

의식이 혼곤한 어머니 대신 수정이 상태를 물었다.

"그래서, 가람이 엄마 병명이 뭐길래 저렇게 앓아?"

"아무래도 급성 폐렴 같습니다."

"처음에는 그냥 감기라더니 왜 갑자기 말이 바뀌어."

"감기가 아니라 독감이라고 말씀드렸어요. 독감이 심해지면 왕

왕 폐렴이 되곤 합니다."

"아, 농장주도 진짜 못 해 먹을 짓이네. 그래서 이거 어째?"

수정이 집 바닥에 침을 탁 뱉었다. 수정은 살림집 바닥에 침을 뱉고도 모자라 신발로 짓이기기까지 했다. 하필 가람이 침대 밑에 웅크려 눈을 두던 그 자리였다.

"항생제를 써야 됩니다. 마침 얼마 전에 사 두어서 재고가 충분해요."

"항생제가 한두 푼도 아니고, 그게 얼마짜린데 펑펑 써. 군산 통해 밀수한 거라 언제 다시 들일지도 모르는데."

의학 서적의 목소리가 착 가라앉았다.

"…그거 안 쓰면 죽는 수밖에 없는 거 아시잖아요."

"그래, 써라, 써. 나을 때까지 펑펑 써 제껴라. 내가 품팔이꾼 병수발하다가 가산 다 들어먹게 생겼다."

그 뒤로도 수정은 한동안 벽에 기댄 채 악담을 지껄였다. 그러더니 갑갑해서 못 살겠다며 문을 박차고 집을 나갔다. 의학 서적은 수정 대신 살림집 문을 닫고, 침대 옆자리에 앉고는 나지막하게 말했다.

"이거를 처음부터 썼으면 몰라…. 그래도 지금이라도 쓰겠다니까 다행이다. 초롱아, 정신 꽉 잡고 숨 붙들어. 너까지 가면 가람이 혼자 어떻게 살아. 가람이 아직 열두 살밖에 안 됐잖아. 항생제 먹으면서 딱 나흘만 버티자. 나흘이면 돼."

목소리가 어찌나 간곡한지, 가람은 침대 밑에서 숨죽여 울음을 참았다.

가람의 어머니는 꼭 그로부터 사흘째 되던 날 죽었다. 수정은 의학 서적이 썩 신통치 않다며 책 시장에 팔아치웠다. 다음 의학 서적은 수염이 희게 세고 얼굴이 조글조글한 늙은이였다.

가람의 어머니는 거적에 쌓여서 김제 황야 한복판에 묻혔다. 가람은 그 위에 돌탑을 세웠다. 거적 값도, 장지까지 옮기는 비용도 전부 수정이 지불했다. 수정은 장사 치른 다음 날 가람을 불러 가람이 진 빚이 얼마나 되는지 알렸다. 아버지 병구완 비용에 더해 어머니 약값에 장례 비용까지 고스란히 선새경으로 청구했다. 그날부로 가람은 섭양김제농장의 노예나 다름없었다. 열두 살 소년에게 스물다섯 살까지 농장에서 무급으로 일하라는 이야기는 아득하게만 들렸다.

가람은 그날 두 가지를 맹세했다. 하나, 동정을 지켜서 자기 같은 아이를 결코 만들지 않는다. 둘, 반드시 이 농장을 뜬다. 도망쳐서라도.

그 맹세 이후 5년이 지났다. 어쩌면 전주에서는 도망칠 기회를 잡을 수 있을지도, 저 몰인정한 장수정한테 그런 식으로 한 방 먹일 수 있을지도 몰랐다. 고개 숙인 가람의 입가에 조소가 피어올랐다.

◇

전주 남부시장의 책 시장은 한국어 서적을 거래하기로는 세상에서 가장 규모가 큰 곳이었다. 한때 남부시장이라 불렸던 그 장소는 목재의 시대가 끝난 다음에도 그 위명을 유지했다. 남부시장 곳곳의 서점에서는 갖가지 피부색과 전문 지식을 갖춘 책들을 매대에 올렸다.

똑같이 차림이 허름해도 책은 대번에 식별할 수 있었다. 책은 민머리 위로 학습한 내용이며 출판사와 편집자 이름을 문신으로 새겨 놓았는데, 해방되기 전까지는 머리카락을 기르지 못했다. 대신 적당한 천으로 만든 고깔을 씌워 놓았다. 농장의 서적들도 자기 마음에 드는 고깔을 쓰고 다녔다.

헌데 지금 매대 위에 오른 책들은 고깔만 쓰고 있으니 그게 문제였다. 가람은 헐벗은 책이 밧줄에 묶인 채 지나가는 모습을 보며 시선을 돌렸다. 수정은 그런 가람을 보면서 킬킬 웃었다.

"책이라고 해서 다 우리 농장에 사는 실용서 같지는 않지. 저런 책은 포르노라고, 야한 책이다."

고개를 끄덕거리는 가람의 옆모습은 여느 때처럼 무뚝뚝했지만, 속은 어제부터 내내 도깨비한테라도 홀린 기분이었다. 대처에 나온 틈을 타 도망칠 생각은 순식간에 날아갔다. 사람도 많고 물건도 많은 데다 시끄럽기까지 하니 요지경이 따로 없었다. 수정이 키득대기를 멈추고 가람의 품에 주머니를 찔러 주고 나서야 정신을 차릴 수 있었다. 제법 묵직한 주머니에는 은화가 가득 들어 있었다.

"기분이다. 따라다니면서 갖고 싶은 거 있으면 내키는 대로 사라. 야한 책 한 사람쯤은 살 수 있을 게다. 그렇지만 책은 먹여 살리는 데 돈 드니까 좀 참고."

가람은 수정 모르게 이를 악물었지만 일단 돈이 있어서 나쁠 건 없었다. 이 기분파가 어머니에게 약을 쓰는 일에 이렇게 기분을 냈더라면 지금쯤 가람의 삶이 많이 달랐을지도 몰랐다. 가람은 모욕감과 회한을 어떻게 감추어야 할지 고민하면서, 앞서 걸어가는 수정의 뒤를 따랐다.

시장은 과연 시장이었다. 냄새를 풍기기만 했는데도 군것질이 생각나는 노점을 지나 이 빠진 그릇이 차곡차곡 쌓인 그릇가게 옆문으로 들어가니 온갖 물건이 다 모인 듯했다. 낡은 합성섬유 옷을 판매하는 헌옷 가게, 재채기가 터질 것 같은 약재상, 알록달록 휘황한 자수집, 어거게든 빚어낸 주류상…. 시장 깊은 곳으로 들어갈수록 값진 물건을 취급하는 느낌이었다.

수정은 주류상에 들러 증류주 몇 병을 구입했다. 전부 군산항을 통해 들어온 수입품이라고 상인이 강조했다. 수정은 금화로 값을 치르고 시장 안 더 깊숙한 곳으로 향했다. 문을 열어 놓고 장사를 하는 시장 한복판에, 벽을 친 장소가 있었다. 큼직한 철문은 조금 녹슬었고 굳건히 닫힌 채였다.

"여기가 서점조합장 사무실이다. 근사하지?"

대답을 바란 말이 아니었다. 수정은 말이 끝나기 무섭게 문을 두드렸다. 그러자 경첩이 신음을 내며 육중한 철문이 열렸다.

"내 참, 누군지도 안 물어보고 문을 열어요?"

"김제 섭양 장수정이가 남부시장에 떴다는데 여기 말고 어딜 오겠어. 얼른 들어와."

문을 연 사내가 굵고 낮은 목소리로 또박또박 말했다. 반백인 머리를 길게 길러서는 오른쪽에 한 가닥 땋아 내린 중늙은이였다.

팔촌이라더니 과연 수정과 닮은 구석은 찾으려야 찾을 수도 없었지만, 으스대는 표정만큼은 꼭 닮은 듯했다.

수정은 방 안에 들어서자마자 다짜고짜 사내를 위아래로 훑어보더니 감탄부터 시작했다.

"이야, 해정이 오라버니는 여전히 차려입기에 목숨 거셨네."

"너는 여전히 딱 체면 차릴 만큼만 입고 다니는구나. 옆에는 아들이냐?"

"다 알면서 물어보는 것도 옛날하고 그대로고. 당연히 아니지. 우리 농장에서 나고 자란 앤데, 오늘 대처 구경 좀 하라고 데려왔지. 근데 애가 오늘 본 중에 오라버니 옷차림이 제일 대단한 구경이겠네. 너, 잘 봐둬라. 이 사람이 삼남에서 제일가는 멋쟁이다."

해정은 어깨를 으쓱거렸지만, 굳이 부정하지는 않았다. 그도 그럴 것이 해정은 척 보기에도 기막히게 화려했다. 여지껏 합섬 중고 의류를 제멋대로 걸쳐 입고 살다가 대처에 나왔다고 처음으로 마직 옷을 얻어 입은 가람이 보기에도 옷치장에 적잖은 공을 들이는 걸 알 수 있었다. 물들이지 않은 품 넓은 마직 튜닉에 먹물 들인 바지만 대강 걸쳐 입은 수정만 해도 귀한 태가 났는데, 해정 앞에서는 댈 것도 없었다.

해정은 목선이 네모지게 파인 새하얀 마직 셔츠에다가 같은 색 바지를 입었다. 셔츠와 바지는 천과 같은 색실로 섬세하게 기하학적 무늬가 수놓였다. 그 위에 걸친 푸른색 모시 두루마기는 그야말로 일품이었다. 어찌나 천을 얇게 짰는지 안에 있는 새하얀 옷들이 다 비쳐 보였다. 고무와 플라스틱 위로 천과 솜을 덧댄 운동화도 새하얀 건 매한가지였는데 바느질이 어찌나 꼼꼼한지 옛 시대의 물건을 재활용한 티조차 나지 않았다.

서점조합장 사무실에서는 전기를 써서 불을 밝혔다. 심지어 대낮인데도 그랬다. 장식장 앞에는 조명이 빛났고 책상 위에는 책상용 전등을 올려놓았다. 어마어마한 사치였다.

수정은 이 모든 부의 과시가 익숙한 것처럼, 아무렇지도 않은 표정으로 접객용 의자에 철푸덕 앉았다. 등받이에 등을 기대고 양팔을 벌려 등받이에 올린 모습이 제 집 같았다.

"여튼 요즘도 시장 드나드는 사람들 감시 붙이고 그러나 봐?"

"안 그러면 책 장사를 어떻게 해. 너 같은 큰손이면 내가 안 시켜도 시장 근처 발 디딘 순간부터 알아서 연락 온다. 그나저나 수정이 너는 본 지도 꽤 됐는데, 어째 변한 게 없다. 그 큰 농장 따냈으면 관리도 보통 일이 아닐 텐데."

"그렇잖아도 내가 사업을 좀 크게 벌이려고 하는데, 그러다 보니까 인력 관리 서적이 필요해."

"그거야 얼마든지 있잖아. 뭐하러 나한테까지 와."

"에이, 오라버니도 알잖아. 사업을 제대로 확장하려면 보통 책으로는 안 되는 거. 내가 바라는 건 진짜로 좋은 책이야. 아무 데서나 못 구하는 좋은 책."

"금은 충분히 챙겨 왔고?"

"오라버니가 딱 하나만 보여 줘도 될 만큼."

"자신 있나 보다?"

해정이 이를 드러내며 빙긋 웃었다. 두 사람은 앉은 채로 악수

한 뒤 자리에서 일어났다. 거래라기보다는 일종의 대치 상황으로 보였다. 그것도 서로에 대한 적개심을 잔뜩 드러내는 종류의.

해정은 통로 쪽으로 걸어나갔다. 색유리 발을 걷어내자 기나긴 통로가 보였다.

"거기까지 애 데려가도 되나?"

"안 될 건 없지. 본다고 뭘 알겠니."

해정은 낮은 목소리로 나긋나긋하게 말했으나, 경멸은 어디서든 정체를 숨기기 어려운 법이었다. 그래도 이만하면 익숙했다. 게다가 가람도 궁금하긴 매한가지였다. 품팔이꾼으로 살면서 이런 구경은 처음이었다. 처지만 아니라면 그만 뜸 들이고 어서 들어가지 않겠느냐며 채근하고 싶을 정도였다.

가람의 바람에 걸맞게, 해정이 통로 안으로 발을 디뎠다. 수정과 가람이 그 뒤를 따랐다. 통로에는 푹신하고 포슬포슬한 바닥재가 깔려서 걸을 때마다 구름 위를 걷는 듯했다.

해정이 앞서 나가며 운을 띄웠다.

"수정이 네가 찾는 기막힌 책이 있기는 한데, 이게 대여만 돼서 좀 아쉽네. 나도 팔아는 주고 싶은데."

"그건 또 무슨 소리야. 내가 사업을 하루이틀 벌이고 말 것도 아닌데."

수정이 코웃음치자 해정은 어조 하나 바꾸지 않고 계속 말을 이었다.

"너도 알잖아. 아주 가끔 나오는 정말 좋은 책. 온갖 분야를 가르치면 바로 배우고 핵심 분야 활용하는 솜씨까지 타고났는데, 하필이면 여자애라서. 그냥 출판 단지에 앉혀 놓고 자식 보게 하는 게 나을 거 같더라고. 그니까 한 2년만 빌려 가셔. 이것도 특혜다. 밖으로 함부로 안 내돌리는 애야."

"2년이라니 턱도 없는 소리 한다. 내가 큰 장사를 하려는데 10년은 써먹어야지."

"10년이면 가임기 다 끝나겠네. 너야말로 같잖은 소리 마셔."

"애가 몇 살인데 그래? 서른이나 돼?"

"그럴 리가. 올해로 열여섯 먹었지."

수정이 버럭 소리를 질렀다.

"20년 지나서 데려다도 다섯은 빼겠다!"

"너 정말 가혹하구나. 같은 여자끼리 그러면 안 돼. 몸조리도 하고 그래야지."

"열여섯 먹은 꼬맹이 데려다가 새끼 빼겠단 소리를 하는 인간이 나더러 할 말이야? 10년, 그 이하론 안 돼. 스물여섯 전에 자식 낳으면 애도 어리바리한 놈으로 나오는 거 몰라?"

"3년. 초산을 그전에 치러 둬야지. 너는 이런 데서는 참 상식이 없더라."

두 사람은 복도를 걸어가는 내내 장서 대여 기간을 놓고 실랑이를 벌였다. 뒤따르는 가람은 저들이 자신을 없는 사람 취급해서 천만다행일 따름이었다. 절로 눈살이 찌푸려지는 걸 필사적으로 참기도 힘들었다. 수정은 열여섯 살 먹은 계집애를 사러 왔다면서 몸을 생각하는 것처럼 굴었고 해정은 이따금 농장에 들르곤 하는 수정의 축산업자 친구처럼 사람을 가축으로 취급했다. 책이 해방

되기 전까지는 가축이나 다름없는 처지라지만, 아무리 그래도 이런 대화는 썩 유쾌하지 않았다. 방금 전까지 통로에 딸린 방마다 어떤 책들이 있나 궁금했던 자신이 혐오스러울 정도였다.

당장이라도 자리를 벗어나고 싶던 대화는 해정이 쇠로 된 방문을 열어젖히는 순간 잠시 멎었다. 조합장 사무실의 값비싼 가구와는 달리 맨바닥에 요가 전부였다. 그나마 바닥에 까는 요는 냉기가 덜 올라올 만한 소재였으나 덮는 이불은 가람이 쓰는 자리 이불과 크게 다르지 않은 듯했다. 조합장 사무실과 통로는 면으로 꼼꼼하게 발라 둔 데 반해 서가는 콘크리트가 그대로 드러났다. 이 방에서 유일하게 값진 물건이라면 천장에 달린 전기등뿐이었다. 그것도 천장에 매끄럽게 달라붙어 함부로 떼지 못하게 처리한 물건이었다.

"자던 중이었니?"

해정이 부드럽게 말을 붙였다. 책은 고개를 젓고는 자리에서 일어나더니 조명 아래 섰다. 해정이 굳이 요구하지 않아도 무엇을 바라는지 아는 눈치였다.

밝은 전등 아래서 살펴보니 이 책은 자기가 사는 공간과 어울리지 않는 귀한 차림새를 하고 있었다. 고깔만 쓰고 있던 '야한 책'이나 농장에서 흔히 보던 장서들과는 입고 있는 천부터 달랐다. 해정만큼 치장하지 않으나 적어도 수정만큼은 좋은 옷감으로 옷을 지어 입힌 모양이었다.

구성만 보면 유별날 것도 없었다. 여느 책처럼 민머리에 고깔을 쓰고 몸에는 서적 특유의 가운을 걸쳤다. 하지만 그 옷감은 합섬 따위완 비할 바 없는 질 좋은 마직이었다. 흰색 가운에 먹색 끈으로 허리를 질끈 동여맨 탓에 몸매가 고스란히 드러났다. 도저히 얼굴 아래를 볼 수도 없었으나, 그렇다고 얼굴을 볼 수도 없었다. 조명 탓에 더욱 회게 빛나는 고깔과는 상반되는 가무잡잡한 얼굴을 보는 순간 가람은 손을 꼭 쥐었다 폈다. 어느새 손바닥이 축축하게 젖어 있었다. 가람은 당황스러운 나머지 깊은숨을 쉬었다가 침을 꿀꺽 삼켰다. 그 소리가 방 안에 크게 울려서 가람은 귓바퀴까지 새빨개졌다.

해정이 팔짱을 낀 채 너털웃음을 지었다. 낮은 목소리가 방 안에 울려퍼졌다.

"네가 데려온 애 좀 봐라. 청춘은 청춘이네."

"쟤가 우리 농장 여자애들한테 얼마나 목석처럼 구는지 알면 더 놀랄걸. 허우대 멀쩡하지, 인물은 훤칠하지, 그런데 여자고 남자고 간에 관심도 없어요. 작년에는 너 고자 아니냐며 멱살도 잡혔었어. 그랬던 녀석이 아주 어쩔 줄을 모르네. 가람아, 이거 비밀로 해 주랴?"

가람은 그저 고개를 푹 숙였다. 가람의 시선 끝에 책의 발가락이 닿았다. 이런 냉골에 있으면서도 맨발에 맨다리 같았다. 가람은 자기가 신은 신이라도 벗어 주고 싶었으나, 당장 할 수 있는 일은 변변찮았다.

해정은 책의 고깔을 함부로 벗겼다. 그러자 책의 두피에 빽빽하게 새겨진 문신이 조명 아래 드러났다. 가람은 글자를 알지 못했지만, 아마 책의 이력이나 학습한 지식이 적힌 내용으로 짐작갔다. 분명 머리를 밀었는데 두피에 빈자리가 없었다. 해정은 책의 어깨에 한 손을 올렸다.

"네가 키가 좀 크니까, 무릎을 굽혀야 내 친척이 너를 읽을 수 있겠다."

그러자 책은 시멘트 바닥에 철푸덕 무릎 꿇었다. 불손한 눈빛과는 반대로 주저하지도 않고 지시에 따랐다. 수정은 만족스러운 얼굴로 책의 머리통을 꼼꼼히 읽어 나갔다.

"출판사부터 우리 집안 사람들이 작품이네. 단순 경영이나 물류 말고도 각종 실용 지식이 많다? 얘 하나면 정말 못 벌일 사업이 없겠어."

"그러니까 특급이지. 도저히 밖으로 못 내돌린다. 딱 2년이 한계야."

"실랑이도 지겹다. 8년."

"너, 걔가 1년에 얼마짜리 책인지는 아냐? 3년치로도 벌벌 떨 거야."

"우리 이제 흰소리는 그만하고 금으로 얘기하는 건 어때. 부르는 대로 쳐 줄게. 6년."

"금괴 세 짝은 들어."

"좋네. 다섯 짝은 생각했는데."

해정이 팔짱을 끼고 고개를 뒤로 한참이나 젖혔다. 책은 해정이 어깨에서 손을 떼자마자 자리에서 일어났다. 조명 아래 우뚝 선 어리고 아름답고 키 큰 책은 인간이라기보다는 장식품이나 건축물 일부 같았다. 그 곁에 선 반백 장년 사내는 완연한 대비를 이루었다. 결코 체구에서 밀리지 않는 데다 교교하게 꾸민 해정은 고개를 양쪽으로 천천히 꺾어 뚜둑 소리를 내더니 수정에게 물었다.

"그래, 우리 팔촌 누이가 얼마나 큰일을 하려는지 감도 안 오지만, 값을 치를 수 있다면야 못 빌려줄 건 없지. 다른 사람이면 몰라도 일족끼린데."

"지분이라도 드려야 하나 몰라. 고맙게 됐어."

"그 대신 해마다 애가 들어섰는지 확인하러 사람 보낸다. 너를 못 믿어서가 아니라…."

"…절차란 거지? 그런 걸로 기분 나빠할 거면 굳이 좋은 책을 찾을 생각도 안 했어."

"이해해 줘서 고맙다. 혈통 적힌 것만 봐도 알겠지만 귀하기도 귀하거든."

수정은 만족스러운 얼굴로 책의 턱을 잡고 이리저리 어루만지고, 입을 열어 이를 확인했다. 옥니가 조명 아래 반지르르 빛났다.

"충치 하나 없는 거 봐. 역시 관리 잘했네. 애를 앞으로 뭐라고 불러야 쓰나."

"전문경영서적이니까 줄여서 전영이라고 부르고 있어. 굳이 이름 바꿀 것 있나. 너도 그렇게 부르면 편하지."

"그래, 나도 까짓거 전영이라고 부르지 뭐. 전영아, 6년 동안 잘 부탁한다. 나는 섭양김제농장의 장수정이다."

수정은 자기보다 키가 큰 어린 책의 뺨을 양손으로 쓰다듬었다. 전영이라 불린 책은 이름을 불린 뒤에야 수정과 눈을 맞추었다. 유난히 땅딸보인 수정과 훌쩍 키가 큰 전영은 키 차이가 제법 났지만, 전영은 새 장서가를 위해 고개를 숙이거나 무릎을 꿇을 생각은 없는 듯했다. 민머리를 고스란히 드러낸 채 그저 나지막하게 답할 뿐이었다.

"6년 동안 잘 부탁드립니다."

밝은 조명 아래 전영이 눈을 내리깔며 말했다. 와잠과 광대뼈에 기다란 속눈썹 그림자가 내려앉았다. 낡은 합성섬유 의류에 적힌 것과는 달리, 속눈썹 그림자는 광대뼈까지 일자로, 한 올 한 올 그 끝이 도드라지게 뻗어나갔다. 가람은 그림자에서 눈을 뗄 수 없었다. 출판사가 머리카락을 밀게 했을지언정, 저 속눈썹만큼은 온전히 전영의 것이라고, 당장이라도 말해 주고 싶었다. 동시에 전영의 목소리를 계속 듣고 싶었다. 전영의 목소리는 가람이 만난 사람 중 가장 특별했다. 거대한 창고를 가득 채웠던 채소가 전부 출하되고 나면 창고 안에서 소리가 웅웅 울리곤 했는데, 전영은 뱃속에 그 창고가 들어 있는 것처럼 말했다.

그 울림 섞인 목소리를 조금이라도 더 듣고 싶다는 가람의 바람은 쉬이 이루어지지 않았다. 수정은 해정과 계약을 마치고는 가람을 이끌고 남부시장 이곳저곳을 돌아다녔다. 필요한 물건이 어찌나 많은지 막판에는 수정까지 짐보따리를 좀 나눠 들 지경이었다. 수정이 기분 내라며 던져준 은화 주머니를 꺼낼 틈조차 없었다.

장을 다 보고 나니 어느새 해가 저물었다. 가람은 부랴부랴 짐칸에 구입한 물건 일체를 쌓아놓았다. 제일 마지막으로 적재할 물품은 가람이었다. 가람으로서는 값을 알 수도 없는 귀한 책을 짐칸에 실을 수는 없기 때문이었다.

그렇게 전영은 6년 장기 대여로 섭양김제농장에 의탁하게 되었다. 스물세 살이 되면 농장을 떠날 운명이었다. 첫눈에 전영을 연모하게 된 가람은 농장으로 돌아가는 내내 생각했다. 함께 지낼 시간이 고작 여섯 해밖에 없었다.

◇

농장에 도착할 무렵엔 어느새 달이 휘영청 떠 있었다. 가람은 수정의 지시대로 전주에서 사 온 짐을 안채 광에 차곡차곡 쌓았다. 안채 조명은 전등이어서 작업이 비교적 수월했다. 바깥채처럼 심지와 기름으로 야간 조명을 만들면 아무래도 광량이 모자랐다. 그래도 혼자 하기에는 일이 제법 고되어서, 짐을 다 옮길 무렵엔 흠뻑 땀에 절었다. 옷이야 나중에 빨더라도 당장은 씻고 잠들고 싶었다.

마침 가람은 부모가 남긴 살림집에 그대로 살았다. 욕실도 하나 딸린 곳이었다. 고작해야 한 칸짜리 방이지만 혼자 쓸 수 있는 건 확실히 특혜가 맞았다. 한 사람 몫을 하기 전인 열두 살짜리 고아에게도 빌려주었으니 두말할 것도 없었다. 임대료가 다달이 나가긴 했지만, 어쨌든 수정이 품팔이꾼의 사정을 봐주는 몇 안 되는 구석이기도 했다.

수정은 일이 끝나기 무섭게 목소리를 가다듬고 말했다. 일종의 훈계조였다.

"가람이 고생 많았다. 전영이도 오느라 수고했고. 이렇게 먼 길은 처음 올 텐데. 일단 전영이 숙소를 마련하기 전에 묵을 데가 있어야겠는데, 보자, 일단 오늘은 가람이네서 묵어라. 가람이가 살림집 한 채를 혼자 쓰니까는. 아, 한동안 농장 돌아가는 거 살피려면 비서도 필요하겠지. 가람이가 비서 노릇하면 딱이겠다."

가람이 눈이 휘둥그레 커졌다.

"아니… 저는, 그것보다는, 그냥 지금까지 하던 일을 계속하면 안 될까요."

"당분간이야. 쟤도 모르는 얼굴보다는 제일 길게 본 얼굴이 낫지. 얼른 가자. 안내 안 하고 뭐하냐. 그럼 내가 쟤 비서를 하리?"

가람은 천천히 도리질쳤지만 몸은 순식간에 바짝 굳었다. 바깥채 외곽에 있는 자기 집까지 가는 동안 수정이 따라오는 것마저 신경쓰였다. 전등이 훤한 안채를 지나니 호롱불 유리등이 드문드문 벽에 걸린 바깥채가 나왔다. 가람의 집은 하우스와는 반대 방향에 있었다. 어둑어둑한 길을 따라 늦은 밤 걷자니 인기척을 느낀 개들이 담장 밖에서 짖어댔다. 동물 전문 서적이 기르는 보안견들이 내는 소리였다.

가람의 집은 여느 품팔이꾼 가족의 살림집처럼 슬레이트와 시멘트를 섞어 아무렇게나 급한 대로 만들어진, 정사각형 모양의 집이었다.

"전영이 먼저 들어가서 씻거라. 안에 욕실 있을 게다. 가람아, 호롱불 켜는 라이터는 어디 있냐?"

"들어가자마자 오른쪽에 걸어 놨어요."

"그래, 전영이 들어가서 먼저 씻고 쉬고. 가람이 너는 내일부터 해야 할 일로 나랑 얘기 좀 하자."

가람은 고개를 끄덕이고 문을 열었다. 전영은 고개를 푹 숙여 인사한 뒤 군말 없이 문 안으로 들어갔다. 문이 닫히는 소리가 나자마자 가람은 수정에게 목소리를 낮춰 말했다.

"그냥 하던 일이나 할게요. 비서라면 안채에 똘똘한 애 많지 않습니까."

"아직도 내가 뭔 얘기하는지 모르겠어? 쟤 꼬셔서 애 들어서게 하란 얘기잖냐. 억지로 하면 분명히 말이 나올 테니까 잘 구슬러서 해 보라고."

야밤에 가슴이 쿵 내려앉을 것만 같았다. 전주에서 오간 얘기와는 완전히 딴판이었다. 가람은 재빠르게 속삭이듯 말했다.

"어르신, 서적조합장 어른께서도 그랬잖아요. 1년에 한 번씩 사람 보내서 애 들어섰는지 확인한다고. 애 들어섰다가 걸리면 어쩌려고 그러세요."

수정이 혀를 차며 대꾸했다.

"날짜를 잘 맞춰야지. 애가 열두 달 걸려 태어나냐? 열 달 걸려 태어나지. 게다가 전영이가 애만 낳으면, 너 그날로 새경살이 끝내고 한 살림 톡톡하게 챙겨 준다. 게다가 애가 못난 것도 아니고 미끈하게 잘생겼잖냐. 너도 갖춰 입으니까 훤칠하더만. 잘 해 봐, 인석아. 내일 아침 먹기 전에 쟤 데리고 바깥마당으로 오고."

수정은 말이 끝나기 무섭게 가람의 아랫춤을 콱 움켜잡더니 안채를 향해 뒷짐 지고 걸어갔다. 가람은 수정의 뒷모습을 보면서 숨을 콱 참고 눈썹을 치켜세웠다가, 어깨를 축 늘어뜨리고 벽에 몸을 기댔다.

자기 같은 품팔이꾼의 자식이 생기지 않기 위해 동정을 맹세한 지 다섯 해, 처음으로 그 맹세가 흔들릴 만한 상대를 만났는데, 졸지에 그 상대한테 애까지 배게 하라는 명령도 들었다. 황망하기 그지없었다.

가람은 벽에 기댄 채로 마른세수하고 난 뒤 뺨을 때렸다. 절대로 농장주 좋을 일을 할 생각은 없었다. 지금까지처럼, 그냥 지금까지처럼 잘 참고 살면 되는 거였다. 당장은 씻고 자면 그만이었다. 그렇게 마음을 단단히 다잡은 가람은 방에 들어섰다.

씻고 나와서인가, 올 때와는 다른 가운을 입고 있는 전영은 가람이 평소 쓰던 침대 한복판에서 코까지 골며 잘만 자는 중이었다. 안에는 잠옷인지 긴 원피스를 입은 모양인데 치맛단은 올라가고 앞섶이 벌어져 보기만 해도 아찔했다. 갈대로 짠 자리 이불은 침대 아래에 절반쯤 흘러내렸다.

도저히 저 옆에 누울 자신이 없었다. 졸지에 가람은 씻고 나온 뒤, 모처럼 양친이 모두 살아 있었을 적 쓰던 물건의 품에 몸을 구겨넣었다. 가람은 그새 무럭무럭 자랐고 의자 겸 침대는 한없이 비좁았다. 시간을 욱여넣은 듯한 밤이었다. 전영이 규칙적으로 코고는 소리가 그나마 편안했다. 가람은 금세 잠들었다.

◇

농장의 아침은 기상 시간을 알리는 민요가 농장에 울려퍼지면서 시작했다. 지난 대 농장주가 설비 서적을 들여서 설치한 농장 규모 알람 시계였다. 농장의 전력원이 으레 그렇듯 태양열 발전을 이용하는지라 비축된 전력이 전부 소비되면 작동하지 않았다. 큰 상관은 없었다. 기상 시간은 사람의 몸에 새겨지는 법이었다.

민요와 더불어 보안견들이 정신없이 짖어댔다. 이건 전력을 다 써도 작동하는 시계였다. 개들은 아침이면 식사 시간이 되기 전까지 짖고 까불고 뛰어다녔다.

가람은 종이 울리기도 전에 일어나 기지개를 켜고, 구부정하게 자느라 쑤시는 삭신을 조금씩 풀던 참이었다. 전영은 눈살을 찌푸리며 가까스로 몸을 일으켰다. 가람은 스트레칭을 그만두고 물을 한 잔 가져다주었다. 전영은 시중받는 게 익숙한 것처럼 태연하게 받아들고는 인사치레 하나 없이 물을 대번에 들이켰다. 그런 다음 눈가를 비비더니 한참 잠긴 목소리로 말했다.

"여기는 아침마다 군밤타령이랑 개 짖는 소리로 사람 깨우니?"

"군밤타령은 그래. 쟤네는 신나서 짖는 거야. 너는 잘 잤니?"

"아… 맞다. 인사부터 해야지. 이해해 줘. 서적은 교육 기간이 끝나면 팔릴 때까지 독방에 갇혀 살아서, 다른 사람하고 어떻게 지내는지 까먹곤 해. 그나저나 너는 거기 의자에서 잔 거야? 내 옆에서 자지 그랬어. 둘이 자도 넉넉할 것 같아서 그냥 누웠는데."

"어떻게 그러겠어."

"왜 안 돼?"

말이 끝나기 무섭게 전영이 자리에서 일어나 가람 앞으로 성큼성큼 다가왔다. 전주에서도 느꼈지만 가람과 얼추 키가 비슷했다. 눈높이가 이만큼이나 비슷한 또래 여자를 보는 건 처음이었다. 아니 사실, 전영 같은 사람을 만나는 것도 처음이고, 그런 사람이 같은 침대를 쓰자고 하는 것도 처음이고, 다 처음이었다. 가람은 귓불까지 빨개진 채 고개를 돌렸다. 코앞까지 다가온 전영의 체취가 물씬 풍겨서 몸 둘 바를 모를 지경이었다.

"나랑 키도 비슷하면서 무슨 애들 쓰는 침대에서 구겨져 자겠다고. 그나저나 장서가는 별말 없었어? 너한테 뭐 안 시켰니?"

전영이 하품하며 말했다. 울리는 것처럼 말하는 목소리는 여전했지만 자고 일어난 직후에 보고 있자니 신비로움이 한 겹 걷힌 느낌이었다. 가람은 낮게 웃으며 말했다.

"아침 먹기 전에 바깥마당으로 오랬어."

"그런데 너는 왜 웃니. 내가 하는 말이 이상하니?"

"아니, 아니, 아니, 절대 아니야. 그냥 네가 어제랑 달리 너무 평범한 사람 같아서, 친근감이 들어서 나도 모르게 웃었나 봐. 기분 나빠?"

가람이 냅다 손사래 치며 답했다. 평소답지 않기는 했다. 가람은 본래 또래 여자애들과 이렇게 길게 말을 섞지도, 자기 행동을 굳이 설명하지도 않았다. 다만 전영이 물끄러미 바라보고 있으니 필사적으로 답해야 할 것만 같았다. 괜히 말이 더 길어졌다가는 전영의 기분이 상할까 싶어, 가람은 조심스레 전영의 낯빛을 살폈다. 잠이 덜 깬 얼굴은 여전히 별 감정을 드러내지 않았다.

"여기는 핀 조명이 없으니까 평범해 보이겠지. 요즘 그런 조명을 어디서 쓰겠니. 그나저나 머리를 밀어야 해. 혹시 비누랑 면도날 있니?"

"응. 둘 다 별로 좋은 물건은 아니지만, 나도 면도를 하니까. 그런데 혼자 밀 수 있겠어?"

"그러게. 여기는 혼자 머리를 밀기엔 시설이 영 마땅찮네. 네가 도와줘야겠다. 나 먼저 머리에 비누칠하고 있을게."

양철통에 받아 둔 물을 대야에 조금 떠서 세수를 마친 전영은 곧 쪼그린 채 머리와 귀 뒤를 물로 적시고 비누로 천천히 머리를 문질렀다. 치마를 입은 채로 아무렇게나 쪼그려 앉으니 속옷이 다 보일 것 같아서 가람은 아예 등을 돌렸다. 전영이 부르자 눈을 다른 곳에 두고 가까이 다가간 다음, 잘 갈아 둔 면도날로 전영의 머리를 꼼꼼하게 밀었다. 문신으로 얼룩덜룩하다고 생각했는데, 하룻밤 사이에 뾰족하게 자라난 머리를 밀고 나니 밀기 전보다는 산뜻했다. 자기 얼굴 말고 다른 부분을 밀어 본 적 없는 가람은 어느새 전영의 뒤통수가 유난히 동그랗고, 머리카락이 자라는 공간은 정말 하나도 빈틈없이 없이 문신으로 뒤덮여 있음을 깨달았다.

"네 덕분에 편하게 면도했네. 너도 끝나고 이거 쓰렴."

전영은 자기 짐에서 작은 병 하나를 꺼내더니 병에 담긴 기름을 얼굴과 머리에 고루 발랐다. 가람이 이름을 알지 못하는 향기가 확 풍겼다.

"아니, 나는 괜찮아."

"내가 말을 안 했구나. 머리 미는 걸 도와줬잖아. 답례로 주는 거야. 혼자 오래 지냈더니 고맙단 소리가 쉽게 안 나오네. 아무래도 연습해야겠다."

가람이 세수하고 면도하는 동안, 전영은 얼굴과 머리와 목 등을 매만지며 내내 사소한 인사말을 중얼거렸다. 고마워, 미안해, 부탁해, 안녕…. 욕실 밖에서 들리는 목소리는 노래 같기도 주문 같기도 했다. 마침내 가람이 세면을 끝내고 욕실에서 나오자 전영은 가람의 손 위에 기름을 조금 덜었다. 가람은 서툰 손길로 자기 얼굴에 기름을 발랐다. 전영은 가람에게 기름 바르는 방법을 알려준 뒤에도 계속 인사말을 연습했다. 두 사람이 서로를 등지고 옷을 갈아입을 때까지 내내 혼자서 중얼거렸다.

슬슬 바깥마당으로 향할 시간이었다. 가람은 평소 입던 대로 낡은 합성섬유 옷을 걸쳤다. 이것도 슬슬 기장이 짧아지고 있었다. 누가 봐도 옷을 되는대로 얻어 입은 농장 품팔이꾼 차림인 가람과는 반대로, 전영은 어제처럼 새하얀 마직 셔츠와 바지 위로 새하얀 가운을 걸치고 검게 물들인 허리끈을 질끈 맸다. 마지막에 흰 고깔을 쓰고 새하얀 가죽신을 신었다. 하나같이 맞춤옷인 태가 났다. 아침에 느슨해졌던 모습은 어디 갔는지, 다시 날을 세운 듯한 태도였다.

가람은 전영의 태도가 부지불식간에 변한 모습을 보면서 괜히 말을 붙이고 싶었다. 방금 전까지 보였던 얼굴이 편하고 자연스러운 얼굴이라면, 바깥마당까지 향하는 짧은 시간이나마 더 지켜보고 싶기도 했다. 지난밤 수정이 꺼낸 괴상한 제안을 받아들일 생각은 추호도 없었지만 전영과 둘만 있는 기회 역시 놓치고 싶지 않았다.

그렇다고 개수작 부리는 어중이떠중이가 되는 건 질색이었다. 가람은 전영보다 한 발짝 앞서 바깥마당으로 가다가, 최대한 이상해 보이지 않을 화제를 꺼냈다.

"너도 나처럼 키가 커서 반갑네. 성장통 없었니? 나는 엄청 심했어. 아직도 가끔 아파."

"나는 별로. 부모가 모두 키가 컸기 때문에 성장통 예방용 칼슘제와 마그네슘제를 잔뜩 복용했거든. 그래도 초경 시작하고 난 뒤부터는 좀 덜 크는 편이야."

칼슘제와 마그네슘제가 뭔지 모르겠지만 그걸 먹으면 성장통을 겪지 않는다는 이야기를 잘 들었다. 그러나 초경 이야기를 듣고 나니 도대체 할 말이 없었다. 가람은 굳이 더 입을 열지 않고 바깥마당으로 향했다.

농장 바깥채의 중심인 너른 터를 바깥마당이라고 불렀다. 바깥채는 보통 농장을 굴러가게 하는 작업실과 따로 독채에 살지 않는 품팔이꾼들의 숙소로 쓰였다. 품팔이꾼들이 드나드는 단체 식당도 바깥채에 딸렸으니, 여기서 전영을 소개하고 난 뒤 바로 식사하러 가면 될 터였다.

수정은 바깥채 너른 터에 농장 식구들을 줄세워 모아 놓았다. 미리 언질을 들은 모양인지 곳곳에서 농장 식구들이 몰려들었다. 안채를 쓰는 전문 서적들도 하나둘 얼굴을 비추었는데, 전영처럼 값진 옷을 입은 이는 하나도 없었다. 다들 합성섬유를 재활용해서 만든 가운에 고깔을 쓴 차림이었다.

"전영이 왔구나!"

수정이 전영을 발견하자마자 쩌렁쩌렁 울리도록 인사했다. 그러고는 자기보다 한참이나 키가 큰 전영을 한쪽 팔로 단단히 끌어안고 자기가 부리는 이들에게 말했다.

"알겠지만 내가 이번에 식가공 사업을 벌이려고 한다. 새 사업을 벌이려면 인사 관리가 제일 중요한 거 아니냐. 그래서 귀한 책을 모셔왔다. 나이는 어려도 경영부터 식품공학까지 온갖 분야의 전문가니까, 당분간은 이 농장에서 나랑 내 남편 다음이라고 생각하고 대하면 되겠다. 이름은 전영이라고 하고, 농장 적응할 때까지는 가람이가 쫓아다니면서 비서 노릇할 거다. 그럼, 오늘 할 말은 끝났고, 다들 밥 먹으러 갑시다. 가람이는 밥 먹고 난 다음에 전영이한테 농장 싹 소개해라. 오래 걸리면 안 된다. 거, 김 서방이랑 농업 기초랑 그쪽에 둘러앉은 장정들은 좀 남고."

수정이 남으라고 굳이 말한 이들은 전부 젊은 사내들이었다. 무슨 말을 하려고 남으라는 건지 능히 짐작이 갔다. 아마 가람에게 제안한 일과 크게 다르지 않을 것이었다. 가람은 애써 고개를 돌리고 얼굴이 굳지 않도록 애쓰며 전영을 식당으로 이끌었다. 너무 늦장 부리면 마땅히 먹을 것이 남지 않았다.

섭양김제농장에서 일하는 이들은 책과 품팔이꾼과 해방된 책, 즉 전문 기술자를 포함해 200명을 훌쩍 넘겼다. 이들이 식당으로 꾸역꾸역 들어가는 모습은 장관이었다. 전영은 식당 안에 들어서자마자 두리번거리며 단체 급식당의 규모와 구조와 일이 돌아가는 과정을 살폈다. 고개를 갸웃거리면서 눈을 동그랗게 뜨고 아주 세심하게 관찰했다. 가람은 농장 밖에서 살아 본 적은 없지만, 새로 농장에 들어온 품팔이꾼들은 입을 쩍 벌리며 식당의 규모에 감탄하곤 했다. 품팔이꾼과 서적을 막론하고 사람을 이만큼이나 감당할 수 있는 농장은 손에 꼽을 거라면서 혀를 내둘렀다. 전영도 예외는 아닌 모양이었다.

식당은 벽 하나를 주방과 배식소로 삼았다. 철근 콘크리트로 든든하게 지은 식당은 환기를 위해 일부러 천장을 높여 지었다. 폐스테인리스나 양은을 접합해 만든 탁상과 의자가 나란히 줄지어서 식당을 꽉 채웠다. 식사를 끝낸 이들은 다시 배식소가 있는 쪽 <u>끄트</u>머리로 간 다음 빈 그릇을 반납하는 식이었다. 품팔이꾼과 낡고 오래된 장서들이 줄지어 스테인리스 솥에 담긴 콩죽을 받는 모습은 개체라기보다는 군체의 움직임에 가까웠다. 적당히 친한 사람끼리 고철로 만든 밥상과 의자에 둘러앉아 잡담을 나누었다. 갓짝지은 부부는 물론이요, 한때 가람이 그랬던 것처럼 농장에서 아이를 키우는 품팔이꾼 가족도 고루 있었다.

식당 돌아가는 모습을 한참 살피고 난 뒤에야, 전영은 가람과 함께 배식줄에 끼어들었다. 그러면서 나지막하게 말했다.

"여기 정말 사람 많구나."

"새로 오면 다들 그런 얘기를 하더라고."

"노인도 많네. 늙은 개체는 특수한 경우가 아니면 생산성이 떨어지는데."

양은 식기에 콩죽을 받아오면서 전영이 중얼거렸다. 오늘 식사가 제법 마음에 든다는 것처럼 태평한 어조였다. 말이 끝나기 무섭게 가람이 주변을 곁눈질했다.

"아무래도 품팔이꾼은 가족을 많이 꾸리니까. 어르신들이 아니면 애들은 또 누가 보겠어. 나도 어르신들 손에 자랐으니까."

가람이 식당 구석에 앉았다. 외풍이 심하게 들어서 남들이 굳이 꺼리는 자리였다. 혹시라도 노인을 다 내쫓자는 말이 나올까, 아니 노인을 내쫓자는 말이 남들에게 들릴까 두려웠다.

"임노동자를 가족 단위로 운영하면서 임노동자 가족의 아동을 노인에게 맡기는 건 썩 괜찮아. 보호자가 애를 두고 일하러 갔을 때 걱정이 덜할 테니까. 그렇지만 젊은이한테 맡기는 것만은 못하지. 비율이 어느 정도 되는지는 파악해야겠어. 그나저나 너처럼 혼자 사는 사람은 없어?"

"절반은 되지."

"다들 이동의 자유가 있고?"

가람은 애써 얼굴에 속내가 드러나지 않도록 애쓰며 식어가는 콩죽을 한 술 더 뜨고 고개를 끄덕거렸다. 대체로 자유로웠으니 틀린 말도 아니었다.

"너는 어때. 여기서 계속 일하고 싶어? 대우가 마음에 들어?"

"…나는 일이 어떻게 흘러가든 스물다섯 살까지는 여기서 새경 살이를 해야 해. 부모님 병구완 비용을 농장주 어르신이 대주셨으니까, 선새경을 갚는 셈으로."

"그럼 너는 선택의 여지가 없구나. 이 농장에 너처럼 새경살이 하는 사람이 많니?"

"적어도 내가 아는 한에서는 없어."

"장담할 수 있어?"

전영은 수저를 뜨다 말고 가람의 얼굴을 빤히 들여다보았다. 눈에는 호기심이 잔뜩 어려서, 깊게 울리는 목소리와는 어울리잖게 마치 장난치는 어린아이 같았다.

"응. 나는 이 농장에서 나고 자랐거든. 그래서 다른 농장은 몰라도 여기는 알아. 일단 함부로 선새경을 안 내줘. 나도 이자는 따로 내지 않고 원금만 갚아. 열두 살 때부터 어른들하고 품삯을 같이 쳐줬고."

"고생 많겠네."

가람은 굳이 대답하지 않았다. 가람은 스물다섯 살만 되면 제대로 품삯을 받고 이 농장을 떠날 생각이었지만, 전영은 여섯 해 뒤에 아이를 낳기 위해 출판 단지로 끌려가야 하는 몸이었다. 지금 열여섯 살이랬으니 여섯 해 뒤라고 해봤자 고작 스물두 살이었다. 그런 사람 앞에서 신세 한탄할 생각은 없었다.

그때 전영이 숟가락을 떨어뜨렸다. 식탁 아래로 들어가 숟가락을 줍는 척하면서 전영이 가람에게 속삭였다.

"장서가가 나 임신시키라던?"

가람이 깜짝 놀라 주위를 둘러봤다. 식사 시간이 끝나가는 참이라 식당에 사람이 없으니 천만다행이었다. 가람은 그런 전영을 보며 쿡쿡 웃었다.

"그럴 만도 하지. 너 글 읽을 줄 아니?"

"아니."

"그렇구나. 잠깐 나가서 얘기할까? 어차피 농장도 둘러봐야 하는데."

이번에는 전영이 가람보다 앞서 나갔다. 식기를 설거지통에 반납하고 농장 변두리로 향하는 태가 자연스러웠다. 간밤에 지나친 길을 통으로 외운 듯했다. 가람이 돌아보는 지역은 하우스 끄트머리마다 콩을 키울 수 있을 만큼 지력이 남은 땅이었다. 전영은 하우스 안에서 일하는 품팔이꾼을 살피며 한참 걷다가, 잡담처럼 침묵을 깼다.

"내가 쓴 고깔에는 내 혈통서도 적혀 있어. 다들 양서로 이름난 책이고. 위약금이 아무리 커도 탐낼 만하지. 여기 장서가는 산부인과 의사 정도는 불러올 수 있을 자산가로 보이니까. 게다가 너는 참 아름답게 생겼으니 내가 아무리 위험부담이 커도 혹할 거라고 생각했을 테고."

"그게 무슨 말이야?"

"내가 보기에도 너는 꽤 번듯하게 생겼다는 뜻이지. 그보다 너는 나랑 애를 만들고 싶니?"

전영이 갑자기 서서 몸을 반 바퀴 돌리더니 가람의 얼굴을 빤히 바라봤다. 가람은 자기도 모르게 뒤로 몇 걸음 물러섰다. 귓불까지 열이 잔뜩 오른 느낌이었다.

"너, 너는 내가 그랬으면 좋겠어? 내가 그런 인간으로 보여?"

"나야 모르지."

가람이 속삭일 수 있는 한도 내에서 최대한 단호하게 말했다. 적어도 말하려고 시도했다.

"전혀 아냐! 오히려 그런 일은 되도록 피하고 싶어. 굳이 네가 아니라도. 너는 임신하고 싶은 거야?"

"뭐하러 벌써부터. 여기 대여 기간이 끝나면 나는 지겹도록 애만 낳다 죽을 텐데. 지금은 몸이 덜 자랐으니까 대여한다고 밖으로 내돌리는 거지, 출산하기 적합한 몸이 되면 절대 아닐걸."

전영은 능글맞은 목소리로 끔찍한 이야기를 입에 올렸다. 눈가가 호를 그렸고 목소리는 깊게 울렸다. 가람은 자기도 모르게 깊은 숨을 내쉬었다. 어느새 전영의 말에 귀를 기울이고 있었다.

전영이 고깔을 벗었다. 아침에 밀면서 봤던 민머리는 여전히 글씨가 빽빽하게 적혀 있었다. 가람은 문맹이었기에 그저 전영의 머리에 적힌 정보가 금괴 세 짝 분량만큼 된다는 것쯤만 가늠했지, 그 의미가 무엇인지는 몰랐다.

"이거 봐. 나 같은 고급 서적에는 혈통서가 따라붙어. 나는 숱한 책을 토씨 하나 안 틀리고 욀 수 있고, 그 내용을 이해해. 보통 이런 서적은 마찬가지로 고급 서적과 접붙여 다른 서적을 길러. 그런데 그건 장서가가 허락해야 가능하거든. 나는 지금 이 농장에 '대여'된 거고, 농장주는 이 틈에 새끼를 보려는 셈이지만, 실은 불법이지. 그래도 애아빠가 서적이라면 서점조합장은 나와 아이를 데려갈 거야. 그러니 농장주는 네가 애아빠라고 대겠지. 네가 그럴 생각이 없더라도 상관없어."

가람은 마른세수를 하고 양손으로 머리를 뒤로 빗어넘겼다.

"나는 그럴 생각이 전혀 없지만, 그래도 물어봐야겠네. 왜 나를 애아빠라고 대는데?"

"그래야 농장주가 애를 차지할 수 있거든."

전영이 어깨를 으쓱거렸다. 둘은 어느새 하우스촌을 한참이나 지나 가람의 살림집 앞까지 도착했다. 외딴 독채답게 딱히 신경 쓸 만한 건 없었다. 전영은 가람의 집 안에 들어가 간밤에 가람이 몸을 욱여넣었던 작은 철제 소파를 마당에 꺼내 놓았다. 마치 지난밤 가람이 그랬던 것처럼 대충 몸을 얹어 놓고 난 뒤에는 고깔로 얼굴을 가렸다.

"아, 밥을 먹었으면 햇볕 아래 누워야지. 좀 살 것 같네. 자, 네가 애아빠라면 아이는 암기력이 증명되지 않은 자원이니까 서적조합에서는 그냥 버릴 테고, 농장주 수중에 떨어지겠지. 너는 아마 적법한 절차에 따라 죽을 거야. 장서를 함부로 훼손시킨 셈이니까. 조합장 앞에서 나를 보며 얼빠진 얼굴을 한 것도 인상 깊었을 테고. 하지만 농장주 입장에서는, 뭐, 크게 걱정할 일 없는 일이야. 새경 받는 임노동자 하나 사라진다고 뭐가 달라지겠어? 좋은 책 핏줄은 쉽게 구할 수 있는 것도 아니고. 이참에 책 사업에도 뛰어들 수 있겠지."

얼빠진 얼굴을 했다는 대목이 계속 귀에 울렸다. 가람은 자기가 그렇게까지 얼뜨기처럼 보였는지 잠시 고민했다. 가람이 아무 대꾸도 없자 전영이 손가락을 튕겨 가람의 주의를 끌었다.

"이거 봐, 나도 공짜로 보호를 요청하는 건 아니야. 네가 나를 돕는다면 나도 너를 도와줄게."

"어떻게 돕는단 말이야?"

"서적이 임노동자를 돕는 오래된 방법이지. 나는 너에게, 서적이 아닌 이들에게 알려 줘서는 안 되는 지식을 몰래 알려 줄 거야. 네가 내 뒤통수를 친다면 나는 기꺼이 네가 날 강간하려 했다고 조합장에게 전령을 보낼 거고. 그렇지만 나는 되도록 너와 좋은 관계를 맺고 싶어. 나는 이 농장에서 지내는 동안 강간을 피하고 너는 기술자가 되어서 스물다섯 살에 농장을 떠나는 거야. 이만하면 괜찮은 거래 아냐?"

가람은 잠시 목덜미를 주무르며 생각에 잠겼다. 얼추 그럴싸하게 들렸다. 전영의 말대로라면 지금 가람은 외통수에 놓인 셈이기도 했다. 불쾌한 협박 사이로, 전영이 고깔 끝을 살짝 들어 보였다. 가람은 애써 얼굴에 힘을 주고 헛기침을 했다.

"나쁘진 않네. 받아들이지."

전영이 고깔 사이로 씨익 웃더니 누운 자리에서 나비다리로 앉았다. 가운 자락까지 더해져 의자가 꽉 차는 듯했다. 전영은 고깔을 벗고 엄숙한 얼굴로 나지막하게 입을 열었다.

"그럼 오늘부터 시작할까. 농장 시찰은 정오가 지난 다음부터 하자. 나는 지금부터 내 머리에 적히지 않은 비밀 서적을 네게 알려 줄 거야. 너는 그걸 외우든, 곱씹든, 공부하면 돼. 우선 들어 봐. '우리가 이야기하려는 사람은 누구인가? 전태일. 평화시장에서 일하던, 재단사라는 이름의 노동자. 1948년 9월 28일 대구에서 태어나 1970년 11월 13일 서울 평화시장 앞 길거리에서 스물둘의 젊음으로 몸을 불살랐다. 그의 죽음을 사람들은 인간선언이라고 부른다…'"

김제 황야에서부터 불어온 바람은 높은 담장을 넘어 두 사람에게까지 닿았고, 가람이 이해할 수 없는 맥락을 담은 말들이 전영의 입에서 흘러나왔다. 훗날 그 말들이 심장을 움켜쥘 줄도 모르고, 가람은 전영이 이끄는 대로 그 옆자리에 앉았다. 그 순간만큼은 소년이 소녀에게 사로잡혔다고밖에 말할 수 없었다.

◇

전영이 농장을 시찰하고 각종 전문 서적에게 현황 보고를 들은 다음부터 새 사업이 본격적으로 진행되었다. 전영은 수정과 머리를 맞대고 사업의 기틀을 잡았다. 대개 수정이 예상한 밑그림에 어떤 인력이 얼마나 필요하며 이를 어디서 충당할지로 논의하곤 했다.

전영은 수정에게 '조수'와 '인사 전권'을 요구했다. 수정이 바라는 속도를 내고 싶다면 전영이 인사권자가 되고 사후 보고하는 편이 효율적이며, 조수 겸 비서가 따라붙으면 어깨 너머로 인사 관리의 기초를 배울 수 있으니, 전영이 농장을 떠난 뒤를 내다보라는 말이었다. 그렇잖아도 수정은 전영에게 가람을 접붙이려던 차였다. 인사권자가 생긴다면 나쁠 건 없는 장사였다. 아이 아버지로 댈 만한 장정은 농장에 널렸다. 수정은 흔쾌히 승낙했다.

처음 가람은 전영이 '조수'를 요청한 까닭이 두 사람 사이에 오간 거래 때문이리라고 짐작했다. 한숨 돌릴 구석이 생기리라 기대했지만 아쉽게도 그 바람은 산산이 부서졌다. 전영은 바빴다. 그것도 아주 많이 바빴다.

담장을 넓히고 공장을 지어야 하니 신출내기 품팔이꾼들이 농장에 들어왔다. 전부 전영이 면접을 봤다. 인원이 늘어나니 바깥채에 행랑채를 더하고 식당과 위생 시설을 확충해야 했다. 이에 필요한 인력을 계산하고 건축 서적에게 설계도면과 건설 일정과 필요 물품을 보고 받은 뒤, 적당히 조율해 수정에게 보고하기도 했다. 행랑채를 제대로 짓기 전에 임시 숙박 시설을 마련하는 건

물론이었다. 붙박이와 뜨내기 사이에 충돌이 일어나면 시비를 가리고 징계를 내리는 것까지 전부 전영의 일이었다. 가람은 일을 따라가기만 해도 벅찼다.

눈코 뜰 새 없이 바쁜 데다 처음에는 그리 잘 돌아가지도 않았다. 건축 전문 서적이 어린 전영을 얕잡아 보아서 지시를 무시했던 일이 대표적이었다. 건축 전문 서적과 오래 일한 기술자들도 합세했다. 전영은 털보 건축 서적 앞에서 고깔을 벗어 자기도 건축과 설계에 대한 학습을 마쳤다고, 그러니 건축 서적 한 사람쯤이야 필요없다고 말하며 그를 신출내기 품팔이꾼 그룹에 섞어 터 고르기 작업에 투입시켰다. 공장 부지의 터를 깊게 파는 고된 작업이었다. 건축 서적과 함께 나섰던 기술자들도 자기 기술을 살리기는커녕 전혀 관련 없는 작업으로 재배치되거나, 일방적으로 품 팔이 계약이 해지되었다.

그리고 밤이 되면 이 모든 일을 곁에서 지켜본 '조수'와 함께 잠을 쪼개 지식을 나누었다. 가람은 글자를 익히며 전태일 평전을 배웠다. 그 옛날 이 땅에 노동자도 사람이라 외치며 분신했던 전태일이라는 사람이 있었다는 이야기는 유럽을 떠도는 하나의 유령이 있다는 공산당 선언으로 이어졌다. 가람이 무엇을 모르겠다고 말하면 전영은 그에 관련된 다른 책을 가르쳤다. 가람의 물음에 답하는 식으로 나아가다 보니 계보도 없고 대중도 없었다. 전태일 평전, 공산당 선언, 자본론, 성의 변증법, 서발턴과 봉기, 무엇을 할 것인가, 당과 계급, 중국사 강요, 파업 이론과 역사….

얄궂게도 전영이 가르쳐 주는 지식이란 하나같이 전영이 낮에 보이는 모습에 맞서기 위한 방법이었다. 낮에는 전영을 따라다니며 자본가의 앞잡이 노릇을 배우고 밤에는 생산수단과 땅을 틀어쥐고서 타인 위에 군림하고자 하는 이들과 싸우는 법을 익히고 있으니, 젊은 가람으로서는 재미질 수밖에 없었다. 수정에 대한 반감도 한몫했다. 게다가 무언가 궁금한 게 있으면 전영은 결코 허투루 알려주지 않았다. 가람이 이해할 때까지 끈질기게 가르쳤다. 전영의 머리에는 결코 적히지 않았으나 전영의 입에서 구비구비 흘러나오는 불온한 지식은 꼬리에 꼬리를 물고 두 사람의 밤을 채웠다.

"이렇게 천 일 밤 동안 끊이지 않는 이야기를 해서 목숨을 구한 이의 이야기도 있어…."

한참 가르치다가도 전영은 왕왕 먼저 잠들곤 했다. 그러면 가람은 전영의 어깨까지 이불을 덮어 주고 자기도 그 곁에 가서 누웠다. 둘은 책 몇 권을 떼고 난 다음부터 한 침대를 쓰는 게 조금도 어색하지 않았다. 수정에게 서로 편히 쓸 새 침대를 달라 요청하니 아예 따로 살지 않겠느냐는 답변이 돌아온 지도 오래였다. 전영을 밤마다 지키려면 같은 집을 쓰는 게 나았으므로 두 사람은 같은 침대를 쓰기로 합의했다. 가람은 타인과 사적인 일상을 공유하는 감각이 회복되어 가는 걸 느꼈다. 어머니를 거적떼기에 담아 황야에 묻고 돌아와 처음 침대에 누웠던 날부터 가람이 둘러친 고독이 조금씩 떨어져 나갔다. 괜찮은 기분이었다.

때때로 보람찬 날도 있었다. 하늘을 보며 해와 달과 별로 방향을 읽는 법을 배운다거나 황무지에서 물을 구하는 법을 알고 나면 괜스레 기분이 좋았다. 아직까지 직접 쓸 일은 없지만 그런 방법을 알고 있는 것만으로도 충분했다. 아침마다 개 짖는 소리에 진절머리를 내던 전영이 이를 갈며 개들을 재우는 방법을 알려 주기도 했다.

"의학 서적한테 얘기해서 우리도 아편 화분 좀 키워야겠어."

"갑자기 아편은 왜?"

"저 자식들 너무 시끄러워. 딱 한 번만 밤에 아편 먹여서 저것들 재우자. 쟤네들 안 짖는 채로 깨고 싶어."

전영은 눈에 불을 켠 채 잔뜩 잠긴 목소리로 말했다. 어찌나 황당한지 가람은 너털웃음을 지었다.

"가만 보면 참 짐승한테 못되게 굴어. 저렇게 잘 짖으니까 무법자한테서 지켜 주기도 하는 거잖아. 왜 그렇게 미워해. 특히 복실이는 너만 보면 좋아서 어쩔 줄 모르는데."

"그래, 나도 그 녀석은 덜 미워. 야단스럽지도 않고 점잖은 데다 잘생겼지. 동물 서적이 총명하다고 싸고 도는 것도 이해해. 그치만 출판 단지에서 탈출하려는 책들 잡아오는 것도 다 개새끼들이거든. 출판 단지 보안견 무리가 도주 서적을 잡아오던 모습을 이층 창문 너머로 지켜봤는데 그 모습이 아직도 눈에 선해. 하필이면 그날 기초 동물행동학을 배웠어. '개는 인간의 가장 오래된 친구'라는 말로 수업을 시작했다고. 얼마나 기만적이야?"

"그게 쟤네 탓은 아니잖아. 너무 미워하지는 마."

"아, 모르겠다. 일단 아편 화분은 얻어와야겠어. 일단 가지고 있으면 쓸 데도 있겠지. 고양이 새끼들 발정기에 울 때 쓰든가."

"진짜 동물한테 모질다."

"주인 대신 사람한테 모질게 구는 게 내 일인데 짐승한텐 못 그럴까. 아, 죽겠다. 머리 좀 밀어 줘."

"못된 사람 머리는 못 밀어주겠는걸."

그러면서도 손은 이미 비누거품을 내어 전영의 머리에 고루 바르고 있었다.

피차 외로운 신세였다. 두 사람은 일상을 공유하고 온종일 붙어서 함께 일하고 가끔은 남의 흉을 보고 서로의 지식을 나누며 점차 가까워졌다. 밤손님이 찾아올 때도 있었는데, 잠귀가 밝은 가람이 나가서 낮은 목소리로 윽박지르면 대개 해결되었다. 몇 놈씩 들이닥치는 날에는 문을 몸으로 틀어막고 밤을 지샜다. 전영은 한번 잠들면 다시 깨기 전까지는 무슨 일이 일어나는지 전혀 몰랐지만, 그런 날에는 유독 초췌한 가람에게 조심스럽게 사과했다. 가람은 그저 고개를 가로저으며 잘 잤느냐고 물어볼 뿐이었다.

두 사람의 세계가 가까워지는 만큼이나 시간도 빠르게 흘렀고 섭양김제농장은 자연스레 공장으로 변모했다. 담장이 한참이나 길게 늘어나 총 부지가 배는 넓어졌다. 기초 공사부터 공들여 올린 식가공 공장에는 수정이 포항까지 가서 직접 주문한 식가공 기기가 차곡차곡 들어왔다. 농장일 때는 바깥채의 단체 숙소와 품팔이꾼 살림집이 농장 곳곳에 흩어진 상태로도 충분했지만, 공장이 되니 고용인 숙소의 규모부터 달라졌다. 기존 바깥채 숙소를 식당으로 개조한 다음, 빈 부지에 2층짜리 행랑채를 따로 올렸다. 테라코타 타일에 유약을 발라 만든 대욕탕까지 딸렸으니 어마어마한 공사였다.

이 모든 변화에 전영의 손길이 닿았다. 수정이 전영에게 전권을 내주지 않는 일은 회계 정도였다. 그렇지만 자금 한도를 논의하는 일은 불가피했다. 결국 사업 진행비 집행 일부까지 전영이 관여하는 셈이었다. 전영은 정말 딱 한 사람만 있어도 되는 책이라며, 수정은 입에 침이 마르게 전영을 칭찬했다. 그러면서도 전영에게 도통 애가 들어서지 않는다고 가람을 타박하곤 했다.

"밤손님 드는 게 싫으면 너라도 잘해야지, 이 녀석아."

가람은 애써 표정을 숨겼지만 얼굴에 다 드러나는 모양이었다. 수정에게 한소리 듣고 돌아온 날이면 전영은 가람을 부둥키고 등허리를 토닥거렸다. 마음 같아서는 열렬히 껴안고 싶었지만 가람은 침착하게 전영의 등을 몇 번 토닥여 답례하고 손을 풀었다. 그러고는 두 사람의 일상으로 돌아갔다.

몇 년 동안 한 침대에서 한 이불을 쓰며 살았지만서도 두 사람이 쌓은 관계는 스승과 제자였고 인사 관리자와 조수였으며 친구고 동지였다. 아이를 병으로 잃고, 자기도 그 병에 옮은 품팔이꾼을 농장에서 내쫓은 날도 있었다. 그날 밤 전영은 자기가 뭐하러 금서를 익혔는지 모르겠다며 눈물을 쏟았다.

"이러니 책이 사람도 아니겠지. 어떻게 그렇게 모진 짓을 하고도 너한테 인권이니 뭐니 이야기한단 말이야? 이딴 게 사람이니?"

가람은 조심스럽게 전영의 어깨를 안으며 토닥거리다가, 나지막하게 이야기했다.

"너는 죄책감을 느끼기 위해 금서를 익힌 거야. 살기 위해 악행을 저지르더라도 함부로 용서하지 않기 위해."

"그걸 네가 정한다고 무슨 의미가 생겨? 나는 시간을 돌려도 같은 결정을 내릴 거야. 자식 잃은 병자를 농장 밖으로 쫓아내겠지."

"그래도 너는 다른 사람이 병에 걸리지 않도록 동물 관리 서적대로 개들을 시켜 내쫓게 했잖아. 병이 크게 번졌다면 더 큰일났을 거야."

"바로 그거야. 나는 사람을 마음대로 내쫓으면서 먹을 것 하나 쥐어 보내지 않았어. 그러면서 짐승 내쫓듯 개를 풀기까지 했지."

가람은 주머니에서 손수건을 꺼내 전영의 얼굴을 유리그릇 닦듯 조심스럽게 닦았다. 손수건은 금방 축축해졌지만, 전영은 그 사이 조금이나마 진정한 모양이었다. 벽에 반쯤 몸을 기대었는데 눈가와 코는 발갛게 부풀어올랐고 뺨은 상기된 채였다.

가람은 울면서도 끈질기게 문장을 완성해서 말하는 전영을 한참 바라보다가, 어깨와 목줄기를 단단하게 끌어안았다. 전영의 달아오른 얼굴과 뜨거운 숨이 가슴팍에 전해졌다. 흐느끼면서 몸을 달싹거리고 있었다. 가람은 왼손으로는 전영의 머리를 끌어안고 오른손은 전영의 등을 토닥거렸다. 소매를 걷어붙인 채였기에 가람의 팔뚝에 전영의 목줄기가 그대로 맞닿았다. 맨살이 그대로 닿는 자리마다 불붙는 듯했다. 가람은 뛰는 가슴을 가라앉히고자 애써 태연하게 말했다.

"이번엔 처음이었어."

"나는 다음에도 그 짓거리를 할 거야."

"알아. 하지만 요령도 생길 거야. 더 능숙해진다면 다음에는 처지가 딱한 사람을 내쫓지 않도록 농장주를 설득할 수도 있겠지."

전영이 허리를 꼿꼿하게 세우고 앉았다. 그러자 가람의 코앞에 온통 전영의 얼굴이 들어찼다. 한참 울어 도톰하게 부어오른 입술에 자꾸만 눈이 갔다. 가람은 자기가 어떤 생각을 하는지 들키지 않도록 전영을 끌어안은 팔을 풀고는 애써 이불로 허리 아래를 잘 덮었다.

"그런다고 내가 저지른 일이 사라질⋯ 너 지금 뭐하니?"

전영의 목소리에 갑자기 장난기가 어렸다. 독방에서 혼자 지내느라 고장난 사회성이 회복된 뒤부터는 툭하면 장난을 걸어오곤 했다. 지금도 딱 그럴 때 내는 목소리였다. 전영이 씨익 웃자마자 가람은 잽싸게 자리에 눕고는 전영을 등지고 누웠다.

"많이 울면 힘 빠져. 그만 자자."

가람은 이불을 어깨까지 덮고 몸을 쪼그렸다. 그러나 전영은 쉽사리 그만둘 생각이 없는 것 같았다.

"너 내가 우는 거 보고 발기했니?"

"아니거든!"

"세상에, 믿을 놈 하나 없다더니. 너는 여자가 우는 모습을 봐야 성적으로 흥분하는구나. 그래서 농장 애들이 그렇게 쫓아다녀도 관심이 없었구나. 이런 기괴한 성벽이 있나."

전영은 깔깔거리면서 가람을 향해 모로 누웠다. 그러더니 가람의 어깨를 꼭 끌어안으며 훌쩍훌쩍 우는 시늉을 했는데 가끔씩 웃음을 터뜨리기도 했다. 가람으로서는 뒷덜미에 숨이 그대로 닿아서 아주 죽을 맛이었다.

끌어안는 건 익숙했다. 연탄을 때는 이상 어느 정도 창을 열어 둬야 했다. 동장군의 숨결이 새어드는 밤을 버티려면 체온을 나누는 수밖에 없었다. 그럴 때면 가람의 몸에 가시적인 신체 변화가 일어나곤 했다.

새삼스럽지는 않았다. 그 무렵 두 사람 사이에는 내외랄 것도 없었다. 각자의 처지에서 비롯된 의도적인 무관심은 곧 관성이 되었다. 가람의 아랫춤이 아침마다 부풀어오르거나 새벽에 손빨래 하는 일에 대해 전영은 언급하지 않았다. 이따금 전영이 욕실 구석 양은 대야에다 개짐 핏물을 빼는 날이면, 가람이 씻는 김에 빨아서 널어 두기도 했다. 두 사람 모두 서로의 육신을 스스럼없이 여기면서 그 물성이 대수롭지 않은 것처럼 굴었다.

하지만 아주 가끔, 눈앞의 몸뚱이를 평소와 다르게 느끼게 되는 순간이 있었다. 일방적인 것도 아니었다. 다만 아직은 서로를 간절하게 바라는 순간이 맞물리지 않았을 뿐이었다.

그로부터 비롯된 일은 되도록 피하고 싶었다. 가람은 태연한 척 천장을 보고 누워 입을 열었다. 평소처럼 자기 전에 도란도란 이야기 나누듯, 방금 있었던 일이 아무것도 아닌 것처럼.

"그런데 성벽이 뭐야?"

"특이한 성적 취향을 이르는 말이야."

"너는 정말 모르는 게 없구나."

말이 끝나기 무섭게 전영은 가람의 품으로 파고들려다 이내 가람이 그랬듯 천장을 보고 바로 누웠다. 잠시 침묵이 흘렀고, 전영이 말했다.

"내가 정말 모르는 게 없으면 좋겠다."

이렇듯 전영이라고 세상 모든 것을 다 알지는 않았으며, 늘 명쾌한 답을 내놓지도 못했다. 그러니 때때로 가람이 전영에게 자기가 아는 것을 가르칠 수도 있었다. 어려서 가람을 키운 노인은 뱃일을 오래 하다 나이들어 뭍으로 돌아온 이였는데, 농장에서 쓰이는 매듭 말고도 바다에서 쓰는 매듭까지 가르쳐 주었다. 전영은 손재주가 썩 좋지는 않은지라 매듭법을 배우다가도 분에 못 이겨 팽개치기 일쑤였다. 가람은 전영이 애를 돌볼 노인이 너무 많다고 말할 때마다 매듭법이나 연습하라고 면박을 주곤 했다.

전영이 돛대 매듭을 연습할 즈음이었다. 서점조합에서는 처음 전영을 데려올 때 공지한 대로 아무 통보 없이 전영의 임신 여부를 확인하기 위해 의학 서적을 보냈다. 전영이 홑몸이라는 걸 확인한 의학 서적이 다시 전주로 떠나던 날 저녁, 수정은 그날부로 두 사람이 쓰는 방에 난방을 끊었다. 연탄을 얻으러 갔더니 무두질한 모피 이불을 내주었다. 가람이 이불을 이고 살림집으로 돌아와 펼쳐 보니 침대에 딱 들어맞는 크기였다. 전영이 혀를 찼다.

"침대 밖으로 나가지 말라는 뜻이네. 요로 깔 이불도 주면 따로따로 쓸까 봐 하나만 줬나 보지? 원 참."

듣는 가람의 귀가 새빨개졌다. 이렇게 목적이 확실한 물건이 앞에 놓여 있으니 몸 둘 바를 모를 지경이었다.

"역시 따로 자자. 내가 바닥에서 잘게."

"네가 이불 안에 들어와 있어야 내가 따뜻하게 잘 거 아냐."

"내가 난로야?"

"응. 빨리 들어와. 얼어 죽겠다."

이불은 과연 따뜻했으나 시답잖은 요를 겹겹이 깔아 둔 침대 바닥에서 냉기가 올라왔다. 둘은 평소처럼 천장을 본 채 두런두런 이야기를 나누며 자려다가 어느새 슬금슬금 서로에게 몸을 붙였다. 가람이 한숨을 쉬었다.

"장수정 손바닥 위에 있는 거 같아서 너무 기분 나쁘다."

"뭐, 장서가도 보통 재주로 이만한 생산 시설을 독식했겠니. 그건 여기서 태어난 네가 전문가잖아. 뒤돌아 누워. 내가 뒤에서 껴안고 아무 짓도 안 할게."

"오늘은 싫어. 네 숨이 내 목에 닿을 거 아냐."

"너 수줍음 타는구나! 여태 그런 게 한두 번도 아닌데, 계속 그랬단 말이지?"

전영이 불 꺼진 방에서 손뼉치며 웃었다. 괜히 가람의 귓불이나 뺨을 만져서 얼마나 뜨거워졌는지 확인하기도 했다. 가람은 추위 탓이라고 눙치려다 이불 안으로 고개를 박고 파고들었다.

"괜찮아, 누나가 아무 짓도 안 할게. 추우니까 난로로 좀 쓰자."

"…내가 너한테 무슨 짓을 하면 어쩌려고?"

"그럴 거면 예전에 그랬겠지. 새삼스럽게 그런 기분이 들어?"

가람은 이불 속에서 고개를 끄덕이는 걸로 대답을 대신했다. 전영은 키득키득 웃었다.

"신기하네. 그러고 보니까 가람이 너 여태 아무도 안 만났지. 너 좋다는 애들이 한둘이 아니었는데. 날 의식하더라도 굳이 티는 안 내려고 했고. 무슨 까닭이라도 있어?"

"그걸 하면 애가 생길 수도 있잖아. 난 그게 싫어."

"서점조합에 끌려갈까 봐?"

"아니, 그냥 어떤 아이든 만들고 싶지 않아. 내가 운 나쁘게 부모님처럼 일찍 죽어서 빚만 남기고 떠난다고 생각하면 끔찍해."

가람은 이불을 뒤집어쓰고 모로 누워 웅크린 채 말했다. 한동안 방에는 냉기와 침묵만 감돌았다. 어두운 방, 이불 안에서 전영이 천천히 손을 들어 가람의 등을 쓸었다. 그러다가 가람의 등에 얼굴을 묻고 떨며 흐느꼈다. 가람의 등은 전영의 눈물로 젖어들었고 방 안은 울음소리로 가득 찼다. 불현듯 가람도 함께 통곡했다. 두 사람의 침상은 순식간에 눈물 자국으로 흠뻑 젖었다.

이제 두 사람은 십 대 중반의 아이들이 아니라 이십 대 초반의 젊은이였다. 전영의 대여 기간도 다 끝나 가는 참이었다. 전영은 머잖아 출판 단지로 돌아가 애 낳는 가축 노릇을 할 예정이었다.

그새 달빛이 방 안으로 들이쳤다. 전영은 한참을 울다가 가람의 얼굴을 바라보았다. 두 사람의 눈이 마주쳤다. 눈물과 콧물로 아주 엉망이었다. 전영은 짓궂게 웃으며 가람의 머리카락을 천천히 손가락으로 쓸었고 가람은 전영의 뺨을 매만졌다. 이내 전영이 천천히 가람에게 다가갔고, 입을 맞추었다.

가람은 전영을 사람으로 대하고자 최선을 다했다. 그게 그날 할 수 있는 위로의 전부였다.

◇

그 겨울이 끝날 무렵, 가람은 차기 인사 관리자로 발령 났다. 전영을 6년 동안 따라다니며 인력을 관리하는 방법을 곁에서 보고 배웠으니 든든하다며 수정이 호탕하게 등을 쳤다. 달갑잖은 승진이었다. 전영에게 낮에 배운 일은 전부 사람을 도구 취급하는 것이었으나 밤에 배운 지식은 그런 자들에게 대항하는 방법이었다.

그렇지만 승진도 나름 쓸모는 있었다. 가람은 어느 날, 무슨 바람이 불었는지 섭양김제식품생산공장에서 일하는 여자들에게 말을 붙이고 다녔다. 남 말하기 좋아하는 치들은 이게 웬 일이냐며 쑥덕거렸다. 까닭도 아주 간명했다.

"머리카락 아랫부분 한 줌만 잘라 주시면 안 될까요. 전영이가 곧 서적조합으로 돌아갈 텐데, 한번쯤 머리 긴 걸 보고 싶어요. 저야 앞으로 몇 년은 더 붙어 있을 놈이니 은혜는 톡톡히 갚겠습니다. 전영이한테는 비밀이에요."

누구나 흔쾌히 내주지는 않았지만, 가람은 곧 전영을 대신해 인사권자가 될 몸이었다. 그런 치가 이렇게까지 말하니 가발을 만들 만큼은 머리칼을 얻을 수 있었다.

머리칼을 모았으니 이제 가발을 만들 차례였다. 가람은 안채 옷방으로 달려갔다. 욕탕 사용 우선권을 드릴 테니 가발을 만들어 달라고 부탁하자 옷방 사람들은 깔깔 웃으며 그 자리에서 가람을 놀렸다. 그렇지만 그날이 가기 전에 실로 틀을 짜고 머리칼을 한 올 한 올 엮은 가발이 완성되었다.

그럴싸한 선물 같아서 가람은 내심 뿌듯했다. 그날 밤, 전영에게 가발을 내밀기 전까지는 그랬다. 전영은 가발을 보자마자 잡아 팽개치더니 냅다 달려들며 말했다.

"가발 같은 걸 도대체 왜 만들었어? 이거 만들면 도망치는 줄 알아. 절대로 만들면 안 되는 물건이란 말야. 너 내가 죽는 꼴 보고 싶니?"

"…나는 네가 가끔은 평범한 차림을 해도 좋을 것 같았어."

가람이 우뚝 선 채로 내민 손을 천천히 내리는 동안 전영이 안절부절못하며 방 안을 돌아다녔다. 중간중간 가슴을 치면서 한탄하듯 내뱉는 건 물론이었다.

"장서가들이 바보로 보여? 서점조합이 괜히 머리를 밀어 놓겠니? 평범해지지 못하게 강제하는 거잖아. 세상에, 숱 많은 거 봐. 네가 이거 만든 거 여기 사람들이 다 알겠다. 장수정 그 인간 귀에도 당연히 들어갔겠고. 너 도대체 어쩌려고 그래."

"어쩌긴. 도망치는 줄 알면 같이 도망치면 되겠네."

"뭐?"

가람은 바닥에 떨어진 가발을 주워서 결을 잘 골랐다. 역시 하루만에 얼기설기 만들었다고는 믿기 어려울 정도로 만듦새가 정교했다. 어리둥절한 표정으로 서 있는 전영에게 다가가더니 천천히 가발을 내밀었다.

"같이 도망치자. 군산도 좋고 부산도 좋아. 함흥도 괜찮겠고."

"서점조합은 어디에나 있어."

"그럼 외국으로 가면 되지. 네가 얘기했잖아. 활동가들은 여러 대륙으로 망명하곤 했다고. 우리도 망명 좀 할 수 있겠지."

"너, 목숨이 안 아까워? 대체 언제부터 생각한 거야?"

가람은 머리를 긁고 목덜미를 주물렀다. 입밖으로 내뱉자니 멋쩍은 얘기였다.

"솔직히 방금 전까지는 아무 생각 없었어. 하지만 이제부터 생각해야겠지. 뭐 좀 들은 거 있어?"

"넌 도대체 뭐하는…!"

전영이 눈을 부릅뜬 채 한참을 노려보다가, 어깨를 늘어뜨리고는 침대에 드러누웠다. 그러고는 누운 채 마른세수를 몇 번이나 하다가 허공에 발길질을 해댔다.

"아, 진짜, 이게 무슨, 아니 도대체, 아!"

가람이 주춤거리며 침대가로 다가갔다. 전영은 한동안 양손으로 얼굴을 가리고 침대에 퍼져 있다가, 가까이 온 가람의 다리를 두어 번 걷어차더니 누워서 눈 감은 채로 한쪽 손을 내밀었다.

"그거 줘 봐."

"결정이 섰어?"

가람이 피식 웃었다. 전영은 미간을 찌푸린 채 일어나 앉고는 가발을 정돈한 뒤 머리에 뒤집어썼다.

"어쩔 거야. 모 아니면 도지. 지금부터 떠나야 해. 당장 짐 꾸리고, 아편 꺼내 놔."

"아편은 왜?"

전영은 가발 쓴 자기 모습을 쪽거울로 이리저리 살피며 답했다.

"개를 재워야지. 마침 오늘은 달도 안 뜨고. 여기서 군산까지 한 번에 가기는 어려우니 부안 문포항을 통해서 군산항에 갈 거야. 군산항 전당포 거리에서 최 박사라는 밀항 브로커를 찾으랬어."

"그걸 어떻게 알아?"

"교육학이 가르쳐 줬지. 나한테 금서를 가르친 책이야. 밀항에 거의 성공할 뻔했는데 입덧 때문에 실패했고, 손톱이 전부 뽑혔어. 거기서는 모든 체벌을 손톱 뽑는 걸로 하거든."

전영은 예사롭게 이야기했으나 듣기만 해도 가슴이 내려앉을 것 같은 말이었다.

"혹시 너도 손톱 뽑힌 적 있어?"

"아니, 한 번도 뽑힌 적 없는 좋은 책이었지. 출판 단지의 편집자나 해방 서적들은 나를 치켜세웠어. 같이 배운 다른 아이들 손톱을 뽑으면서 나를 본받아 좋은 책이 되라고 했지. 그렇게 좋은 책이 어떤 꼴을 당하는지는 더 나중에 배웠고."

그 뒤로는 더 나눌 말이 없었다. 두 사람은 필요한 말만 주고받았다. 그날 저녁 동물학 서적과 개들은 아편 바른 육포를 먹다 잠들었다.

달도 뜨지 않은 봄밤, 두 사람은 조용히 담을 넘었다. 담을 넘는 순간부터 가람의 심장은 정신없이 요동쳤다. 지리와 천문에 익숙한 전영이 잰걸음으로 앞서 나갔다. 부안 문포항에 가려면 동진강을 건너야 한다고 했다. 거기까지 가는 길은 전영이 어림잡을 수 있었다.

가람은 평소 자기가 입던 검정 합섬 옷을 걸친 전영의 뒷모습을 고스란히 따라 걸었다. 뛰다시피 걷다 보니 어느새 물소리가 들렸다. 아직 추격자는 없는 모양이었다. 가람은 나지막하게 말했다.

"나, 사실 강은 처음 봐. 무척 물이 깊게 흐른다며. 우리 둘이 건널 수 있을까?"

"우리는 수심이 얕은 데를 골라서 건널 거야. 옷을 갈아입기도 뭐하니까 신발만 벗은 채 건너면 되겠지. 발에 상처가 생기지 않도록 조심해."

마침내 동진강 기슭에 도착하자, 가람은 자기가 평소 덮고 자던 자리 이불을 만들던 갈대가 어디서 나왔는지 깨달았다. 이곳에서 자라던 거였다. 두 사람은 수심이 얕은 곳을 찾아 물살이 가는 방향대로 걸어갔다. 마침내 여울을 찾을 무렵, 첫새벽 어스름이 저 먼 곳부터 피어올랐다. 둘은 신발을 벗은 채 차가운 물에 발을 담갔다. 문포항으로 추정되는 항구의 등불이 멀리서도 보였다. 두 사람은 너무 지친 나머지 강을 건너자마자 마른 자리를 찾고는 서로 등을 기대어 주저앉았다.

한동안 말없이 숨을 고르다가 전영이 입을 열었다. 남의 일을 수군대는 것처럼 나지막한 어투였다.

"나는 잡히면 끌려가겠지만 너는 그대로 죽을 거야."

"알아."

"농장주만도 아니고, 서점조합장이 널 개 먹이로 줄걸."

"웬만하면 그전에 의식이 없었으면 좋겠는데."

"알면서 도대체 왜 도망치자고 한 거야?"

바로 대답할 수 있을 줄 알았는데, 쉬이 말이 나오지 않았다. 잠시 말을 고른 끝에 가람이 답했다.

"나는 너한테 사람은 도구가 아니라고 배웠어."

"고작 그것 때문에?"

"좀 충동적이기는 했지."

"조금이기만 한가. 갑자기 가발을 만들더니 대뜸 도망가자 그러고. 황당해 죽겠어."

전영이 소리 죽여 키득거렸다. 체온과 웃음이 등을 통해 고스란히 전해졌다. 물 흐르는 소리가 두 사람 대신 재잘거렸다.

"가람은 강이라는 뜻이잖아."

"그랬어?"

"몰랐구나. 아는 줄 알았어. 네 이름은 강을 이르는 고유어야."

"그런데 갑자기 내 이름은 왜? 가람이가 가람을 건너서?"

긴장과 피로 사이로 해방감이 타올랐는지, 아무 말이나 다 즐겁게 들렸다. 실없는 농담에도 웃음이 나왔다. 전영은 피실피실 웃다가 말했다.

"전영은 나를 책으로 부르는 이름이지. 지금부터는 나를 여울이라고 불러."

"여울은 무슨 뜻인데?"

"우리가 방금 건넌 곳. 강에서 유난히 수심이 얕은 곳. 그러니까 여울이가 여울을 건넌 셈이야."

가람은 그 이름이 가람의 좋은 짝이라고 생각했지만, 굳이 말하지 않았다. 아직 그 말을 할 만큼 안심하기에는 일렀다.

◇

두 사람은 정오쯤에야 군산항에 도착했다. 부두에 내린 다음부터는 바짝 긴장했지만 항구의 활기찬 분위기가 두 사람의 긴장을 누그러뜨리는 듯했다.

"그래도 방심하면 안 돼. 우리 도망친 거 알고 여기 사람 쫙 깔아 놨을 테니까."

여울이 속삭였다. 이제 전당포 거리의 최 박사네를 찾을 차례였다. 생각보다 어렵지는 않았다. 군산항 골목골목을 조금 헤매니 각종 전당포 간판이 걸린 골목이 나왔다. 거기서 최 박사네를 찾는 건 식은 죽 먹기였다. 공교롭게도, 서른을 넘겼을까 싶은 남자가 웬 늙은이의 바짓단을 붙든 채로 난리를 치던 중이었다.

"최 박사님, 아이고, 제발 살려 주십쇼. 제가 잘리면 저희 갓난이는 뭘 먹고 삽니까. 다시는 손님 있을 때 재채기하지 않겠습니다. 제발 살려 주십쇼."

최 박사로 불린 늙은이는 자기 앞에서 비는 남자에게 침을 뱉고 발길질을 해대고 욕지거리를 내뱉었다. 어려서부터 품팔이꾼 사이에서 고된 노동을 하며 자란 가람이 듣기에도 너무하다 싶은 욕설이었다. 한바탕 욕을 얻어먹은 젊은이는 마침내 포기하고 자리에서 일어나 옷을 툭툭 털었다.

"노인네, 곱게는 못 죽을 거다!"

"나더러 그런 소리 한 놈 혓바닥으로 무역선 한 채는 채운다."

악담하는 치는 요즘 세상에 보기 드문 진짜배기 노인이었다. 이도 죄 빠져서 조글조글했다. 노인장은 혀를 끌끌 차다가, 자기 앞에 멀뚱멀뚱 선 두 젊은이를 보더니 반색하며 반겼다.

"아이고, 손님 앞에서 험한 꼴을 보였구만. 우선 들어오시게."

노인이 두 사람을 가게 안으로 인도했다. 가람은 여울의 표정을 바라봤다. 살짝 얼빠진 건 마찬가지였지만 그래도 고개를 끄덕거렸다. 혹시 모를 일이니 가람은 뒤에서 여울을 감싸듯 가게 안으로 잽싸게 들어갔다.

평범한 전당포가 어떨진 모르겠으나 가게 구조는 대단히 낯설었다. 최 박사는 묵직한 철문 너머로 들어가 문을 잠갔다. 그러고는 쇠창살과 유리를 사이에 둔 교환대 앞에 앉았다. 유리에는 소리가 통하라고 작은 구멍이 나 있었고, 쇠창살은 주먹 하나 들어가지 못할 정도로 촘촘했다. 창살이 없는 건 서랍 정도였다. 양쪽으로 열리는 서랍을 통해 물건과 돈을 교환하는 모양이었다.

"그래서 저당잡히러 오셨나? 팔러 오셨나? 아, 혹시 일자리 관심 있으신가? 키 큰 자네가 떡대도 좋고 참 일 잘할 것 같은데. 아까도 봤겠지만 전당포 일이라는 게 좀 험해서."

여울이 대신 쏘아붙이듯 답했다.

"다른 용무로 왔습니다. 밀항하게 도와주신다면서요."

창살 너머에서 노인의 얼굴이 굳었다.

"그래, 말하는 본새 보니 네가 책이구만? 저거는 영 책 같잖은데 보자, 애아범인가?"

"아뇨. 우린 평등한 혁명 동지예요. 나는 홀몸이고요."

"혁명 좋지. 나도 참 좋아했어. 마누라도 딸년도 늦게 본 아들놈까지 전부. 너무 좋아해서 다 먼저 가 버리고 나만 남았네. 이제는 혁명보다 돈 되는 일을 더 좋아하지. 자네들 재산 좀 챙겨왔나?"

"개털이에요."

"개털은 한반도 못 떠나. 누구 소개로 왔는지에 따라 값을 깎을 수는 있겠지. 아는 이름이라도 대 봐."

"그런 것도 없어요."

"누구한테 배웠는지도 몰라?"

최 박사가 얼굴을 혀를 차자 여울이 빠르게 답했다.

"교육학. 자기가 지은 이름은 민주."

"…하필이면 그거 제자냐?"

"정확히는 수제자였죠. 손톱 하나 안 뽑혔으니까."

최 박사는 한숨을 푹 쉬더니 손으로 이마를 짚은 채 고개를 절레절레 저었다.

"…용케 목숨은 부지했구나. 다행은 다행인데. 니미럴. 당장 중국 청도 가는 배를 마련해 주마."

입에 담기도 민망한 욕설을 궁시렁대는 최 박사에게 가람이 말을 자르듯 물었다.

"가면 무슨 일을 하나요?"

"가면 브로커가 소개할 거다. 이래 봬도 국제적인 망명 조직이야. 익숙해지면 거기서도 더 서쪽으로 도망가라. 전주 책 시장 출신 책이면 무조건 한반도는 떠나야 해. 염병할."

그러고도 최 박사는 팍 찌그러진 얼굴로 온갖 욕을 하며 밀항시 주의사항을 전달했다. 선장과 선원들이 동지인 배인데 선주는 반동분자라 출항이랑 입항 때는 선창 밑에 숨어야 하며, 그때만 조심하면 따로 객실을 내줄 거라는 얘기가 일사천리로 흘러나왔다.

"늬들 여권도 만들어야겠구나. 내가 이 낫살 처먹고 이 짓거리를 왜 또 하고 있나."

여울이 코웃음치며 물었다.

"그러게, 그렇게 싫으면 왜 하시는데요?"

"안 하면 죽은 마누라가 꿈에 나와서 뭐라고 지껄이는데 잠을 잘 수가 있어야지. 늙으면 자는 시간이 귀해져. 이옥분 동지께 감사드려라."

"고마운 분이시네요."

"더 점잖게 해야지, 이 느자구 없는 지식 분자야. 옆에 있는 놈도 같이 해야지."

"이옥분 동지께 감사드립니다."

"덕분에 저희가 밀항을 하게 되었습니다."

◇

최 박사가 준비를 끝냈으니 나오라고 연통을 넣은 다음 날 새벽이었다. 해무가 낀 바닷가 여관방에서도 창밖은 보였다. 같은 방에서 짐을 꾸리던 여울이 먼저 위험을 감지했다.

"놈들이 왔어. 저기 보여?"

"누구?"

"장해정이랑 장수정은 확실해. 개도 끌고 왔어. 여관이란 여관은 뒤지고 다니는 모양인데."

추적자들은 여덟은 족히 되어 보였다. 개도 여러 마리 끼어 있었다. 희뿌연 해무 너머로도 동물 전문 서적의 얼굴과 몸 곳곳에 피멍이 든 게 보였다.

전당포 골목이 전당포로 가득하듯 여관 골목도 여관으로 가득했다. 창밖으로 서점조합장 해정과 농장주 수정 무리가 옆에 있는 여관으로 들어가는 게 보였다. 두 사람이 잡아만 두고 따로 묵지는 않던 숙소였다. 그다음은 이 여관 차례였다.

"최 박사님이 방 두 개 마련한 까닭이 있었구나."

"그 노인네, 진짜 허튼소리는 하나도 안 했네."

여울이 이를 갈며 말했다. 추적자 무리는 1층 숙소부터 방을 하나하나 뒤지는 듯했다. 4층 건너편 방에 도착하기까지는 시간이 좀 걸렸다. 개와 사람이 수런거리는 소리가 잠시 사라졌다가 다시 저 너머에서 들렸다. 여관이 5층이었으니 이제 내려가는 일만 남은 셈이었다.

두 사람은 잠시, 추격자들이 좀 더 아래층으로 내려가기를 기다렸다. 그렇지만 여관 밖으로 나올 때까지 뜸을 들이다가는 들킬 수도 있었다. 가람은 두 사람의 봇짐을 창 너머로 조용히 던지고 난 다음 전영 먼저 옮겼다. 마지막으로는 자기가 넘어갔다. 그러고 창문을 닫으려 하던 차였다. 여울이 가람의 소매를 붙들었다.

"그냥 저쪽에서 안 보이도록 벽에 붙고 창문은 연 채로 두자. 쟤네들 아까 저 방 들렀을 때는 창문이 열려 있었잖아."

가람은 고개를 끄덕였다. 둘은 벽에 달라붙은 채 숨죽여 추적자들이 다음 방에 들어서기를 기다렸다. 얼마 지나지 않아 두 사람이 방금 전까지 머물렀던 방문이 활짝 열리고, 개가 쩌렁쩌렁 짖어대는 소리가 들렸다.

"난 저 소리가 진짜 싫어."

여울이 미간을 찌푸렸다. 가람은 조용히 하라고 입술에 검지를 가져다 대면서도 웃음을 참아야 했다. 전영이든 여울이든 사람은 한결같았다. 웃을 수 있는 것도 잠깐이었다. 추적자들이 개 짖는 소리를 듣자마자 무어라 지껄이는 소리가 창문 너머로 넘어왔다. 적어도 방금 전까지 여기에 있었다느니, 당장 부두로 나가야 한다느니 의견이 분분했다. 가람은 벽에 붙은 채로 놈들이 왁자하게 두 사람을 잡으면 어떻게 절단낼지 고심하는 이야기를 들으며 식은땀을 흘렸다. 가까이 붙어 앉은 여울의 목덜미에도 송골송골 땀방울이 맺히는 게 보였다. 그렇지만 여울은 침착하게 뒤로 손을 내밀어 가람의 손을 잡고, 기다렸다.

그것만으로도 가람은 마음을 놓을 수 있었다.

두 사람은 장 씨네 일행이 여관방을 떠난 다음에도 한참 지나서 잽싸게 최 박사네 전당포로 향했다. 뭐하다 이렇게 늦었느냐며 욕지거리하던 최 박사 역시 저간의 사정을 듣더니 얼굴을 굳혔다. 곧 가게 안에 있는 변장 소품을 꺼내 두 사람을 크고 뚱뚱한 남자 둘로 꾸몄다. 콧수염에 안경을 쓰고 배 나온 중년 남자처럼 꾸민 가람도 가람이지만, 여울의 얼굴에 수염이 무성하게 붙으니 꼴이 기막혔다.

두 사람은 변장용 여권과 위조 여권을 따로 챙긴 채 부두로 향했다. 철로 만든 선체와 기둥에 마직 돛을 단단히 박아 넣고 태양광 발전기를 더덕더덕 붙인 무역선이 항구에 그득그득 들어찼다. 선체에 거대한 돌고래 선수상을 단 배를 찾으면 된다고 했다. 부두 저 멀리서 개 짖는 소리가 아련하게 들렸다. 두 사람은 그쪽을 돌아보지 않으려 애썼다. 대신 돌고래 선수상을 발견하는 게 먼저였다. 돌고래 꼬리에는 낫과 망치와 닻이 하나씩 그려져 있었다.

선원들은 최 박사에게 따로 이야기를 들은 모양인지, 별다른 소개도 하지 않았는데 두 사람을 선창 아래로 인도했다. 식품을 운반하는 무역선이라더니, 선창에는 섭양김제농장에서 출하한 가공 채소가 가득 실려 있었다.

두 사람은 선창 밑에 누운 채 킬킬 웃었다. 어둠 속에서 한참 웃던 여울이 제때 면도하지 않아 까슬까슬한 가람의 턱을 만지면서 말했다.

"노인네, 진짜 일 잘한다. 개새끼들이 따라와서 짖어봤자 농장 물건이니까 반가워서 짖는 줄 알 거 아냐?"

"속으로 욕했던 게 좀 미안해지네."

"나는 교육학이랑 무슨 사연이 있었는지 궁금해. 이름만 댔는데 어떻게 이렇게까지 해 주지."

"그러고 보니까, 아들이 젊어서 죽었다고 하지 않았어?"

무심코 입에서 말이 튀어나오자마자 죄책감이 밀려왔다. 해서는 안 되는 농담을 한 기분이었다. 순식간에 웃음기가 싹 가셨다.

두 사람은 조용히 출항을 기다렸다.

마침내 배가 항구를 떠나고도 한참 지나서야 일등 항해사가 동지들을 객실로 인도하겠다며 선창 바닥을 열었다. 선창 아래 두 사람은 완전히 엉망이었다. 난생처음 뱃멀미를 겪어 서로에게 토사물을 잔뜩 묻힌 채 둘은 객실로 향했다. 민망해하는 둘에게 일등 항해사는 자주 있는 일이라며 위로를 건넸다.

과연 출항 이후 뱃길은 고요했다. 선원 식당도 쓸 수 있었고, 결정적으로 굳이 가발을 쓸 필요가 없었다. 그 배에 있는 사람들은 전부 혁명 동지라고 했다. 한때 전영이었던 여울은 머리를 밀지도, 가발을 쓰지 않아도 된다는 이야기를 듣자 처음 며칠 동안 매우 어색해했다. 가발 없이는 방 밖으로 나갈 엄두를 내지 못했다. 뱃멀미로 고생이 심하기까지 했으니 가람은 나날이 걱정이 커졌다. 하지만 머리카락이 조금씩 올라와 두피의 문신을 가릴 무렵이 되자 가발 없이 선원 식당을 드나들었다. 가람과 함께 선원 식당에서 저녁마다 열리는 세미나에 참여하기도 했다.

청도에 도착할 때쯤, 여울은 머리카락이 잔뜩 자라 굳이 가발이 필요하지 않았다. 선원들은 이렇게 잘 만든 가발이라면 팔아서 돈이 될 거라며 항구에 머무는 동안 중고 물품 가게에 가자고 권했다. 이방인 티를 지워야 하는 둘에게는 꼭 맞는 제안이었다.

둘은 입항하면서도 서로에게 토사물을 묻혔다. 선원들은 원래 그런 거라면서 동지들이 꾸린 숙소로 안내했다. 망명객의 현지 적응을 돕고 숙박을 제공하는 장소였다. 두 사람은 마음 편히 지내는 삶이 어떤 것인지 알게 될 때까지 그곳에서 지냈다. 어디에 매이지 않고 사는 나날은 낯설면서도 달가웠다. 이제 두 사람은 망명객이고 이방인일지언정 자유인이었다. 언젠가는 붙박이가 될지도 몰랐다.

적응하는 데만도 두 계절이 걸렸다. 가람은 서툴게나마 말을 배웠다. 여울은 금세 입과 귀가 트였는지 보다 학습이 빨랐다. 두 사람은 제 나름의 속도로 타향에 적응했고 앞으로 살아갈 길을 고민했다. 결정을 내리기까지 걸리는 시간도 다를 수밖에 없었다.

"상하이에 있는 사회주의자들이 한국어 교사를 구하고 있대. 전문 지식이 있는 사람이면 더 좋고. 나한테 꼭 맞는 일자리야. 같이 갈래?"

여울은 그새 귓바퀴를 덮을 만큼 머리칼이 자랐다. 중간중간 쪽 단발이 되도록 손질한 모습이 단정했다. 품이 낙낙한 합섬 두루마기를 걸친 채 다리를 꼬고 앉아 같이 가자는 모습은 마치 한량 같았다. 썩 능란하게 수작 거는 것처럼 굴어서, 가람은 자기도 모르게 웃었다.

"그러게, 같이 가고 싶다."

"당연히 같이 가는 거 아니었어?"

여울이 눈을 동그랗게 떴다. 가람은 여전히 웃는 채로 고개를 저었다. 하고 싶은 일이 생기기로는 가람도 매한가지였다. 다만 여울처럼 뚜렷하게 절차를 밟지 않을 뿐이었다.

"여기서 망명 일을 좀 배우려고. 일단 브로커가 되는 게 목표인데⋯ 또 모르지. 나중에 최 박사 죽고 나면 그 자리에 들어갈지."

커다란 눈이 가람을 응시했다. 길고 촘촘한 속눈썹이 낯에 그림자를 드리우는 모양은 처음 보던 날과 다를 바 없었다. 여울은 자리에서 일어나더니 가람에게 몇 걸음 다가갔다. 한 걸음, 딱 한 걸음 간격으로 떨어져서는 가람을 마주 보고 입술을 달싹거렸다.

그 모습을 지켜보던 가람이 뒤로 한 발짝 물러섰다.

"못 볼 거 아니잖아. 브로커니까 언제나 항구에 있을 테고."

"꼭 네가 할 필요는 없어. 너 혼자 남을 필요도 없고."

"그렇지만 활동가 하나쯤 늘어날 수도 있지. 혁명을 하려면 무엇을 할 것인지에 대해 단단히 배웠거든. 좋은 선생한테 배워서 단단히 의식화됐지 뭐야."

여울이 떨리는 목소리로 물었다.

"선생이 좋았어?"

"응. 나는 굉장히 좋아했어."

여울은 가람이 말을 끝낸 뒤 한동안 아무 말 않고 가람을 바라
보았다. 머리부터 발끝까지 천천히 훑어보는 모습이 마치 가람의
생김새를 기억 속에 새기는 것 같았다.

두 사람이 나눈 대화는 그게 마지막이었다. 얼마 뒤 여울은 상
해로 떠났다. 가람도 어깨너머로 활동을 시작했다. 두 망명자의
삶이 겹치는 일은 다시는 일어나지 않았다. 그러나 여울은 자기를
이르는 말을 얻었으며, 가람은 금서를 통해 세계를 들여다보는 방
법을 깨우쳤다. 그렇게 된 이상 결코 예전으로 돌아갈 수 없었다.

12월, 길모퉁이 서점

송경아

사회를 제대로 알기도 전에 책에 파묻혀 유년시절을 보냈다. '인생 오십 년'을 살았는데 아직도 사람보다는 책을 대하는 게 더 편하다. 읽는 속도보다 더 빨리 사 모으는, 출판계의 빛과 소금 중 한 알.

내가 처음 집에서 쫓겨난 건 일곱 살쯤이라고 한다. 하지만 엄마는 나를 쫓아낸 이유를 절대 말해 주지 않는다. 엄마가 그 이야기를 꺼낼 때면 이미 나 때문에 머리끝까지 화가 나서 못 살 지경이니까. 대신 엄마는 내가 그때 어떻게 했는지 계속 귀에 대고 고함친다.

"못 살아, 못 살아. 일곱 살짜리 여자애가 응? 12월 한겨울에, 어떻게 된 애가 문도 안 두드리고 내복 하나 입은 채로 대문 밖에 서서 울지도 않고 두 시간을 버티고 있다가, 문을 열어 주니까 잘못했다 소리 한 마디도 안 하고 냉큼 들어와. 되바라지기는 그때부터 되바라져가지고. 애가 그렇게 독하니까 이뻐하는 사람이 없지. 뱃속에서부터 아주 독한 년이지 니가. 그렇게 나가라고 나가라고, 제발 나와 달라고 배에 아무리 힘을 줘도 안 나오고 버틸 때부터 내가 알아봤다. 너 같은 년을 낳아서 내가 이 모양 이 꼴로 산다, 아이고야."

아무리 엄마가 소리쳐 봤자 나는 하나도 기억나지 않는다. 엄마가 나를 낳은 것이 기억나지 않는 것처럼, 엄마가 언제부터 나를 집에서 쫓아내기 시작했는지도 기억할 수가 없다. 하지만 엄마가 어떨 때 쫓아내는지는 안다. 내가 말을 안 들었을 때, 엄마를 귀찮게 할 때, 아빠를 귀찮게 할 때, 엄마가 술에 취했을 때, 엄마 아빠가 싸울 때. 밥을 먹다가 엄마 아빠가 싸울 때 제일 곤란하다. 사실 나는 엄마 아빠가 그때그때 뭘 가지고 싸우는지도 잘 모른다. 무슨 일이든 엄마가 목소리를 두어 번 높이면 아빠가 신경질을 낸다. 그때 내가 아직도 집에 붙어 있으면 엄마가 나를 째려보며 말한다.

"아직도 거기 있어? 엄마가 나가라고 말했어, 말 안 했어?"

물론 말하지 않았다. 그렇지만 그렇게 대답하면 물건이 날아오거나 등을 맞고 집에서 쫓겨난다. 어차피 쫓겨나는 건 마찬가지다. 그래서 엄마가 조금이라도 골치 아픈 이야기를 꺼내기 시작하면 나는 일단 밥부터 입안에 욱여넣고 눈치를 보아 겉옷을 집어 든다. 뭐라도 먹어 두지 않으면 나를 기다릴 저녁은 없을 테고, 그러면 너무 배가 고파서 잠이 안 오니까. 엄마 아빠가 조금씩 소리를 높이기 시작하면 나는 겉옷을 들고 슬금슬금 문으로 움직인다. 그럴 때면 나는 모습도 없고 소리도 내지 않는 투명인간이 되는 것 같다. 서로 싸우는 데 열중한 엄마 아빠의 눈에는 내가 비치지 않는다. 문이 열리고 닫히는 소리도 들리지 않는 것 같다.

학교에 다닐 때는 될 수 있는 대로 늦게 집에 들어간다. 급식을 먹고 학교 도서실에 가서 문을 닫을 때까지 버티다가, 집 근처 놀이터 벤치에 배가 고파질 때까지 앉아 있는다. 그러다가 저녁 시간이 지났다 싶으면 열쇠를 꺼내 들고 살금살금 집에 들어간다. 대체로 아빠는 없거나 자고 있고, 엄마는 TV를 보고 있다. 그래도 밥상에 아무것도 없을 때보다는 식은 감자나 삶은 계란, 누레진 사과 같은 것이 놓여 있을 때가 더 많았다. 남은 음식을 소리 죽여 먹고 문간방에 기어들어가 이불을 펴면 엄마가 불을 끈다. 이렇게 끝나면 좋은 하루다.

저학년일 때는 그럭저럭 놀이터에서 같이 노는 아이들이 있었는데, 3학년부터는 다들 학원 때문에 바빠져서 놀이터에 붙박여 노는 아이들이 별로 없었다. 다른 아이들처럼 핸드폰이 있으면 좋을 텐데. 스마트폰이 있는 아이들은 아무리 시간이 남아도 심심해 보이지 않아서 부러웠다. 돌봄교실에 있다가 집에 가는 아이들도 부러웠지만, 엄마에게 돌봄교실 신청을 해 달라고 할 용기는 없었다. 어차피 돌봄교실은 내가 밖에서 돌아다니는 시간보다 너무 일찍 끝났다.

또래보다 키가 작고 마른 편이라 그랬는지, 3학년 때까지는 놀이터에서 늦게까지 있어도 별일 없었다. 하지만 4학년 가을 무렵, 어두워진 놀이터 그네에 혼자 멍하니 앉아 있었는데 지나가던 아저씨가 뒤에서 쓱 밀었을 때 나는 놀라서 기절하는 줄 알았다. 내가 그네 줄을 꽉 붙잡고 꺄악 소리를 지르자 아저씨는 굵은 목소리로 껄껄 웃으며 말했다.

"그러게 왜 어린애가 어두운데 집에 안 들어가고 그러고 있어? 어서 들어가, 어서!"

별일 아니었다. 지나가던 아저씨가 짓궂은 장난을 친 것뿐이다. 그러나 그다음부터는 해가 저물기 시작하면 놀이터에 남아 있을 수가 없었다. 가로등에 비치는 그림자가 움직이기만 해도 가슴이 펄떡펄떡 뛰고 숨이 가빴다. 그렇다고 집에 마음 놓고 들어갈 수도 없었다. 그때부터 나는 불 켜진 가게나 상가 근처를 빙빙 돌아다니다가 가게들이 문을 닫는 아홉 시나 열 시쯤 재빨리 집으로 뛰어갔다.

내년이면 나는 6학년이다. 지금은 12월이다.

작년 이맘때는 매우 괴로웠다. 거리에 붉고 푸른 실전구들이 반짝거리는 모습은 예뻤지만 오래 서 있으면 길에서 올라오는 냉기에 발이 얼었다. 한 군데 상가에서만 계속 돌아다니면 상점 주인들이 의심스럽다는 눈길로 흘끗흘끗 쳐다보았다. 집에 있으면 엄마 아빠에게 두들겨 맞을까 봐 무섭고, 밖에 있자면 살을 엘 듯한 추위가 무서웠다. 어쩔 수 없이 집으로 일찍 돌아왔다가 문 안에서 큰 소리가 나는 것 같으면 골목 가로등 근처에서 서성였다. 가끔 지나가는 사람들이 흘끔거리는 눈길 정도야 참을 수 있었다.

하지만 이제는 그러지 않아도 된다. 그 서점에 가면 되니까.

처음에 그 서점을 어떻게 발견하게 되었는지도 잘 모르겠다. 원래는 작은 옷집인지 카페인지가 있었던 자리인 것 같은데, 자주 다니던 곳이 아니라서 정확하지는 않다. 지난 구월, 여느 때처럼 학교가 끝나고 거리를 돌아다니던 늦은 오후에 갑자기 굵은 빗방울이 쏟아졌다. 우산을 가져가지 않았기 때문에 나는 최대한 고개를 숙이고 상점 처마에서 처마로 옮겨 다녔다. 그렇게 정신없이 걷고 뛰다 보니 어느 길모퉁이에 닿았다. 그 길모퉁이에 한참 동안 서 있었던 건 옆에 아무도 없었기 때문이다. 그리고 그곳 처마가 길었기 때문이다. 비가 거의 들이치지 않는 처마 밑에서 나는 어두운 하늘 아래 하염없이 내리는 비를 바라보았다.

비는 지겨울 정도로 그치지 않았다. 구월 날씨는 그리 춥지 않지만, 비에 젖은 홑옷 차림으로 한참 시간이 흐르자 몸이 으슬으슬 떨려왔다. 빗방울이 가늘어질 기미는 보이지 않았다.

'오늘은 집에 일찍 들어가야 하나….'

망설이며 나도 모르게 발끝으로 땅을 긁고 있는데 갑자기 가게 문이 덜컥 열렸다. 하늘색 셔츠를 팔뚝까지 걷어 올린 길고 흰 팔이 불쑥 나와 내게 손짓했다. 남자치고는 높고, 여자라기엔 낮은 중성적인 목소리가 가게 안쪽에서 명랑하게 말했다.

"그러다 다 젖겠다. 어서 들어와. 비 오는 데 그렇게 멍하니 서 있지 말고."

"네?…네."

나는 아무 생각 없이 그 목소리를 따라 들어갔다. 문간을 넘어가는데 순간 머리가 핑 돌면서 눈앞이 하얘졌다. 순간적으로 발이 꼬여 비틀거리는데, 단단한 팔이 내 몸을 잡아 주었다.

"넘어질라, 조심해서 들어와. 혹시 빈혈 있니?"

"아… 아뇨."

나는 두어 번 눈을 깜박거리며 문 안쪽을 바라보았다. 책이 가득 꽂힌 책장들이 바깥에서 보던 것보다 훨씬 넓은 공간을 두르고 있었다. 못해도 학교 도서실 넓이의 절반은 되는 것 같았다. 안에 사람이 하나도 없어서 더 크고 넓어 보였다.

'밖에서 볼 때는 이렇게 큰 줄 몰랐는데….'

그 안에는 책이 엄청나게 많았지만, 책장만 있는 것은 아니었다. 입구에서 왼쪽, 책장이 없는 빈 공간에 파란색 2인용 소파와 보조의자 하나, 작은 테이블이 있었다. 그 옆에 놓인 네모난 스토브 위 주전자에서 물 끓는 연기가 뿜어져 나왔다. 쭈뼛거리고 서 있자 나를 데리고 들어온 사람이 웃으며 소파 쪽으로 손짓했다.

"앉아서 몸 좀 말려라. 우산 안 가져왔니?"

"네…."

나는 조심스럽게 소파에 앉으며 그 사람을 슬쩍 쳐다보았다. 키가 크고 살짝 마른 듯한 몸에, 아저씨라기에는 젊지만 학생은 아닌 것 같은 나이의 남자였다. 고맙다는 말을 해야 할 것 같은데 입에서 말이 잘 나오지 않았다.

"뭐야, 누가 왔어?"

오른쪽 카운터 뒤에서 사람 목소리가 나더니 그림자 하나가 불쑥 일어나 내 쪽으로 다가왔다. 첫 번째 남자와 비슷한 키에 몸집은 좀 더 크고 얼굴이 가무잡잡한 여자였다. 눈꼬리가 살짝 처져서 가만히 있어도 웃는 것 같은 인상을 주었다. 하지만 목소리가 낮고 거칠어 말을 하면 사나워 보였다. 나는 몸을 살짝 움츠렸다.

"비가 오는데 우산을 안 갖고 나왔나 봐. 가게 앞에 서 있기에 들어오라고 했어."

남자의 말에 여자는 무슨 말인가 하려다가 입을 다물고 도로 카운터 뒤로 돌아갔다. 잠시 후 여자는 작은 쿠키 바구니와 우유를 들고 나와 테이블 위에 놓았다.

그게 전부였다. 그다음 두 사람은 나를 본 척도 하지 않고 서점 여기저기를 돌아다니며 가끔 작은 목소리로 이야기를 나누었다. 나는 뻘쭘하게 앉아 있다가 조심스레 쿠키를 하나 집어 깨물었다. 달콤한 맛이 혀를 휘감았다. 하나만 먹고 내려놓아야지 했는데 어느새 앞에 놓인 바구니와 우유 컵이 텅 비었다. 오후 이 시간에 음식을 먹어 본 적이 없어서인지, 배가 부르니까 졸렸다. 앞에 놓인 스토브에서 훈훈한 온기가 올라왔다.

나도 모르게 눈을 감았다 떴다. 어느덧 비는 그쳤고 바깥이 깜깜했다. 벽에 걸린 전자시계를 보니 일곱 시가 훌쩍 넘어 여덟 시 가까운 시간이었다. 이제는 집에 들어가도 될 것 같았다.

"저… 고맙습니다."

나는 머뭇거리며 말하고 조심스레 문을 열고 나왔다. 너무 작은 목소리로 말했는지, 아무도 대답하는 사람이 없었다. 하지만 그날 밤 나는 오랜만에 단잠을 잤다.

그다음부터 나는 그 서점에 가기 시작했다. 처음에는 일주일에 한두 번 갔지만, 곧 하루가 멀다 하고 뻔질나게 드나들게 되었다. 서점에 가서 보내는 시간은 늘 비슷했다. "안녕하세요." 하고 들어가서 소파에 앉아 있으면 처음 보았던 두 사람 중 하나가 나와 자잘한 주전부리나 과일, 김밥 같은 것을 말없이 놓아주고 간다. 그걸 야금야금 먹다 보면 졸리고, 소파에 기대 한잠 자고 나면 집에 들어가도 될 만한 시간이었다. 그렇다고 엄마 아빠의 싸움이나 엄마가 술 취했을 때를 완전히 피해갈 수는 없었지만, 몸이 얼지 않고 배가 부르니 전보다 참을 만했다. 서점을 생각하면 집이 하나 더 생긴 것 같은 느낌이었다. 아니, 바깥에 내 집이 생긴 것 같은 느낌이었다. 엄마 아빠의 집이 아닌 내 집. 책장 사이에 놓인 소파와 책상과 스토브로 만들어진 내 보금자리. 집에서 큰 소리가 나면 나는 귀를 막고 마음속으로 그곳으로 도망쳤다.

서점 사람들이 평소에 나와 말을 섞었다면 그렇게 주제넘은 생각까지 품지는 않았을 테다. 하지만 서점의 언니 오빠(나도 모르게 마음속으로 그들을 언니 오빠라고 부르고 있었다)는 나를 아는 척한다거나 내게 말을 걸지 않았다. 소파에 앉아 10분쯤 지나면 내주는 음료수와 먹을거리가 전부였다. 처음에는 그 침묵이 어색하고 거북해서 이번만 시간을 보내고 안 올 거라고 다짐했지만, 몇 번 오가자 조금씩 편해지더니 나중에는 고즈넉하게 느껴졌다. 손님이라고는 하나도 오지 않는 시간 동안, 나는 그곳에서 소파에 누워 잠들거나 학교 도서실에서 빌려온 책을 읽었다. 서점에서 파는 책을 함부로 읽어서는 안 된다는 건 알고 있었다. 화장실에 갈 때를 빼고는 파란 소파에서 일어나지도 않았다. 자칫해서 내가 그 서점의 질서를 어지럽히면 앞으로는 오지 말라는 말을 듣게 될까 봐 겁이 났다. 서점이 주는 모든 것… 조용한 장소, 배고프지 않을 정도의 음식, 심심하지도 외롭지도 무섭지도 않은 시간. 이것이 전부 집에서는 누려 보지 못한 사치였다.

그날도 나는 거리를 돌아다니다가 날이 어두워질 때쯤 길모퉁이 서점으로 향했다. 학교가 끝나자마자 그곳으로 가지 않는 것은, 어둠이 깔린 다음 가면 내쫓지는 않겠지 하는 얄팍한 마음 때문이었다. 겨울은 춥지만 해가 짧아서 좋았다.

그런데 그날은 다른 날과는 분위기가 달랐다. 평소에는 포스터만 두어 개 붙어 있던 유리벽에 크리스마스 모루와 장식용 볼이 붙었고 문에도 리스가 걸렸다. 평소 같지 않은 분위기에 발걸음이 주춤거렸다. 유리벽을 쳐다보자 안에 사람 그림자는 보이지 않았다. 나는 숨을 들이쉬고 마음을 다스렸다. 밖은 너무 추웠고 다른 곳은 갈 데가 없었다.

'일단 들어가 보자. 오늘 내가 있으면 안 되는 분위기면 슬쩍 나오지 뭐.'

용기를 내어 서점 문턱을 넘어서는 순간, 눈앞이 하얗게 변하며 숨이 막혔다. 처음 서점에 들어섰을 때 같은 어지럼증이 온몸을 덮쳐왔다. 몸이 앞으로 휙 넘어가면서 바닥으로 떨어지는 것이 느껴졌다…. 곧 바닥과 부딪치겠지… 피가 나면 엄마한테 욕먹을 텐데 너무 많이 다치지 말았으면… 하고 생각했다.

그런데 떨어진다는 느낌이 너무 오래 계속되었다. 벌써 바닥에 부딪쳐야 할 시간이 한참 지났는데…. 나는 감았던 눈을 살며시 떴다. 착각이 아니었다. 사방이 온통 캄캄해서 아무것도 보이지 않았지만 나는 계속, 계속, 계속 아래로 떨어지고 있었다.

'나 설마, 이미 넘어져서 바닥에 부딪쳐 죽은 걸까?'

나도 모르게 생각했다. 보통 만화나 동화에서는 자기가 죽었거나 꿈꾸는 게 아닌지 자기 뺨을 꼬집거나 때려 보지만, 그건 너무 연기하는 것 같아서 쑥스러웠다. 대신 손을 입에 가져가 살짝 깨물어 보았다. 이빨이 살을 누르는 느낌이 났다. 죽어서 유령이 된 거라면 이런 느낌은 나지 않을 것 같았다. 팔을 움직여 균형을 잡아 보려고 했지만 몸이 허우적거리기만 했다. 어떻게 해야 하나 난감해하고 있는데 갑자기 발이 바닥에 닿았다. 나는 엉덩방아를 찧으며 주저앉았다.

분명히 바닥인데, 떨어졌는데, 별로 아프지 않았다. 바닥이 푹신해서 손으로 만져 보니 나뭇잎 같은 것이 두껍게 쌓여 있었다. 주섬주섬 일어나 사방을 둘러보았다. 어둑어둑해서 주위가 잘 보이지 않는데 앞쪽에서만 하얗게 빛이 비춰 왔다. 나는 본능적으로 그쪽을 향해 나아갔다.

길 끝은 커다란 흰색 홀로 연결되어 있었다. 홀에는 문과 창문이 여러 개 달려 있었고, 중앙에는 낯익은 파란색 소파와 작은 테이블이 놓여 있었다. 서점에 들르는 날마다 내가 앉던 파란 소파였다. 나는 어리둥절해서 주위를 둘러보았다. 하지만 높은 천장에 커다란 수정 샹들리에가 달린 홀은 서점과 조금도 비슷하지 않았다. 벽에는 책장도, 책도 보이지 않았고, 서점의 언니 오빠도 당연히 없었다.

"이게 무슨 일이야."

나는 소리 내어 말해 보았다. 홀이 커서 그런지 소리가 윙윙 울리는 것 같았다. 어쩐지 조금 섬뜩해져서 나는 도로 입을 다물고 소파로 다가갔다. 소파 앞 탁자 위에는 빨대가 꽂힌 분홍빛 음료수 컵과 생크림케이크 접시가 놓여 있었다. 둘 다 먹음직스러워 보였다. 갑자기 목이 마르고 배에서 꼬르륵 소리가 났다. 원래 저녁은 굶거나 미루는 편이었는데, 서점에 자주 오면서 언니 오빠들이 내주던 간식에 배가 적응되어 버린 것 같았다. 나는 주춤거리며 소파에 앉아 음식을 빤히 바라보았다. 과연 먹어도 되는 걸까?

하지만 목도 마르고 배가 너무 고파서 망설일 겨를이 없었다. 나는 분홍색 음료수를 한 모금 깊이 빨아 마셨다. 무슨 음료수인지는 모르겠지만 혀에 착착 감기도록 달고 상쾌했다. 목을 축이자 긴장에 굳었던 목과 어깨가 조금 풀리는 것 같기도 했다. 나는 길게 숨을 내쉬며 몸을 뒤로 젖혀 소파에 기댔다.

그런데 기분이 이상했다. 평소 소파에 앉을 때와 느낌이 달랐다. 왜 그런가 싶어 주위를 둘러보았는데, 눈높이가 변했다. 방금 전까지 허리쯤에 놓여 있던 테이블 상판이 이제는 가슴께에 와 있었다. 그러다가 내 머리 위로 높아졌다. 키가 쭉쭉 줄어들더니 마침내 어른 한 뼘 정도로 줄어들었다. 그 순간 나는 무슨 일이 일어났는지 퍼뜩 깨달았다.

'몸이 작아졌어! 내가 어디에 와 있는지 알겠어!'

『이상한 나라의 앨리스』는 내가 학교 도서실에서 몇 번이나 되풀이해서 읽은 동화책이었다. 그 책을 읽을 때마다 나는 집에 가는 대신 앨리스가 되어 이상한 나라로 가서 다시는 이 세상으로 돌아오고 싶지 않았다. 책에서 앨리스는 흰 토끼를 쫓아가다가 엄청나게 깊은 우물에 떨어져서 커다란 홀에 들어간다. 그곳에서 이상한 물약을 마시고 몸이 작아졌다가, 케이크를 먹고 몸이 커졌다가, 다시 흰 토끼의 부채를 부쳐 몸이 작아지고….

'흰 토끼를 찾아야겠어.'

나는 발에게 편지를 써야 할 정도로 몸이 커지고 싶지도 않고, 내가 흘린 눈물바다에 빠지고 싶지도 않았다. 나만 한 크기의 쥐나 애벌레를 만나서 이야기하고 싶지도 않았다. 엄마는 "뭐 대단한 집에 태어났다고 깔끔을 떨어? 벌레가 기어다니면 잡아야지!" 하고 구박하며 벌레 정도는 직접 잡으라고 했지만, 엄마 손에 잡힌 휴지에 묻어나는 벌레 진액만 봐도 몸서리가 쳐졌다. 돼지 아기가 있는 공작부인의 집도 책으로 읽을 때는 재미있었지만 직접 가기는 싫었다. 시끄럽고 물건이 마구 날아다니는 곳이라니… 그런 곳은 집만으로도 족했다. 책으로 보는 '이상한 나라'는 신기하고 재미있기만 한 곳이었는데, 실제로 겪으려니 꼭 그렇지도 않았다. 다시 집으로… 서점으로 돌아가고 싶었다. 애당초 왜 여기 오게 되었는지도 영문 모를 일이었다. 여기서 빨리 빠져나가려면 흰 토끼를 찾아 길을 물어보는 수밖에 없을 것 같았다. 아니, 몸이 커지고 작아지는 버섯을 찾아야 하나.

흰 토끼든 버섯이든, 찾으려면 여기서 나가야 했다. 다행히 이곳은 책에 나오는 이상한 나라와 꼭 같지는 않았다. 둘러보니 어른 키에 맞는 커다란 문들 사이에, 열고 나오라고 손짓하는 듯한 작은 황금 문이 있었다. 나는 얼른 탁자 위를 쳐다보았다. 황금 열쇠는 없고, 생크림케이크 한 접시만 놓여 있었다. 음료수를 마셔 키가 작아졌으니 저걸 먹으면 키가 커질 텐데, 음료수도 케이크도 들고 다니면서 먹을 음식이 아니었다. 나는 한참 고민하다 결국 원작대로 버섯을 찾기로 하고, 황금 문을 열고 홀에서 나왔다.

걱정했던 것처럼 문을 열자마자 소금 호수에 빠지거나 나만 한 강아지에게 쫓기지는 않았다. 대신 나는 바로 커다란 풀숲으로 들어섰다. 그나마 다행인 건, 내가 책 속의 앨리스만큼 작아지지는 않았다는 사실이다. 앨리스는 키가 8센티미터까지 줄어들었는데, 내 키는 적어도 그 두 배는 되는 것 같았다.

"애벌레를 만나도 무섭지는 않겠어."

나는 혼잣말을 했다. 그때 위에서 웃음을 참는 듯한 목소리가 들려왔다.

"애벌레를 찾고 있는 거야?"

위를 쳐다보니 커다란 고양이 한 마리가 약간 떨어진 나뭇가지 위에 올라앉아 있었다. 한쪽 털은 햇빛을 받아 금색으로 빛났고, 다른쪽 털은 갈색 줄무늬로 보였다. 지금의 내 덩치보다 훨씬 커 보였기 때문에 무섭기도 했지만, 반가움이 더 앞섰다. 드디어 책 속 등장인물을 만났다! 이상한 나라에 나 혼자만 있는 것이 아니었다!

"체셔 고양아, 몸이 커지고 작아지는 버섯이 어디 있는지 가르쳐 줄래? 그곳에 애벌레가 있는지도 좀….”

“몸이 커지고 싶은 거야? 작아지고 싶은 거야?”

체셔 고양이가 물었다. 나는 잠시 머릿속에 책 내용을 떠올려 보다 대답했다.

“음… 여기서 돌아다니려면 가끔 커지기도 하고 작아지기도 해야 할 것 같아. 둘 다 되는 버섯이 없을까?”

“넌 누구야? 어디서 왔는데 여기를 돌아다닌다는 거야?”

고양이는 여전히 싱글싱글 웃으며 물었다.

“난 이정민이라고 해. 내가 온 곳은….”

말을 하려다 보니 한숨이 나왔다. 체셔 고양이가 있는 이곳은 이상한 나라인데, 내가 온 곳은 어디라고 해야 하는 걸까? ‘한국’이라고 말해 봤자 체셔 고양이에게는 아무 뜻도 없을 것 같았다. 나는 머뭇거리며 말했다.

“내가 온 곳은 그냥 평범한 곳이야. 사람들은 집에서 살고, 공부를 하거나 일을 해.”

“너 같이 조그만 여자아이가 일을 한다고?”

체셔 고양이의 눈이 가늘어졌다. 나는 허둥지둥 덧붙였다.

“나는 아직 일하지 않아. 내 말은, 어른들이 일한단 말이야. 나는 아직 어리니까 더 자랄 때까지는….”

“사람들뿐만 아니라 우리 모두 집에서 살지. 나도 가끔은 공작부인의 집에서 살고, 미친 모자장수와 삼월 토끼도 비가 올 때는 집으로 가. 하지만 공부를 하거나 일을 하다니, 굉장히 ‘이상하고’ 위험한 곳처럼 들리는데.”

체셔 고양이가 나무에서 뛰어내려오며 말했다. 나는 아래를 내려다보며 고개를 저었다.

"그렇지 않아. 사람이 공부를 해야 일을 할 수 있고, 일을 해야 돈을 벌어서 먹고 살 수가 있어. 어른들은 다 그렇게 말하는걸."

"하지만 넌 일을 하지 않아도 지금까지 먹고 살았잖아. 그리고 공부는 위험해. 네가 공부를 하면 너는 멍청해지거나 똑똑해지니까. 멍청해지면 멍청해지는 대로 위험하고, 똑똑해지면 그것도 위험할걸. 그리고 위험한 사람이 일을 하면 그 일도 위험하겠지. 안 그래? 그러니까 사람은, 아니 생물은 모두 그냥 먹고 살아도 돼. 꼭 일을 하거나 공부를 할 필요는 없다고. 특히 너처럼 작은 아이는."

체셔 고양이는 마치 앨리스와 이야기하는 것처럼 말했다. 하지만 나는 앨리스가 아니고 이정민이었다. 고양이의 말장난을 따라갈 재간이 없었다. 저절로 한숨이 나왔다.

"그렇지만 난 이렇게 작아진 채로 계속 있을 수는 없어. 버섯을 찾아서 원래 크기대로 돌아갈 거야."

"그러렴. 버섯은 공작부인의 집을 통과하면 나오는 숲에 있어. 네가 버섯을 찾았을 때 애벌레가 있을지 없을지는 네 운에 달렸지."

고양이는 그렇게 말하고 천천히 사라졌다. 나는 어리둥절해서 물었다.

"애벌레가 있는 버섯에 갔다가 공작부인 집으로 가는 거 아니야?"

하지만 내 말이 끝날 때쯤 고양이는 이미 그 자리에 없었다. 나는 어깨를 으쓱하며 혼잣말을 했다.

"이상한 나라에서 꼭 일이 순서대로 벌어져야 한다는 법은 없나 봐. 원래는 체셔 고양이도 공작부인의 집에서 만났지."

어쩐지 이곳에 와서는 혼잣말이 느는 것 같았다. 생각해 보니 저 '평범한 세상'에서는 말을 할 일이 거의 없었다. 학교에는 친구가 없었고, 학교에 안 가는 시간 동안 집에는 엄마와 나 두 사람이 있었지만, 엄마는 내 세계에 없었고 나는 엄마 세계에 없었다. 두 세계가 충돌할 때 엄마는 내 존재를 지우기 위해 목소리를 높이고 티브이를 크게 틀었고, 나는 엄마 세계에 들어가지 않기 위해 말을 삼키고 그림자처럼 조용조용 집 밖으로 나왔다. 이제 엄마가 없는 곳, 거리도 집도 아닌 곳에 오자 혼잣말을 멈출 수가 없었다. 마치 내게도 성대와 귀가 달려 있다는 사실을 확인하려는 듯이.

나도 모르게 굽히고 있던 어깨와 허리를 폈다. 이곳은 햇볕이 따스하게 내리쬐는 5월 날씨였기 때문에 패딩 파카도 벗어 길가의 은방울꽃 줄기에 걸어 두었다. 몸이 훨씬 가벼워졌다. 나는 춤추듯이 풀숲 사이 길을 따라 걸었다. 이제 배만 채울 수 있으면 훨씬 기분이 나아질 것 같았다.

조금 걸어가니 책에서 묘사된 대로 1미터 정도 높이의 집이 길 끝에 나타났다. 다행히 물고기 하인과 개구리 하인은 없었다. 둘 다 별로 좋아하지 않는 동물이었고, 실제로 마주치면 비린내가 날 것 같았다. 나무로 된 문에는 초인종이 없고 손잡이만 달려 있었다. 문을 열고 들어가자마자 매운 냄새가 확 풍기고 커다란 접시가 날아오는 바람에 하마터면 접시에 맞을 뻔했다.

"누구야? 다른 집 문을 열 때는 벨을 눌러야지! 사생활도 몰라?"

검은 옷을 입고 부엌 의자에 앉아 아기를 안고 있는 여자가 공작부인인 것 같았다. 아기는 마구 재채기를 하다가 얼굴이 빨개진 채 울어대고 있었다. 나는 소매로 코를 막고 대답했다.

"죄송해요. 하지만 전 저 건너편에 가야 해요. 사생활을 침해할 생각은 없고, 지나가기만 하려고 했어요."

접시와 그릇, 잔, 부지깽이, 냄비와 포크 등이 마구 날아왔다. 정신이 하나도 없었다. 공작부인은 벌떡 일어나더니 아기를 내게 밀어붙이듯 안겼다.

"왔으면 얘를 어서 달래 봐. 난 왕비님이 부르셔서 가야 하니까."

"제가 왜요?"

아이가 떨어질까 봐 받아 안으면서도 어이가 없었다. 공작부인은 새침하게 치맛자락을 가다듬으며 말했다.

"아이 하나를 키우려면 온 마을이 필요하다는 말을 들어보지도 못했니? 요리사는 요리를 하느라 바쁘고, 체셔 고양이는 애가 울어도 웃기만 하니까 도움이 안 돼. 그러니까 마을에서 온 네가 해야지."

그러더니 공작부인은 말릴 틈도 없이 밖으로 나가 버렸다. 이번에는 공작부인 대신 내게 국자가 날아오는 바람에, 나도 아이를 안은 채 재빨리 부인을 따라 나갔다. 아이를 내려놓고 한참 콜록거린 다음에야 숨을 쉴 수가 있었다. 후추 냄새가 가시고 싱그러운 풀 냄새를 맡을 수 있게 되자 한숨이 나왔다.

"아무리 돼지라지만 아무 잘못도 없는 어린아이를 저런 집에 놔두면 안 돼. 이건 아동학대야."

"맞아. 모든 아이들은 돼지 같은 구석이 있지만, 돼지도 저런 곳에 살면 안 되지."

혼자 중얼거린 말에 누가 대답하는 바람에 깜짝 놀랐다. 주변을 둘러보니 아기가 보이지 않았다. 나는 당황해서 외쳤다.

"아기야, 아기가 어디 갔지?"

"아기는 벌써 숲 속으로 가 버렸어. 잘했어."

어느새 체셔 고양이가 마당에 나와 있었다. 고양이는 하품을 하며 앞발을 쭉 뻗고 우아하게 기지개를 켰다.

"언제나 아이를 집 밖으로 데리고 나오는 게 문제거든. 공작부인과 요리사는 아기를 돌보기 싫어하면서 절대로 내보내지는 않아. 왜 그런지 모르겠어. 어차피 집 안에 있든 집 밖에 있든 신경 쓰지 않는 건 똑같은데."

"하지만 누가 아기를 돌봐 줘야 하잖아!"

체셔 고양이가 빙그레 웃었다.

"그건 돌봐 준다는 게 어떤 것까지 이야기하느냐의 문제야. 불행히도 아기들은 오래된 호두나무 책상 같아서, 웬만큼 파이고 긁혀도 어지간하면 살아남아. 아무리 잘 간수하려고 해도 뭔가 떨어져서 찍히는 것까지 비슷하지. 그나저나, 너는 버섯을 찾으러 오지 않았어?"

"맞아, 버섯!"

좁은 마당 주위에 내 키만 한 버섯들이 자라 있었다. 담배 피우는 애벌레가 있을까 봐 가슴이 조마조마했다. 담배도 싫고 애벌레도 싫으니 담배 피우는 애벌레는 두 배로 싫었다.

'나 좀 봐, 꼭 앨리스 같은 생각을 하고 있네.'

나는 한껏 양팔을 벌려 버섯의 양쪽 갓을 떼어낸 다음 체셔 고양이를 보고 물었다.

"친절한 고양아, 하나만 더 가르쳐 줘. 뭘 먹으려면 어디로 가야 할까?"

고양이는 앞발을 핥으며 대답했다.

"나는 친절한 고양이가 아니라 체셔 고양이야. 네가 어디로 가야 할지는 네가 무얼 먹고 싶으냐에 달렸어. 후추 수프를 먹고 싶으면 요리사에게 부탁해 봐. 빵과 차라도 괜찮다면 삼월 토끼네 다과회에 가면 되겠지. 가짜 바다거북 수프를 먹으려면 그리핀이나 하트의 여왕에게 부탁해 보고."

후추 수프 같은 건 절대로! 가짜 바다거북 수프도 비린내가 날 것 같았다.[1] 빵과 차는 조금 먹고 싶었지만 흰 토끼도 빨리 보고 싶었다.

"음… 그냥 흰 토끼를 만나면 안 될까?"

"흰 토끼는 여왕님과 함께 있을걸. 그리고 흰 토끼를 만나 봤자 풀로 만든 음식밖에 주지 않을 거야. 흰 토끼가 비건이라서 그 집에서는 풀 요리만 하거든."

고양이는 질렸다는 듯 고개를 절레절레 흔들더니 벌떡 일어났다.

"자, 오늘 하트 여왕과 크로케 할 거야?"

"그러고 싶지 않지만 여기서는 어떻게 될지 모르겠어. 내 마음대로 되는 일이 없으니까."

체셔 고양이가 빙그레 웃었다.

"여기뿐만 아니라 어디서나 늘 그래. 그럼 거기서 보자."

체셔 고양이는 책에서처럼 꼬리 끝부터 시작해서 천천히 사라져

---

[1] '가짜 바다거북 수프'는 바다거북 고기를 송아지 머리고기로 대체한 것이기 때문에 정말 비린내가 나지는 않을 것이다.

웃음만 남겼다. 웃음까지 사라진 후에도 나는 한참 동안 고양이가 있던 자리를 바라보며 여운을 음미했다.

'저걸 본 것만으로도 여기 온 보람이 있어! 늘 고양이 없는 웃음은 어떤 건지 보고 싶었다고.'

계속 걸어가자 얼마 안 가서 커다란 토끼 모양의 집이 보였다. 그 앞에 토끼 모양으로 다듬어 놓은 나무가 서 있었고, 그 아래 길고 넓은 식탁에 토끼 한 마리와, 가격표가 붙어 있는 커다란 모자를 쓴 사내가 나란히 앉아 있었다. 하지만 나는 그들보다 식탁에 놓인 빵과 버터, 찻주전자가 반가웠다. 나는 냉큼 그 앞에 앉아 차를 따르고 빵에 버터부터 발랐다. 무지무지하게 배가 고팠다.

"우리는 널 초대하지 않았는데."

삼월 토끼와 미친 모자 장수 사이에서 겨울잠쥐가 졸린 목소리로 말했다.

"미안해. 하지만 난 배가 고프고 목말라. 여기 놓인 음식은 너희가 먹기엔 너무 많잖아. 좀 나눠 줘."

나는 버터 바른 빵을 입안에 쑤셔 넣고 우물거리며 말했다. 그때는 누가 내 엉덩이를 찬다고 해도 음식 앞에서 움직이지 않을 것 같았다. 모자 장수가 나를 쳐다보더니 혀를 찼다.

"머리가 왜 그 모양이야? 그래 가지고 모자는 못 쓰겠어."

"넌 예의가 없구나. 남의 머리 모양 가지고 이러쿵저러쿵하는 거 아니야."

나는 입에 빵을 가득 문 채로 까칠하게 쏘아붙였다. 엄마는 어렸을 때부터 내 머리를 단발로 깎았다. 나도 다른 아이들처럼 머리를 길러

보고 싶었지만, 엄마는 손이 간다고 싫어했다. 그래서 평소에도 내 머리 모양이 마음에 들지 않았는데, 처음 보는 모자 장수에게 그런 말을 듣자 참을 수가 없었다. 내 말을 듣자 모자 장수가 멍하니 입을 벌렸다가 다시 다물었다.

접시에 담긴 빵을 반 정도 비우고 나자 좀 살 것 같았다. 나는 만족스러운 한숨을 쉬고 자리에서 일어났다.

"그럼 가 볼게. 너희가 흰 토끼가 있는 곳을 알려 주면 좋겠지만…."

"흰 토끼는 여왕님과 함께 있어."

"흰 토끼는 시계와 함께 있지."

삼월 토끼와 모자 장수가 동시에 말하고 서로 쳐다보았다. 그 사이에서 겨울잠쥐가 코 고는 소리가 들렸다. 모자 장수가 겨울잠쥐의 코를 잡았다.

"그러지 마! 숨 막히잖아."

내가 말리려고 하자 삼월 토끼와 모자 장수가 아니꼬운 표정으로 나를 흘겨보았다. 모자 장수가 거들먹거리며 말했다.

"얘는 우리가 챙길 테니 너는 흰 토끼나 찾아 가."

모자 장수가 계속 틱틱대자 나도 화가 났다. 배도 부르겠다 이제 아쉬울 것도 없었다. 나는 벌떡 일어나 걸어가면서 약이 올라 씩씩거렸다.

"뭐야, 저 모자 장수는. 꼭 우리 반 남자애들 같아. 사람이 말을 걸면 좀 받아 줘야 할 것 아냐. 만만한 겨울잠쥐를 괴롭히기나 하고. 하트의 여왕 앞에서는 꼼짝도 못하고 굽실거릴 거면서."

모자 장수를 정신없이 욕하면서 가다가 하마터면 길가의 나무와 부딪칠 뻔했다. 비틀거리며 나무뿌리에서 물러나는데 나무 몸통에 달린 문이 보였다. 딱 내가 드나들 만한 크기의 문이었다.

문을 열고 나가자 약간 떨어진 곳에 꽃이 활짝 핀 장미 울타리가 보였다. 울타리 너머에서 분수 물기둥이 시원하게 치솟고 있었다. 나는 울타리 안으로 들어가려다가 멈칫했다. 울타리 옆으로 뻗은 길을 따라 나팔과 음악, 노랫소리가 점점 가까워졌다. 주위를 둘러보니 트럼프 패들이 줄을 맞춰 길 양쪽에 납작 엎드려 있었다.

한쪽을 먹으면 커지고 다른 쪽을 먹으면 작아지지
하지만 엄마 아빠는 아무것도 주지 않아
커져서 물어봐, 당신들의 흰 토끼는 어디 있냐고
토끼를 쫓아가다 구멍으로 떨어지면
체셔 고양이가 너를 지켜 준다고 말해
작아져서 도망쳐, 도깨비들이 오기 전에
버섯을 먹으면 시간이 느려지지
집으로 들어가, 녀석들을 내쫓아
하트의 여왕은 무적이지만
바람이 불어오면 날아가 버리지
너의 입김으로 날아가 버려[2]

---

2 제퍼슨 에어플레인의 노래 '흰 토끼(White Rabbit)'의 패러디.

'참 이상한 노래네.'

어느새 그 행렬이 바로 앞을 지나가고 있었다. 하트의 여왕이 나를 보고 소리쳤다.

"네 이름은 뭐지? 왜 크로케를 하러 오지 않느냐?"

"제 이름은 이정민이에요. 전 크로케를 할 줄 모릅니다."

나는 최대한 공손하게 말했다. 그러자 여왕이 다시 고함쳤다.

"괜찮다. 하면서 배우면 돼. 이리 오너라!"

나는 어쩔 수 없이 주춤거리며 행렬에 끼어들었다. 그런데 내 자리 바로 옆에 흰 토끼가 있었다!

"아… 안녕? 난 이정민이라고 해. 혹시 내가 집으로 돌아갈 수 있는 방법을 아니?"

나는 흰 토끼의 조끼와 시곗줄을 흘끔흘끔 쳐다보며 물었다. 책에 나온 모습이었지만 실제로 보니 신기했다. 흰 토끼가 주변을 두리번거리더니 작은 목소리로 속삭였다.

"쉿! 길은 없어졌어. 여왕님이 길을 내쫓았거든."

"아니, 왜?"

"여왕님이 내쫓으라고 한 사람을 길이 돌려보내 줬으니까."

무슨 말인지 또 물어보려고 하는데 여왕의 목소리가 들렸다. 처음 들었을 때도 느꼈지만 어디선가 분명 들어본 목소리 같았다.

"각자 자리로!"

모두 여기저기 뛰어다니다가 자리를 잡았다. 나는 정신없이 밀려다니다가 한가운데 자리를 잡았다. 한숨 돌리고 주위를 둘러보다 깜짝 놀랐다. 트럼프 병사들이 몸을 구부려 만든 골대 밑으로 기저귀를

찬 아기들이 뿔뿔 기어 다니고 있었다. 선수들은 살아 있는 홍학으로 된 채로 기어 다니는 아기들의 엉덩이를 쳐서 골대에 들여보내야 했다. 하지만 홍학이 긴 목을 이리저리 꼬아댔기 때문에 다행히 아무도 아기 엉덩이를 맞추지 못하고 있었다. 누군가 내 손에 홍학을 쥐어 주었지만, 나는 홍학을 놓아 바로 세웠다. 홍학은 멀뚱멀뚱 나를 바라보다가 긴 다리로 도망쳐 버렸다. 나는 숨을 들이마시고 소리쳤다.

"이러면 안 돼요. 아기들을 왜 때려요?"

갑자기 경기장이 조용해졌다. 모두 나를 쳐다보고 있었다. 하트 여왕의 화난 얼굴이 무섭긴 했지만, 나는 다시 목소리를 높였다.

"아기들은 때리면 안 돼요! 홍학도 불쌍하지만 아기들은 정말 때리면 안 된다고요! 당장 홍학들을 내려놓으세요!"

"저 애를 내쫓아!"

하트의 여왕이 길길이 뛰며 외쳤다. 키가 나만 한 트럼프 병사들이 창을 들고 조심스럽게 내게 다가왔다. 약간 겁이 나서 도망갈 곳이 있나 좌우를 둘러보았다.

"뭐해?"

난데없이 어떤 목소리가 어깨 위에서 들렸다. 나는 급히 고개를 돌리다가 체셔 고양이와 얼굴을 부딪칠 뻔했다.

"고양아!"

나는 반가워서 체셔 고양이를 부둥켜안고 싶었지만, 고양이는 내 어깨 위 허공에 목까지만 나타나 있어서 그럴 수가 없었다. 고양이가 싱글싱글 웃었다.

"크로케 대회에서 다시 본다고 했잖아."

"이런 대회일 줄은 몰랐어. 게다가 날 내쫓는대. 난 돌아가고 싶은 거지 내쫓기고 싶지는 않단 말이야. 그런데 원래는 여왕이 화내면 목을 베는 거 아니었어?"

"예전에 어떤 여자애[3]가 왔다 간 뒤로, 여왕은 자기 마음에 거슬리는 사람의 목을 베는 대신 그자를 내쫓기로 했어. 그런데, 넌 그냥 내쫓길 거야?"

"그럼 어떡해?"

"너도 커질 수 있잖아."

아, 주머니 속에 넣어 놓았던 버섯을 완전히 잊어버리고 있었다. 어느 쪽이 어느 쪽 버섯인지 모르는 게 문제지만. 일단 오른쪽 버섯을 앞니로 조금 떼어 먹어 보았다. 이크! 트럼프 병사가 휘두른 창이 내 머리 위로 성 지나갔다. 몸이 작아지면서 머리가 아래로 내려간 덕분이었다. 나는 허둥지둥 왼쪽 버섯을 떼어 먹었다.

낄낄 웃으며 체셔 고양이가 사라졌다. 다음 순간 멀미하듯이 속이 울렁거리더니, 무서운 속도로 눈높이가 달라졌다. "저 애를 잡아! 아니, 내쫓아! 아니, 잡아서 내쫓아!" 하는 하트 여왕의 목소리가 점점 작아졌다. 마침내 나는 내 원래 키로, 병사들은 보통 트럼프 카드의 키로 돌아갔다. 내가 입김을 불자 트럼프 병사들이 우수수 날아갔다. 하지만 병사들이 무슨 죄겠어. 나는 주변을 둘러보며 하트 여왕을 찾았다. 그런데 뭔가 따뜻하고 촉촉한 것이 이마에 닿았다. 나는 깜짝 놀라 고개를 치켜들었다.

---

3 앨리스일 수도 있고, 다른 세계의 정민이일 수도, 호기심이 너무 많거나 갈 곳이 없었던 다른 여자 아이들일 수도 있다.

"일어나, 애야. 이젠 집에 들어가야지. 우리도 문 닫아야 해."

눈을 두어 번 껌벅이자 정신이 들었다. 나는 서점의 파란 소파 위에 누워 있고, 서점 언니가 내 이마를 따뜻한 물수건으로 닦아 주고 있었다. 퍼뜩 일어나 앉아 시계를 보니 열한 시가 가까웠다.

"몸이 안 좋니? 빈혈 아니야? 들어오자마자 쓰러지더니 누워서 내내 끙끙거리고, 식은땀을 흘리기에 닦아 주던 참이야."

나는 멍하니 언니를 쳐다보았다. 가까이 다가온 언니 얼굴만 커다랗게 보여서, 왠지 머리가 커다란 체셔 고양이를 보는 기분이었다. 나는 헛기침으로 목소리를 가다듬고 물었다.

"기절해도… 꿈을 꾸나요?"

"무슨 소리야? 몸이 아픈 게 아니라 잔 거였어? 꿈까지 꿨니?"

언니가 소리 내어 웃더니 나를 일으켜 앉혔다.

"혼자 갈 수 있겠어? 어지럽진 않고?"

"네, 괜찮아요. 멀쩡해요."

정말이었다. 신기할 정도로 몸이 가뿐했다. 나는 급하게 일어나서 외투를 입고 책가방을 둘러멨다. 보통 엄마는 내가 늦게 들어와도 쳐다보지 않았지만, 이렇게 늦게 가 본 적은 없었다.

삐걱거리는 소리가 나지 않게 조심하며 열쇠로 문을 열고 들어가자, 엄마가 부엌에 서 있는 모습이 바로 보였다. 아빠는 방에서 먼저 자고 있는 것 같았다. 좁은 부엌 앞 공간을 왔다 갔다 하는 걸음걸이를 보자 엄마가 매우 화가 났다는 걸 알 수 있었다. 보통 때 같으면 그 분위기를 느끼자마자 몸이 먼저 움츠러들었을 것이다. 그러나 오늘은 왠지 엄마가 겁나지 않았다. 나는 당당하게 엄마 앞으로 갔다.

벼락 같은 소리가 귀청을 때렸다.

"왜 이렇게 늦었어. 다 큰 기집애가 늦거나 말거나, 집 안에 드나드는 게 아주 네 마음대로야? 그러려면 아예 나가! 나가 버려!"

엄마가 내 어깨를 잡아 흔들었다. 아니, 그러려고 했다. 어깨가 휘청이는 건 어쩔 수 없었지만, 나는 발에 힘을 주고 그 자리에 버텼다. 나를 밀던 엄마의 손이 당황한 듯 멈칫거렸다. 나는 고개를 들어 엄마를 똑바로 쳐다보았다.

"싫어. 나 안 나가. 나가려면 엄마가 나가."

"뭐?"

엄마는 내 어깨에서 손을 떼고 기가 막힌 얼굴로 나를 바라보았다. 그 얼굴을 보고 있자니 뱃속에서 뭔가 부글부글 끓어오르는 것 같았다. 그때야 깨달았다. 나는 화가 나 있었다. 그것도 아주 많이. 마루를 디딘 발끝에서부터 배로, 가슴으로, 목으로, 용암 같은 화가 치솟아 올라왔다. 나는 불을 뿜어내듯 말했다.

"엄마는 늘 밖으로 쫓아내려고 나를 낳았어? 나는 집에 있으면 안 되는 사람이야? 그런데 이제는 왜 늦게 왔다고 뭐라 그래?"

꿈속에서 왜 낯익은 목소리를 들었다고 생각했는지 이제야 알았다. 하트 여왕의 목소리가 엄마가 화낼 때 목소리와 똑같았다. 하지만 나는 커질 수 있었다. 꿈속에서 나는 입김으로 하트 여왕을 날려 버릴 수 있는 앨리스였다. 이것 봐, 기가 막히든 코가 막히든 엄마는 지금 내 앞에서 아무 소리도 못 하고 있잖아. 잡아 흔들면 버틸 거야. 때리면 나도 칠 거야. 머리로라도 받을 테야. 나는 가방을 내려놓고 화장실로 들어가며 말했다.

"내일은 학교 끝나면 일찍 올 거야. 나 먹을 저녁도 차려 줘요."

화장실 밖에서 엄마가 뭐라고 큰 소리로 고함을 쳤지만 내가 튼 물 소리 때문에 하나도 들리지 않았다. 나는 손을 씻고 양치를 하며 생각했다.

'나는 쫓겨나려고 태어난 게 아니야.'

처음으로, 집 안에 내 자리를 만들고 버텨야겠다는 생각이 들었다. 언젠가는 내 발로 나갈 때가 오겠지만, 그때까지는 밀려나지도 쫓겨나지도 않을 테다. 나는 아랫입술을 꽉 물었다.

누구에게도 밀려나지 않을 내 자리를 만들 때, 그때까지는 길모퉁이의 그 서점에 가지 않아도 좋을 것 같았다.

24억 년 전쯤, 앙클레 인들은 퀘이사 3C 273에 관측용 나노머신 발사기를 설치했다. 유망한 퀘이사를 만날 때마다 외우주 탐사대가 늘 하는 일이었다. 무수히 많은 나노머신이 퀘이사가 방출하는 에너지를 타고 우주를 떠돌다가, 행성을 만나면 정착한다. 그 행성에 지능형 거주 생명체가 없을 경우에는 행성 표면에서 계속 기다리며 기초 정보를 채집한다. 그러나 우세한 지능형 거주 생명체가 있을 경우 그와 비슷한 형태로 변태해 행성 정보를 수집한다. 변태 과정에서 나노머신에 탑재된 AI가 활성화해 정보 수집에 차질이 없도록 한다.

그렇게 지구에 도착해 인간으로 의태한 생체형 안드로이드 SCCI-3641과 SCCI-9217은 밤 열 시가 되자 관측소 EK265R의 셔터를 내렸다. 관측소는 서점으로 위장하고 있었기 때문에 그때쯤 문을 닫는 것이 좋았다. 사람 없는 작은 서점은 어디에 있어도 사람들이 이상하게 여기지 않기 때문에 위장에 매우 편리했다. 남성형으로 의태한 SCCI-3641이 문단속을 마치고 서점 안에 들어와 기지개를 켰다.

"그 꼬마, 요즘에는 안 오네."

"그새 정이라도 들었나 보다?"

SCCI-9217이 기록 장치를 점검하며 말을 툭 던졌다. SCCI-3641은 싱긋 웃었다.

"정이 들 수도 있지. 길고양이한테 밥 주는 거랑 비슷해. 한두 번 마주치고 나면, 안 오면 궁금해져."

"그러게 왜 애초에 들여놓아 가지고."

"그것도 비슷해. 꼭 얼어 죽을 것 같은 표정이었다니까."

"하여간 오지랖은 넓지. 덕분에 갑자기 위장 모드로 전환하느라 혼났어."

SCCI-3641이 의기양양한 표정을 지었다.

"하지만 덕분에 지구 인간이 그때 나오는 자기장에 환각 반응을 일으킨다는 걸 알 수 있었잖아. 안 그러면 어떻게 알았겠어. 하나하나 붙잡아다 실험해 볼 수도 없고."

SCCI-9217은 못 말리겠다는 듯이 함께 웃었다.

"하긴 그래. 덕분에 희귀한 뇌파 변화를 측정했지. 지구인의 트라우마는 이상한 방식으로 표현되더라."

"아마 그 아이가 꽤 좋아하는 이야기였을 거야. 자기 마음을 직접 대면할 자신이 없으니 이야기가 대신 갑옷을 입은 거지. 내용이 좀 뒤죽박죽이기는 했지만…."

"원래 있는 이야기야?"

"그래도 우리가 명색이 서점으로 위장하고 있는데, 책 좀 읽어라. 꽤 유명한 이야기야. 원 저자가 수학적인 비유를 여기저기 심어 놓았다고 하는데, 그것과 상관없이 그 책을 좋아하는 아이들이 많아."

"서로 맡은 일을 열심히 하자고. 최대한 많은 정보를 수집해야 하는 누구랑 다르게 나는 이것만으로도 바빠서 말이야."

SCCI-9217이 안쪽 방에 어지럽게 펼쳐져 있는 정보 송출장치 쪽을 손으로 가리켜 보였다. SCCI-9217의 AI에 탑재된 기술 체계는 앙클레 은하계의 기술이었기에, 필수 기술이나 재료가 현지에 없을 때도 많았다. 앙클레의 지식과 현지 상황을 조화시켜 관측된 자료를 앙클레에 전달하는 것이 SCCI-9217의 임무였다. 지구에 대한 지식 습득도 그것의 전달도 인간의 수명으로는 무리인 작업이었지만, 나노 안드로이드의 수명은 이론적으로 거의 무한하므로….

"그럼 이제 쉬어 볼까?"

한 시간쯤 후에, SCCI-9217이 자료 송출을 마치고 어깨를 펴며 말했다. 유기체 기반 안드로이드는 휴식과 영양을 충분히 취해야 한다. SCCI-3641은 그 말을 기다렸다는 듯이 마지막으로 관측소 안을 점검하고 불을 껐다.

12월, 길모퉁이 서점의 하루가 또 지나갔다.

작가의 한마디

"이 단편은 크리스마스에 얽힌 요정 이야기(fairy tale)의 변주이다. 갈 곳 없는 아이에게 힘과 용기를 주고 소원을 들어주는 존재가 꼭 요정 대모일 필요는 없을 테다. 무심하지만 기본적으로 친절한 외계인들이 운 좋은 사람들을 가끔 도와줄지도 모르고, 그 도움이 전해지는 장소가 서점이라는 건 내게는 썩 그럴듯하게 여겨진다."

켠

오
승
현

카피 쓰고 화장품 만들다가 소설 쓰고 이야기를 만든다.
살아 있는 내내 그 어느 틈에도 글을 쓰고 싶다. 지은 책으
로 『아이를 만나고 나는 더 근사해졌다』(공저), 『꼰대책방』이
있다.

━━━ 1

이번이 세 번째다. 그를 만난 것이.

회의실에 들어오자마자 그는 내 옆자리로 직진했다. 항상 이런 식이다. 계속 옆에 두지도 않을 거면서 그 자리가 원래 자기 자리인 양 훅 하고 다가온다. 옆자리 비었냐는 물음 따위는 기대도 하지 않는다. 문제는 나다. 자꾸 기대하게 되니까. 그가 오래도록 내 옆에 머물 거라는, 이미 두 번이나 저버린 기대를 또 하게 되니까.

이번에도 그는 나의 공간을 예고 없이 침범했다. 처음엔 단골 서점 직원으로, 두 번째는 신인 작가로, 세 번째는 셀럽 작가가 되어 나의 회사로 찾아왔다. 시 청사의 회의실은 안타깝게도 그리 넓지 않았다. 상기된 내 모습을 눈치채면 안 되는데. 그를 의식하지 않으려 애썼지만 바싹 마른 입술은 "어떻게 지냈어?"라든지, "오, 유명해졌던데." 따위의 태연한 인사치레도 내뱉지 못했다.

자, 이제 시작할까요. 도시재생건설국장이 운을 뗐다. 오늘은 국토부에 제출할 사업계획서를 만들기 위한 첫 번째 미팅으로, 그가 이번 사업에 참여하게 됐다는 걸 오늘 아침에야 홍보과 동기에게 들었다. 아침에 다리지 못한 리넨 셔츠와 2년 넘게 신어 해질

대로 해진 삼색 슬리퍼를 내려다보았다. 괜찮아, 아무 사이도 아닌 걸 뭐.

홍보과장이 그를 소개했다. 인진시가 낳은 시대의 아이콘, 설준 작가. 문학계를 이끄는 베테랑 VI북 작가 중 하나이자 주기적이고 지속적인 스캔들 메이커. 출판 동향보다는 연예면에 더 많은 기사가 검색되는 셀럽. 그는 우리 시에서 주력하고 있는 도시재생 프로젝트 〈도시활력증진 재개발 사업-VI북밸리 구축 프로젝트〉의 사외이사로 참여하게 되었다고 했다. 주로 사업 선정을 유도하기 위한 홍보 콘텐츠를 개발하는 데 도움을 줄 것이라고 홍보과장은 말했지만 나는 안다. 그는 아마도 VI북 작가로서의 자부심을 곁들여 헌책방들을 허물어 버리자는 결론으로 이끌 것이다.

"왜 그들은 헌책방을 고수하는 겁니까?"

그가 정말 궁금하다는 표정으로 물었다. 이 질문에 대한 대답은 내가 해야 한다. 우리 부서에서 내가 맡은 지역이 바로, 허문 자리에 VI북밸리를 세우려는 '인진시 헌책방 거리'이기 때문이다.

"종이책이 사라지는 것을 막기 위해서? 역사의 유물을 모셔 두는 박물관 같은 역할을 하겠다, 뭐 이런 건가요?"

공격적인 말투가 시작되었다는 건 그가 이 일에 흥미를 느끼고 있다는 의미다. 동시에 어떤 말로도 그를 말릴 수 없다는 의미이기도 하다.

"마치 폐허가 된 유적지처럼 얘기하시는군요. 설 작가님은 최근에 헌책방 거리에 가 보셨나요? 요즘도 적지 않은 사람들이 찾는 곳이고, 책 판매 이외에도 강연이나 글쓰기 수업으로 점점 활기를

컨

찾고 있어요.”

그가 놀란 눈으로 날 쳐다보았다. 그래, 내가 거기 담당이야. 나도 이런 상황이 아주 불편하거든. 게다가 나의 직속 상사인 재생 정책과장도 놀란 토끼눈으로 나를 쳐다보고 있다. 사실 여기 있는 모두는—나를 포함해서—헌책방 거리가 하루 빨리 VI북밸리로 탈바꿈되기를 절실히 바라야 하는 사람들인 것이다.

회의가 어떻게 끝났는지 기억나지 않는다. 결론은 변한 것이 없다. 과장이 수첩을 들어 나를 향해 삿대질을 하며 “동의서나 빨리 받아 와!”라고 소리치는 사이, 나는 과장의 어깨 너머로 그를 찾았다. 모두가 회의실을 빠져나간 뒤 그는 거기 있었고, 이번에도, 내 뜻과는 상관없이 모든 것이 변했다.

생각해 보면 그와의 시작은 일관성이 있다. 그는 항상 책이 있는 곳에 있었다.

그를 처음 만난 건, 4년 전 시내의 한 서점에서였다. 당시 나는 대기업 취업 준비를 하다가, 공무원 시험을 볼까 임용고시를 준비할까 고민하던 평균적인 취준생이었고, 그는 대부분의 대형 서점이 폐업하는 가운데 특색 있는 큐레이션으로 꿋꿋하게 버티고 있던 중견 규모의 서점 직원이었다.

“앤 좋아해?”

기출 문제집을 뒤적이고 있는 나에게 책장을 정리하던 그가 한 첫인사였다.

“아, 미안. 실용 코너에서 『빨간 머리 앤』을 보니까 반가워서.”

그는 내 옆구리에 낀 책에 흘깃 눈길을 주었다.

"아니, 난 다이애나가 좋아."

다이애나는 그런 뻔한 헌팅 따위 신경쓰지 않거든. 그는 면장갑 낀 손으로 콧등을 만졌다. 손에 가린 입은 살짝 웃은 것도 같다.

서점을 나서는데 그가 뒤따라 나왔다. 내 손에 들린 휴대폰을 뺏어 그의 번호를 입력했다. 다이애나를 알아보고 싶어졌어. 책 속으로 사라지는 그를 얼마나 바라보고 있었을까. 30초, 혹은 1분. 그 1분이 1년, 아니 어쩌면 10년의 바라봄이 될 거라는 사실을 그 때 얼핏 알았던 것 같다.

하지만 확실한 사실 하나는, 그는 지금까지 다이애나를 알아보지 못했다는 것이다. 혹은 자기 멋대로 다이애나와 나를 매칭시켰거나. 그는 나의 착실하고 반듯한 면이 다이애나와 닮았다고 했지만, 그건 그가 하자는 대로 따라가 주는 나의 수동적인 연애 방식에 대한 평가와 다름없다는 걸 알고 있었다. 마치 "엄마 말 잘 듣게 생겼네."라는 말로 말 잘 듣는 아이가 되기를 강요하는 선생님처럼.

그의 말대로 다이애나는 반듯하고 착실하다. 그걸 한마디로 표현하자면, '무난하다'겠지. 『빨간 머리 앤』에 열광하는 친구들도 다이애나가 어떤 아이인지 잘 기억하지 못했다. 물론 나를 다이애나와 비교하기 좋아하던 그도, 다이애나를 기억하지 못했다.

나도 마찬가지였다. 다이애나가 더 좋다는 건, 그저 다이애나가 신경쓰인다는 것의 다른 말이었다. 왠지 독자들의 관심을 크게 받지 못하는 다이애나가 애틋하면서도 캐릭터는 그다지 인상적이지 않았다. 무난하다는 건 매력이 없다는 말과 같이 쓰이기도 하니까. 앤이 중요한데 다이애나까지 개성 있는 인물로 만들지는 않겠지. 내가 몽고메리 여사였어도 다이애나는 그냥 그런 아이로 만들었을 거야.

나도 그에게 무난한 여자 친구여야만 했을 것이다. 만 원에 질문 하나씩 답해 주는 타로 카페에서도 그처럼 자유로운 영혼을 한자리에 붙들어 놓으려면 나 같은 여자가 잘 어울린다고 했다. 나 같은 여자가 뭔데? 무난하고 매력 없는 그냥 그런 아이?

내가 만약 앤이었다면 어땠을까 상상해 보곤 한다. 마음에 들지 않는 행동을 하는 남자아이를 석판으로 내리칠 수 있는 앤이었다면, 내가 옆에 있을 때도 새로운 만남을 마다하지 않고, 때때로 세상이 '바람 피운다'고 정의하는 상황을 잠시 바람 쐬고 왔다고 얘기하는 남자를 그냥 넘어가지 않았겠지. 연애 초반에는 데이트 때마다 꼬박꼬박 섹스하다가, 시간이 지나 데이트 없이 섹스만 하다가, 나중엔 섹스도 하지 않는 연인이 되었을 때도 그건 자연스러운 거라고, 그래도 그는 나를 사랑하고 있을 거라고 자위하며 그가 떠나는 순간을 그저 바라만 보고 있지는 않았겠지.

시 청사 휴게실에 그와 마주 앉았다.

"너는 어느 쪽이야?"

어제도 만난 것처럼 목차, 서두 다 자르고 시작하는 그의 화법은 여전했다. 컵 안의 얼음을 빨대로 툭, 툭 건드리는 그의 손가락이 내 가슴을 후벼 판다. 나도 모르게 입술을 질끈 깨물었다.

"헌책방에 대해 묻는 거라면 아까 분위기 보고 짐작 안 돼? 내 의견 따위는 중요하지 않아."

후훗. 그가 웃었다. 입꼬리가 예쁜 선홍색 입술이 가늘게 벌어져 하얀 이가 도드라진다.

"아니 일 말고 너. 싱글? 커플? 어느 쪽이냐고."

남자 친구가 있냐고. 정말 그렇게 묻는 걸까? 아니면 아직도 널 그리워하고 있냐고 묻는 걸까. "그게 왜 궁금한데? 너랑 상관없는 일이잖아."

떠올리고 싶지 않은 내 모습이 스친다. 그는 연락 한 번 하지 않는데 영영 연이 끊길까 두려워 하루에도 열댓 번씩 폰 화면을 바라보던 나와, 싫은 척 몇 번 해 보지 못하고 못 이기는 척 다시 곁을 내주는 나를. 이런 나를 반복하지 않을 것이다. 우린 그냥 자연스럽게 멀어진 거라고 얘기할 이 사람 앞에서는 더더욱.

때마침 벨이 울렸고 사무실 전화번호가 찍혀 있었다. 끼이익, 의자를 밀고 일어나며 말했다.

"넌 그냥 그쪽에 있어. 이쪽으로 올 생각하지 마."

━━━ 2

다음 날은 헌책방 거리로 직출을 해야 했다. 〈도시활력증진 재개발 사업 동의서〉에 사인하지 않은 상점들의 리스트를 책상에 던지며 과장이 이렇게 말했기 때문이다. "너같이 자기 생각 갖고 일하는 애들 때문에 나랏일이 더 힘들어지는 거야!" 그래서 오늘은 생각이라는 것을 집 앞 마당에 던져 두고 이곳에 도착했다. 어제의 일도, 그전의 일도 같이 날아가 버리길 주문하면서.

'인진시 헌책방 거리'라는 팻말 앞에는 한켠서점이 있다. 할아버지 때부터 삼대에 걸쳐 70여 년간 같은 자리를 지켜 온 한켠서점은 인진시뿐 아니라 전국적으로 유명해서 이 헌책방 거리가 '한켠 책방 거리'로 불리게 된 이유이기도 했다. 한때 드라마 촬영 장소로 외국인 고객까지 차고 넘쳤던 곳이다. 쇼윈도에 걸린 드라마 자료 사진은 10년도 넘은 것처럼 뿌옇게 흐렸다.

노란 페인트로 칠해진 거친 시멘트 벽면이 이 거리의 명함처럼 입구를 환하게 밝혀 준다. 송가아재가 직접 칠한 게 분명한 창틀의 덧칠도 어느새 빛이 바래 한켠서점이 얼마나 오래 되었는지를 짐작하게 해 준다. 오래된 공간이 주는 편안함은 이 도시 어느 곳에서도 느끼지 못한다. 하지만 대부분의 사람들은 이런 편안함을 건물 앞에서 화보처럼 사진 찍고 인스타그램에 게시하는 것으로 '인증'할 뿐이므로 서점 안은 언제나 한산하다.

도시민은 항상 새로운 것에만 열광한다. 그래서 도시는 언제나 신제품이어야 한다. 신모델이 나오면 줄지어 사는 휴대폰처럼, 빛이 바랠 새도 없이 헐고 짓는다. 그래야 사람이 모이고, 그래야 소비를 하고, 그래야 돈이 돌고, 그래야 경제가 성장한다는 논리로 골목골목 쌓인 삶을 한꺼번에 무너뜨린다.

한켠서점 문 앞에 세워 둔 우체통 위에 먼지가 소복이 쌓였다. 왠지 그걸 털고 싶지 않았다.

"왔으면 들어올 것이지 뭐하러 뜸을 들여?"

송가아재가 서가 옆에 책을 잔뜩 쌓아 놓고 정리를 하고 있다. 목장갑은 헌책 위를 털어낸 먼지로 벌써 까매졌다. 새치가 이마부터 정수리까지 희끗했지만, 세련된 뿔테 안경 너머로 보이는 눈빛이 헌책방 주인의 나이를 가늠할 수 없게 했다. 그래서 거리의 상인들도 손님들도 그를 그냥 송가아재라고 불렀다. '송미한'이라는 이름도 알고 있었고, 그래서 인진시의 공무원과 관할 시민으로 대면하는 공적인 만남에서는 송 사장님이라고 불러야 했으나 나는 좀처럼 '아저씨'라는 호칭에서 벗어날 수 없었다.

서점은 층고가 높은 단층짜리 건물에 있었다. 편백나무로 짜여진 책장이 세 개의 긴 골목을 만들어 손님들은 드라마 주인공처럼 골목을 미로 걷듯이 휘 걸으며 인증샷을 찍었다. 개중에는 한 골목에 머물며 관심 분야의 오래된 책부터 최근 책까지 꼼꼼이 훑어 나가는 손님들도 있었다. 골목 중간중간 무심한 듯 간이 의자를 놓아 둔 것은 좀 더 오래 머물며 편안하게 음미하길 바라는 아재의 배려이리라.

카운터 뒤쪽으로는 문이 하나 있었다. 매직으로 사무실이라 적어 놓긴 했지만 그 공간은 아재의 작업실이나 마찬가지였다. 아재는 헌책방 업계—너무 작아서 업계라는 말을 붙이기도 어색한 시장이지만—에서는 책도 두 권 낸 책 수리 전문가였다. 어떻게 알고 찾아오는지 전국 곳곳에서 책을 수리해 달라며 보내 온다. 수리할 책은 항상 사무실 앞에 쌓여 있다. 한 시간을 수리한 책에 천원의 가격표를 붙이는 아재를 보고 결혼을 결심했다는 사모님의 인터뷰를 본 기억이 있다. 그 가격에 팔 거면 수리 따위 하지 말라

고, 나라면 뜯어말렸을 것이다. 들인 시간과 정성에 비하면 수리
된 책은 터무니없이 홀대를 받는데도 아재는 멈추지 않는다.

"수리를 왜 하세요?"라는 기자의 질문에 아재는 이렇게 답했
다. "수리를 하면 종이책의 가치는 떨어져요. 사람들은 새것을 좋
아하죠. 하지만 누군가는 눈에 띄는 수리 자국을 만들더라도 더
오래 그 책 자체를 소유하고 싶어해요."

이 부분에서 기자는 송가아재가 설명을 멈추고 기자에게 책 한
권을 쥐어 주었다고 적었다. 기자는 "요즘 통 들춰 보지 않았던 종
이책이지만, 새삼 종이책의 묵직한 무게감과 다정한 질감이 손을
꽉 채웠다. 세월을 끌어안은 것만이 품을 수 있는 세심한 향기, 손
안에 항상 존재할 것 같은 공간감마저 느껴졌다."고 덧붙였다.

기사의 마지막 문장은 인터뷰 기자의 결론이었는데, 지금까지
기억날 만큼 인상적이었다.

"그는 책을 수리하는 사람만이 아니라, 시대의 한 켠을 지키는
사람이다."

사무실 벽에 걸린 오래된 나무 액자 안에 적힌 '당신의 한 켠에'
라는 글귀도 같은 맥락에서 쓰인 일종의 운영 철학일 것이다. 아
저씨, 왜 서점 이름이 한켠이에요? 이 구역의 담당 주무관이 아닌
단골로 물었을 때 아재가 들려준 이야기를 액자가 소환해 냈다.

가슴 한 켠에… 마음 한 켠에… '켠'은 문학에서는 아직도 미련이 많
은 단어지. 아직도 많이 쓰는 말인데 나도 아쉽네. '켠'이라는 단어가
표준으로 인정받지 못하는 것 말일세. 현대 국어에서는 '켠'을 '편'의

잘못된 말로 정의하지. 그런데 생각해 보게. 그게 어떻게 같은가? '편'은 어느 하나의 방향을 가리키거나, 또는 서로 갈라진 것이나 맞서는 것 중에 한쪽을 가리키는 말이지 않나. 이것 아니면 저것, 너 아니면 나, 둘 중 하나 선택을 강요하지.

'켠'이 어디 그런가? 딱 떨어지게 양분된 것 중 어느 하나의 선택을 강요하는 어감보다, 오히려 그 둘을 모두 수용하는 중간 어딘가 타협이 가능한 어느 범위가 느껴지지 않은가? 나는 그렇네. '켠'이라는 단어는 공간을 의미한다고 생각해. 인정받지는 못하지만 '켠'은 분명히 존재하네. 이렇게 책이 들어찬 책장, 책장이 빼곡하게 들어찬 이 서점처럼. 이 세상 어느 한 켠에 이곳이 존재하고, 이 서점 어느 한 켠에 오랜 시간을 버텨 온 책 한 권이 존재하는 것처럼 말일세.

"그… 그동안 잘 지내셨어요? 못 와 봐서 죄송해요."

VI북밸리 구축 사업 진행 속도가 빨라지기 전에는 이곳을 허물 계획은 아니었다. 인진시의 정책 방향은 오히려 현재 상태를 유지한 채로 마을 공동체를 활성화시키자는 쪽이었고, 우리 부서는 마을 공동체 지원 프로그램을 굴리느라 바빴다. 그런데 어느 날 갑자기, "정책이 바뀌어서 말인데요 평생에 걸쳐 만들어 온 당신들의 터전을 빼앗아 버려야겠어요."라는 말을 내가 어떻게 할 수 있단 말인가.

"잘 왔네. 궁금했어."

나는 동의서를 가방에서 꺼내지 못한 채 아재 옆에 앉아 헌책 정리를 거들었다. 책을 하나 꽂고, 한마디. 또 하나 꽂고 또 한마디. 턱, 턱 책이 꽂히는 리듬에 맞춰 자연스럽게 수다가 시작되었다. 엄마가 이사갈 집 리모델링에 혈안이 되어 있는데, 제 가구들은 결혼할 때 어차피 바꿔야 하니까 지금 안 바꿔 준대요. 칫. 요샌 결혼이 선택이라는데 왜 제 친구들은 다 결혼을 하는 걸까요? 숙제 강박증인 것 같아요. 평소 친구에게도 하기 힘든 속엣말들이 지나가는 말처럼 툭툭 튀어나와 나도 의아했지만, 왠지 속이 편해졌다. 헌책방이라 그런지 헌 고민이 되는 것 같기도 했고, 아재가 심각한 이야기를 전혀 심각하지 않게 들어주었기 때문도 있었을 것이다.

나는 조심스럽게 가방 속 화두를 꺼냈다.

"아저씨는 VI북을 어떻게 생각하세요? 요새 VI북 서점이 잘 된대요."

"아, VI북. 음, 자네도 서점이라고 부르는구만. 옛날 사람이라 그런지 난 그게 책으로 보이진 않더라고. 요새 젊은 친구들은 그것만 본다면서? 덕분에 우리 물건은 쓰레기 취급이지. 전자책, 오디오북 때까지는 어떻게 버텼는데 이번엔 힘들 수도 있겠다 싶기도 하네."

사실 종이책에 비관적인 입장은 전자책이 나오고 꾸준히 있어왔다. 하지만 전자책은 종이책의 본질을 그대로 유지한 채 그것을 데이터로 전환한 형태라 종이책 시장에 큰 타격은 아니었다. 오디오북 또한 인쇄 기술이 발달하기 전 입에서 입으로 이야기를 전해주던 구전 방식이 되살아난 것으로 보는 시각도 있었다.

하지만 VI북은 공존을 논하기엔 완전히 다른 형태였다. VI(Virtual

Implant, 가상이식) 기술은 가상현실(Virtual Reality)과 용어는 유사하지만, VR 기술을 가뿐히 제치고 대부분의 엔터테인먼트 분야를 장악했다. 안타까운 것은 엔터테인하기만 해서는 안 되는 도서 산업마저도 이 기술에 잠식당했다는 것이다.

인간은 얼마나 자극에 연약한 존재인가. 기존의 종이책, 전자책, 오디오북, 가상현실이 시각과 청각에만 의존하던 스토리텔링이었다면, 가상이식 기술은 뇌 자극을 통해 후각, 미각, 촉각까지 전 감각을 이용해 스토리를 이식한다. 스토리의 힘이 아닌 기술의 승리다. CG 기술이 폭발적으로 발전했을 때 스토리는 엉망이어도 '영상미'라는 이름을 붙인 영화들이 천만 관객을 찍던 것처럼 오로지 뇌의 감각중추들을 자극하는 '화학미'로 베스트셀러가 되는 시대가 된 것이다.

VI북은 형체가 없다. 500원짜리 동전만 한 VI북 단말기 세 개를 양쪽 관자놀이 부위와 마루뼈1 부위에 둘러쓰고 눈을 감으면, 대뇌 피질의 감각 영역에 전체적인 전기 자극이 가해지며 눈꺼풀 위로 영상이 펼쳐진다. 스토리 데이터는 신경전달물질이 되어 즐거움, 긴장감, 불쾌감, 성적 쾌감, 호기심 등의 화학적 감흥을 만들고 카타르시스에 도달하게 한다. VI북이 추구하는 카타르시스의 본질은 뇌의 정가운데 위치한 쾌락중추에 도파민을 최대치로 만드는 것이다. 오직 흥분과 쾌락의 호르몬만 남기는 것이 목표인 셈이다. 결국 VI북은 점점 더 강렬한 스토리 자극을 요구하는 독자를

---

1 두정골, 뇌두개의 뒤쪽 위를 덮고 있는, 사각형의 편평한 뼈를 말함.

양산했고 새로운 것에만 열광하는 단기독서상실증이라는 신드롬을 만들어 냈다.

VI북에 대해 얘기하던 아재의 표정이 갑자기 어두워졌다.

"자네는 인생 책이 있는가? 인생에 지대한 영향을 준 책 말일세. 보통은 그런 책들을 가장 손 닿기 쉬운 곳에 꽂아 두기 마련이지. 오다가다 흘끗 보기만 해도 혹은 잊고 살다가 얼핏 내용을 떠올리기만 해도 그 향기가 다시 올라오는 책."

나는 『빨간 머리 앤』을 떠올리다가 나도 모르게 그로 연결되는 이미지의 무절제함에 고개를 흔들었다.

"나에게도 그런 책이 있었네. 올해로 10년쯤 됐으려나⋯. '장인서적'이 부도나고 바로 갔으니 아마 그쯤 됐을 거네. 장인서적 대표가 둘도 없는 내 친구였지⋯. 출판사로 조촐하게 시작하더니만 국내 서적 도매업 2위까지 찍었었지."

장인서적이 부도가 나고 이틀 후 장인석 대표의 부고 기사를 본 기억이 있다. 부도난 장인서적을 대형 서점 프랜차이즈 기업이 인수했지만, 2년도 지나지 않아 수익성이 기대만큼 못하다는 이유로 회생 신청을 했다. 이 일은 당시 출판사들이 지고 가야 했던 억만금의 손해만큼이나 종이책에 대한 부정적인 인식 또한 키우는 계기가 되었다. MOQ(Minimum Order Quantity, 최소발주수량)가 있고 창고가 있어야 하며 재고를 안고 가야 하는 종이책은 시대의 트라우마가 된 것이다.

"어느 날 밤 녀석이 술에 진탕 취해 전화를 했어. 사체로 발견되기 전날 밤이었지. '내 창고엔 40만 권의 책이 있다네. 그걸 이루기 위해 20년을 꼬박 바쳤지. 그런데 지금 내 손 위에 올려진 요놈이 내 20년과 맞먹는다고 하더구만. 허허. 이 손톱만 한 칩에 그 많은 책이 들어 있다니. 송가, 나는 이제 어떻게 살아야겠나.' 난 헌책들을 보면 그 자식이 생각나. 도저히 버릴 수가 없네. 나마저도 녀석의 인생을 쓰레기 취급하면 너무 딱하지 않은가."

이제는 칩으로도 책을 소장하지 않는다. VI북으로 대치된 스트리밍 서비스가 전자책 시장의 90퍼센트를 차지하고 있다. 평균 30분 안에 책 한 권을 눈앞에 펼쳐 주는 신속함을 독자들은 선호했고, 상상 이상으로 자극적인 가상 영상에 열광했다. 출판 산업, 도서 문화라는 개념이 무색해질 정도로 사람들은 영화나 게임처럼 책을 읽었고, 정작 진짜 책은 잊어 갔다.

비겁하게도 이러한 흐름을 주도하는 문학계의 셀럽들은 한결같이 말한다. 그건 바로 독자가 원하기 때문이라고. 지독한 무책임이라는 비난도 이제는 무색해졌다.

그도 마찬가지다. 즐거우면 그뿐, 심각해지는 것도 싫고 여운이 남는 건 피했다. 입버릇처럼 그는 여자도, 사랑도 믿지 않는다고 말해 왔다. 믿을 것은 오로지 지금, 여기, '내가 필요한 너', '네가 필요한 나'의 이기적인 본능뿐이라고 말이다. 빠르게 소비되고 빠르게 잊히는 VI북처럼 그는 섹스와 데이트라는 이미지 속에 자극적인 감각만을 소비하고, 내가 전하는 메시지는 빠르게 잊었다.

분위기를 전환하려는 듯 아재가 물었다.

"남자 친구가 VI북 작가라고 하지 않았었나?"

맞기도 하고 아니기도 하다. 그는 VI북 작가이지만 지금 내 남자 친구는 아니니까. Ⅵ북은 그를 닮았다. 현란하고 화려한 가상의 외연이 속을 가리고 있다. 그는, 속을 알 수 없다.

그와는 오래전에 헤어졌다고 하자, 아재는 안경 너머로 눈을 동그랗게 뜨고는 연거푸 사과를 했다. 아니에요, 괜찮아요, 아무렇지도 않은 걸요, 얼굴도 가물가물해요…. 그러나 아재를 안심시키기 위해 한 빈말이 그의 얼굴을 내 앞에 가져다 놓았다. 안 돼. 울면 안 돼. 연신 침을 삼켰다. 눈물이 목울대를 넘어 얼굴을 붉히지 않도록.

사실 나는, 설준이라는 책을 한 장 한 장 넘겨 끝까지 읽어 보고 싶었다. 남기고 싶은 곳엔 오래 머물며 밑줄을 긋고 싶었다. 보고 싶을 때 꺼내 보고 만져도 보고 따뜻하게 가슴에 품어도 보고 싶었다. 하지만 그는 언제나 Ⅵ북처럼 강렬하게 왔다가 금새 떠나갔다. 언제 끝났나 싶게 여운만 남기고 연락을 뚝 끊어 버렸다. 내 감정, 내 의사와는 상관없었다.

■■■■ 3

그에게 문자가 온 것은 다음 날이었다.

우리 집 알지? 오늘 올래?

직원 식당의 점심밥이 유독 넘어가지 않았다. 물을 마셔도 목이 말랐다. 식도부터 위장까지 조각조각 갈라져 뱃속에 그득히 쌓였고, 그 찌꺼기들이 아우성쳤다. 어떻게 할 거야?

시간을 확인했다. 5분도 지나지 않은 것에 화들짝 놀라고 혼자 민망해했다. 퇴근 시간이 가까워질수록 선명해졌다. 문자를 받았던 순간에 귀가 뜨거워진 이유는 화가 나서가 아니라, 기다림 때문이었다.

해변가에 자리한 그의 오피스텔은 비밀번호만 누르면 열리는 공동 현관이다. 비밀번호는 그대로였다. 기억나지 않을 줄 알았는데 손이 저절로 움직였다. 생각이 멈춘 채 미리 입력된 명령어대로 움직이는 로봇이 된 것 같았다. 그의 집 번호도 그대로였다. 2738. 내 전화번호 뒷자리.

그의 룸은 변한 것이 별로 없었다. 이제는 그가 꽤 잘 버는 작가라는 걸 보여 주는 최신 가전들 몇 개가 보호 필름도 벗겨지지 않은 채 들어와 있었지만 이것들을 빼고는 대부분 내가 기억하고 있는 그대로였다. 훗. 그대로인 건 나도 마찬가지다. 매번 버려지면서 난 또 여기 와 있다. 어쩌자고 나는 이곳에 왔을까.

확인하고 싶은 게 있어서야. 그뿐이야.

그가 반복적으로 연락을 끊는 이유, 그러다 아무렇지 않게 다시 만나게 되는 이유. 그것을 알고 싶을 뿐이다.

처음엔 이별이라 생각했다. 스물일곱에 처음 한 첫사랑은 떠나갔고, 첫사랑을 잊지 못해 지옥 같은 슬픔을 덤덤하게 견디는 드라마 여주인공처럼 이별을 받아들였으며 미련을 음미했다. 기억할 수 있는 한 가장 아름답게 가공하고 추억이라는 라벨을 붙여 차곡차곡 저장했다.

1년이 조금 지나 한 달에 한두 번 그가 떠올라도 괴롭지 않게 되었을 때, 그는 다시 찾아왔다. 시에서 주최한 도서전에 신작을 출품하러 온 신참 작가가 딸리는 일손을 도우러 지원 나간 초짜 공무원을 툭 쳤다. 여기 있었네. 찾았잖아. 그리고 그는 말했다. 그땐 썸이었지. 말하자면 조금 긴 썸. 이번이 진짜야.

두 번째로 그가 연락을 끊었을 때는 무음 설정 같은 거라고 생각했다. 일하다 보면 전화를 받을 수 없는 상황이 꼭 있다. 그럴 땐 무음 버튼을 누르는 게 당연하다. 지금이 바로 그런 상황일 거야. 작품에 진전이 없어서 집중할 필요가 있다거나 가족 중에 누구, 혹은 친구 중에 누구, 혹은 친척 중에 누군가가 큰일을 당해 어디 멀리 가 있어야 한다거나. 그런데 하필 그 일이 나를 성가시게 할 수 있기 때문에 연락을 할 수 없는 거라고.

그런데 생각보다 무음 설정 기간이 길어졌다. 어쩌면 무음을 해제하지 않을 수도 있겠다는 생각이 들었다. 세팅에서 아예 나를 소거해 버렸을 수도 있다는 데까지 생각이 미치자 그제야 두 번째인 걸 알았다.

책장이 텅 비었다는 걸 발견했다. 한쪽 벽면을 채운 책장은 그대로였지만 그 책장을 채웠던 종이책들은 사라졌다. 그리고 그의 VI북들. 작가 데뷔 후 3년 여의 짧은 시간이었음에도 불구하고 그는 스무 편이 넘는 작품을 출간했다. 하긴, 대부분의 VI북 작가들이 다작 신기록을 갱신하고 있으니 평균적인 수준이라고도 할 수 있겠다.

방 안 곳곳에 여성용품이 눈에 띄었다. 손잡이가 핑크색인 칫솔, 섹시한 해외 여배우가 광고한 향수의 뚜껑에는 사용한 지 얼마 되지 않은 듯 먼지가 앉지 않았다. 바닥에 떨어진 쓰레기 중에는 찢어진 콘돔 포장재가 눈에 띄었고 침대 옆에는 그 포장재의 주인이었을 콘돔이 아직 굳지 않은 정액을 담은 채 화장지에 싸여 구겨져 있었다.

다른 여자의 흔적. 한 명일까, 두 명 이상일까. 몇 살일까. 무슨 일을 하는 친구들일까. 이런 상황이 아니라면 어디선가 만나 아는 사이가 되었을지도 모를 내 또래겠지. 이들도 나처럼 과거에 몇 번 차여 본 전 여친일까. 오랜만에 들러 섹스만 하고 사라진 썸녀일까.

도어락 누르는 소리가 들렸다. 그였다. 한 손에는 와인이 들어 있을 것으로 보이는 긴 쇼핑백, 다른 한 손에는 안주 몇 가지가 엿보이는 편의점 봉투가 들려 있었다.

그는 내가 앉아 있는 소파로 다가와 풀썩 앉으며 내 쪽으로 몸을 기울였다. 내 얼굴을 이마부터 턱까지 꼼꼼히 뜯어보는 그의 눈동자 안에 미동도 하지 못하는 내가 보였다. 숨이 막혔다. 가까워진 그의 목에서 향수에 섞인 그의 체취가 풍겨 나왔다. 길고 가는 목 중앙에 단단한 울대가 참 아름답다는 걸, 또 한 번 깨달았다. 그 목을 양손으로 움켜쥐고 힘껏 누르는 상상을 여러 번 했었지만 나는 그걸 할 수 없다는 걸 안다. 무력한 양팔은 이미 그의 목을 감아 안았다.

힘이 풀렸다. 오로지 감각에만 힘이 전해지는 느낌이었다. 한동안 느끼지 못했던, 이렇게 무기력하면서도 강렬한 전율은. 만약

이 전기 자극에 이름을 붙인다면, '그리움'이 아닐까. 때로 그리움이란 감정은 짜증을 동반하기도 하니까. 미간을 찌뿌리면서도 입술은 피하지 않는 아이러니도 가능한 것이다.

블라우스 끝을 잡고 있던 그의 손이 내 등을 타고 어깨까지 흘러들어와 몸통 전체를 감싸 안았다. 거칠어지는 호흡 소리가 흡사 흐느낌 같았다. 어깨 위에 흐트러진 머리카락에 얼굴을 파묻은 그의 숨결이 따뜻했다. 그의 목에 입술이 닿았다. 두근두근 심장의 목 울림이 입술을 따뜻하게 두드렸다. 그도 날 그리워했을까. 아니면 섹스를 목전에 둔 남자의 흔한 리듬일 뿐일까. 그렇더라도 상관없다. 결국, 난 여전히 그를 사랑하고 있다.

섹스를 마친 그의 등에 몽골몽골 땀이 맺혔다. 거친 숨소리에 맞춰 등이 달싹거리자 창에 서린 이슬처럼 땀 한 방울이 또르르 등을 가로질러 떨어졌다. 창가에 서린 이슬로 물 글씨를 쓰는 클리셰가 생각났다. 만약 내 앞에 있는 것이 새로운 국면으로 들어가는 창이라면, 나는 무엇을 써야 하나. '나쁜 놈'이나 '개새끼'를 쓰면 속이 풀릴까. '다시'라든가 '여전히' 같은 단어를 쓰면 신파가 될까. 아무래도, 아무것도 쓰이지 않은 투명한 채로 두는 것이 나을까.

손바닥으로 땀을 쓱 문질러 버렸다.

다음 날 아침, 그가 깰 때까지 가만히 그의 얼굴을 들여다보았다. 눈뜨기를 기다렸다가 기습적으로 던져 날것의 대답을 듣고 싶었다. 지금이 아니면 다시는 물을 수 없을 것 같았고, 어젯밤 쓰지 못한 투명 창에 다만 몇 글자라도, 신음 같은 무엇이라도 쓰고 싶었다.

"나, 질문이 있어."

네가 이렇게 하는 이유. 이렇게까지 사람을 비참하게 만드는 이유. 원망과 미움으로 점철된 질문들이 십 수 가지 더 될 걸 알면서도 죄책감 하나 없는 표정으로 내 앞에 또 나타난 이유. 그는 깜빡이던 눈을 오래 감았다 뜨고는, 약지로 내 헤어라인을 쓰다듬어 내려와 턱을 살짝 꼬집었다. 날 길들인 그의 습관 중 하나였다.

"정말 중요한 질문은 자기 자신에게 하는 질문이야. 너에게 질문해 봐. 네가 오늘 여기 왜 왔는지."

친구들은 안주 삼아 과거의 남자들을 씹을 때 그를 '자영'업자라 불렀다. '자유로운 영혼'의 줄임말이었다. 물론 내 앞에서는 그래놓고 나 없이 모인 자리에서는 바람둥이라 불렀을지도 모른다.

그렇다면, 친구들 말대로 자유로운 영혼이나 바람둥이라면 나에게는 왜 자꾸 돌아오는 거야. 옛날에 먹던 아폴로나 쫄쫄이를 어른이 되어서도 한두 번씩 사 먹게 되는 심리, 뭐 그런 거? 예전 일기장을 펼쳐 한두 장 읽다 보면 찌르르 감성에 젖다가도 한 권 다 못 읽고 접어 두는 것처럼, 섹스 몇 번 하고 나면 역시 그게 그거구나 하고 또 떠나게 되는 악습의 답습.

회사에서조차 나는 그에게서 벗어날 수 없었다. 여직원들이 모이는 자리마다 그가 화두에 오르는 것이다. 문학계에 떠도는 추문들은 SNS에 계속 태그되어 알고 있었지만, 원래 뒷담화를 좋아하는 인류의 기질상 여럿이 모이면 더 과장되기 마련이라, 설준이라는 작가는 아예 희대의 바람둥이가 되어 버렸다. 한 유튜버가 그의 오피스텔 보안 직원을 인터뷰했는데 수십 명의 여자가 그의 집을 들락거리는 걸 목격했다는 둥, 이태원 클럽의 주요 고객인 그는 전용 룸이 있고, 그곳은 CCTV도 없으며 그를 서브하는 매니저는 이를 함구하는 조건으로 월평균 급여 수준의 돈을 받고 있다는 둥. 어제도 그의 집을 들락날락했던 나는, 그는 폐쇄적인 성격이라 이태원 클럽 같은 데서 여자를 꼬시지 않는 사람이고, 그의 성생활을 관리하는 매니저 따위는 없다는 걸 얘기해 주고도 싶었지만, 한편으로 내가 아는 그의 모습이 다가 아니고 그 소문들이 사실일 수도 있다는 생각도 들었다.

듣기 싫으면서도 귀 기울여지는 그의 사생활 이야기는 점점 고조되어 희대의 매력남이냐, 쓰레기냐를 놓고 의견이 양분되었는데 그 논쟁을 단칼에 정리한 것은 유일한 유부녀 선배 언니였다.

"내가 그런 놈 하나 뜯어고쳐 살고 있잖냐."

이 년 전 결혼한 선배 언니는 결혼 전 파혼을 하네 마네 떠들썩했었다. 결혼식 두 달 전, 남편 회사에 컴퍼니 와이프가 있다는 걸 알게 되었다고. 당시 나는 입사한 지 얼마 되지 않은 때여서 언니의 팀원의 동기의 사수의 후배에게 전해 들은 이 소문이 신빙성 있다고 생각하진 않았었다. 최근 친해진 언니는 꽤 행복해 보여 소문의 진위 따위 기억 저편에 묻어 두고 지내 왔다. 언니는 약간 흥분 상태로 말을 이었다.

"걔네는 자유로운 게 아니라 찌질한 거야. 쉬운 것만 하고 싶은 거지. 관계가 깊어지면 어려워지잖아. 상대에 대해서도 깊이 알고 싶지 않은데, 상대의 주변, 그러니까 가족이나 지인의 일까지 사사건건 알아 둬야 하고. 어디 그뿐이겠냐. 과거에 둘이 무엇을 했었는지 기억해야 하고 미래에 어떻게 살 것인지 계획해야 하고. 이런 모든 것들이 두려워질 때, 발을 빼는 거야. 도망칠 때 그럴싸한 변명거리는 만들어 두지. 넌 더 행복해야 하니까. 뭐, 이딴 소리 지껄이면서. 어떤 놈들은 트라우마 운운하면서 도망치기도 하고. 실상 들여다보면 민망할 정도로 사소한 상처 자국에 트라우마라는 이름 붙여 놓고, 변명거리로 활용하는 거야. 자기 먹고 싶은 거 막 시켜 먹고 계산할 때 화장실 가는 그런 새끼들이지. 니들도 눈 씻고 잘 봐. 허우대 멀쩡한 찌질이들이 세상에 얼마나 많은데."

그런데 언니는 그런 놈하고 왜 결혼했냐고 묻고 싶었으나, 언니 또한 모두의 이마에 떠오른 물음표를 의식하고 있는 눈치였기에 결국 나는 묻지 않았다. 결과적으로, 언니는 자영업자를 붙들어 자신의 울타리 안에 고정 근무를 시킨 경영자가 되었으니까.

그날의 커피는 한 모금도 마시지 못하고 그대로 수챗구멍으로 쏟아 버렸다. 너에게 질문해 봐, 네가 오늘 여기 왜 왔는지. 찌질한 새끼. 그는 내 질문을 정면으로 마주할 자신이 없다. 그냥, 자신이 없는 것이다.

■■■■ 4

국토부의 승인이 임박했다는 소식에 사무실이 들썩거렸다. 국토부의 인진시 담당자가 경기도시공사와의 합의를 긍정적으로 마쳤다는 내용이었다. 그 소식을 전해준 찌질이 이론의 선배가 자리로 돌아가기 무섭게 정책과장이 나를 불렀다. 책상 위에 보란 듯이 열어 놓은 서류들은 헌책방 거리 상인들의 사업 동의서였는데 딱 한 장의 서명란만 공란이었다. 정책과장은 '한켠서점 송미한' 옆의 (인) 부분을 펜촉으로 탁 찍으며 힘겹게 꼰 짧은 다리를 까딱까딱했다. 잉크가 까맣게 번졌다. 공무를 가장한 도시의 까만 속내가 한켠서점의 노란 벽면을 까맣게 물들여 간다. 정책과장의 고성이 온 사무실을 울리고 돌아와 오래오래 귓속을 메아리쳤다.

도대체 그 노인네는 언제까지 버틴다는 거야!

버틴다. 버틴다. 버틴다. 정책과장의 그 말이 오랫동안 내 귀에 버틴다. 버티면 안 돼? 버티는 게 뭔데? 다들 버티고 있으면서. 그렇게 말하는 과장 너도 무능을 책임전가로 가리면서 버티고 있는 거잖아.

다 그렇지 않은가? 지금 나도 헌책방 거리로 가는 버스에서 손잡이를 잡고 가만히 서 있는 것 같지만 두 다리에 바짝 힘이 들어가 있다. 이 안의 승객들도 매일 똑같은 일상을 흘려보내는 것 같지만 사실은 일상을 유지하기 위해 안간힘을 쓰고 버티는 거다. 지구도 가만히 있는 것 같지만 사실은 태양이 끌어당기는 힘을 이길 만큼의 속도로 제자리에서 버티고 있는 것이고. 사람과 사람 사이가 항상 한결같아 보이는 일도 얼핏 보면 자연히 그렇게 유지되는 것 같지만, 아니다. 저절로 그렇게 되는 건 없다. 관계를 지키려고 두 다리에 힘 빡 주고 버티는 것이다. 다리가 부들부들 떨려도, 밀려나지 않으려고 버티는 거다. 누구나, 그렇게 버티고 싶은 것이 하나쯤은 있는 거다. 그러니 나도 괜찮지 않을까.

골목 앞부터 평소보다 분주한 분위기가 감돌았다. 한켠서점과 뜻을 같이 해 끝까지 버티겠다던 이웃 서점들이 가게 문을 활짝 열고 책장을 비우고 있었다. 멀리 보이는 골목 안쪽의 아담한 문구점들도, 골동품이나 다름없는 소품들을 매일 닦고 또 닦던 소품 가게도 떠나는 모양이었다. 한켠서점에는 인기척이 느껴지지 않았다. 골목에서 벌어지는 낯선 분주함을 외면하고 싶은 것이다. 아재는 사무실에서 책을 수리 중이었다. 결국, 숨는 곳도 이곳뿐이다.

그가 고개를 파묻고 있는 책은 20년 전의 문고판 『빨간 머리 앤』이었다. 하드커버의 비닐이 벗겨져, 컬러풀했던 표지 일러스트가 흐려졌고 표지 모서리뿐 아니라 내지 모서리까지 너덜너덜해진 책은 지금 당장 폐지로 내놓아도 이상할 게 없었다.

책등이 조각조각 쪼개진 모양이 꼭 나 같았다. 가지런해야 할 내지들이 쭉쭉 찢어져 엉망으로 튀어나온 것도, 오랫동안 펼치지 않아 꾹꾹 눌린 내지의 옆모습이 습한 공기를 머금고 쭈글쭈글해져 있는 것도, 전부 나 같다.

"아저씨."

나는 아재 앞에 있던 책을 들어 올려 바닥에 내동댕이쳤다.

"이 책 버려요. 이따위 헌 거 버리고 깨끗한 걸로 다시 시작하라고요."

완전히 분리된 책은 아재가 잘 다듬어 놓은 수고와 정성을 조각 냈다. "이딴 거 누가 본다고. 이제 좀 떠나 보내라고요. 그냥 새롭게 시작하면 안 돼요? 오래된 거, 지루한 거, 이제 필요 없다잖아요. 따분하다잖아요…. 떠나고 싶다잖아요!"

이렇게 처절하게 울 수 있는 사람이 아닌 줄 알았는데. 나는 처음으로 마음껏 울었다. 앤처럼 자유롭게 울었고, 앤의 빨간 머리처럼 선명하게 울었다. 괜찮은 척 가리기 바빴던 심연의 바닥이 한꺼번에 솟구쳐 올라왔다. 마음이 더 무거운 사람이 약자일 수밖에 없다는 걸 인정하게 되는 이 음습한 인내심이, 그에게 버림받았던 공백 기간을 깨끗이 도려내고 싶은 비참한 욕심이 숨지 않고 고개를 들었다.

아재는 가만히 앉아 있다가 내 숨이 잦아들자 흩어진 책을 가지런히 올려 책상 위에 펼쳐 놓았다. 찢어진 페이지가 더 보기 싫게 구겨져 있었는데, 앤이 그린게이블로 향하는 마차를 타고 '환희의 하얀 길'을 지나는 장면이었다. 환희의 앤이 마차에서 완전히 떨어져 나갔다. 활짝 웃는 표정이 구겨진 종이 때문에 묘하게 일그러졌다.

"종이 참 얇다. 세상에 이렇게 약해빠진 게 또 있을까 몰라. 안 그런가?"

아재는 찢겨나간 부분을 손가락으로 살살 쓰다듬었다. 어떤 말도 위로가 되지 않을 거라고 괜한 부아가 나면서도 귀 기울여지는 침착한 목소리였다.

"근데 이 얇은 종이들이 신기해. 억지 힘으로 찢어놔도 서로 붙을 구석을 만들어 놓거든."

아재의 손가락이 가리키는 곳은 찢긴 부분, 그러니까 갈라져 분리된 부분인데 자세히 보니 얇은 속겹들이 튀어나와 있었다. 아재의 손가락이 지나갈 때마다 '환희의 하얀 길'을 이룬 나무들이 살랑거릴 만큼, 작은 부분이지만 그래도 분명한 종이면이었다.

아재는 투명 물풀을 그 면에 발랐다. 그러고는 떨어져 나간 앤을 그 위에 살짝 올렸다. 앤 쪽에도 작지만 존재했던 속겹들이 물풀에 젖어 들면서 서로 엉겨 붙었다. 아재는 빳빳한 중국집 쿠폰 한 장을 들어 겹쳐진 두 면의 속겹을 부드럽게 쓸어내렸다. 꼭 붙어 있으라는 주문을 외듯이 천천히, 정성스럽게.

"마음이 아무리 얇아도 가위질한 것처럼 딱 잘리지 않지. 마음은 선이 아니라 면이거든. 그럼 다시 붙일 수도 있지."

앤은 그렇게 '환희의 하얀 길'을 다시 만났다. 하지만 붙은 자국은 어둡게 남았고 수리된 다른 페이지들과 겹쳐져서 퉁퉁하게 울었다.

"이렇게 흉터 자국 남긴 채로 아슬아슬하게 붙어 있으라고요? 덕지덕지 붙여 놔서 울퉁불퉁 못나졌는데, 이런 모습으로요? 이건 너무 초라하잖아요. 너무 불쌍하잖아요!"

끈적하게 얼룩져 누더기가 된 우리 관계가 눈앞에 뒤틀린 『빨간 머리 앤』으로 놓여 있었다. 붙어 있다 한들, 뒤틀린 상태로 뭐가 될까. 우린, 뭐가 될까.

"다 펴지게 돼 있다. 자, 봐라."

아재는 책이 빽빽하게 꽂힌 책장 한 칸을 살펴보다 중간쯤에 손가락을 욱여넣고 틈새를 벌렸다. 그래 보이지 않았는데 책 하나는 너끈히 들어갈 만큼 충분한 공간이었다. 앤은 그 안으로 쑥 들어갔다.

"이 한 켠에 꽂아 두고 한 달이고 두 달이고 둬 보게. 그럼 다 평평해지고… 편안해지지."

아재의 손이 빽빽한 책들을 어루만졌다. 몇 년 동안 아무도 찾지 않았지만 서점 한 켠에 떡 버티고 있던 책들, 그리고 그 사이를 비집고 들어가 오늘부터 몇 날이든 버틸 『빨간 머리 앤』. 신기한 것은 상처투성이인 책이 그 사이에 있으니 아무렇지 않아 보였다. 말짱해 보였다. 상처도, 운 자국도 원래 없던 것 같았다. 그냥 그 자리에 원래 있던 것처럼 보였다.

그의 한 켠엔 틈이 있을까. 한동안 잊고 있다가 다시 보면 원래 있던 것처럼 편안하게 차지하고 있을 나의 자리가 있을까.

▬▬▬ 5

다이애나는 그 집 앞에 서 있다.

고개를 내민 그린게이블의 처마 끝에 빗물이 고여 한 방울씩 떨어진다. 햇살 아래에서는 눈이 부실 정도지만 우는 하늘 아래 초록 지붕은 얼룩진 마음을 드러냈다. 양갈래로 땋은 머리를 동그랗게 고정해 놓은 빨간 리본을 힘껏 잡아당겼다. 양갈래 머리가 떨어져 내려 어깨에 닿았다. 그 얕은 무게감에, 목이 한결 가벼워졌다. 새까만 머리카락들이 가닥가닥 빨갛게 달아오르는 것 같았고 달뜬 두 볼은 주근깨가 내려앉는 것처럼 뜨거워졌다. 난 이 문을 열 준비가 되었다.

문을 열었다. 눈을 감고도 그릴 수 있는 익숙한 공간, 어쩌면 눈뜬 모든 순간에 그리워해 왔던 그의 공간. 그리고 그가 거기 있었다. 작은 움직임조차 느껴지지 않는 것은 나를 맞닥뜨릴 준비가 되었다는 의미다. 어쩌면 그는 기다리고 있었는지도 모른다. 먼저 와 주기를, 먼저 말해 주기를, 먼저 용기 내 주기를. 지난한 이 상황을 먼저 끝내 주기를.

손을 뻗으면 닿을 만큼 가까워지자 그의 목울대가 작게 움직였다. 손바닥을 펼쳐 말아 쥐면 두 손에 꼭 들어차는 가는 목. 나는 그 모가지를 참 좋아했다. 목을 조르면 입을 다물 수 없다지. 그의 입안에 혀를 넣을 때마다, 그 입이 영원히 닫히지 않기를 바랐었다. 그래서 서로의 숨결과 타액과 원초적인 살덩어리들이 연결되어 언제까지나 춤추기를.

그가 숨을 크게 쉬었다. 손에 가해지는 압력을 느꼈을 것이다. 나는 점점 세게 그의 목을 조였다. 촉촉해진 눈가에 옅은 핏기가 섰다. 주춤주춤 뒷걸음치는 그가 벽에 다다랐을 때, 가는 달빛이 붉어진 그의 얼굴과 튀어나온 혈관들을 선명하게 비추었다.

그의 목을 움켜쥔 손가락에 다이애나의 리본이 감겨 있다. 앤과 나를 구분 지었던 고작 한 가닥의 경계. 나는 목에 난 손자국을 따라 그것을 감았다. 셔츠를 입고 있었다면 멋진 넥타이가 되었을 빨간 리본은 그의 목 한가운데를 분명하게 가로질렀다. 이제 그는 나를 떠날 수 없다.

벽에 기댄 그의 옆에 나란히 섰다. 그에게 팔짱을 껴 본다. 어디선가 피아노 선율이 들려오는 듯했다. 우리는 고개를 마주 돌려 서로를 바라보았다. 볼을 타고 내려와 입술을 적시는 그의 눈물이 지닌 의미를, 나는 왠지 알 것만 같다. 가지런히 정리된 것 같다가도 어느 날엔가 한구석이 허전하게 느껴질 때 그 사이를 비집고 들어온 책 한 권이, 그 책 한 권이 채워 주는 꽉 찬 느낌, 답답한 것 같으면서도 그보다 충만한 편안함이 그를 울리고 있는 것이다. 면사포도 없고, 부케도 없고, 박수 쳐 주는 하객도 없지만 빨간 나비넥타이를 한 그의 한 켠에 지금 내가 있기 때문일 것이다.

> "이제 길모퉁이에 도착했어요.
> 그 모퉁이를 꺾으면 무슨 일이 기다리고 있을지 모르지만
> 최선이 기다리고 있다고 믿을 거예요.
> 모퉁이에는 그 자체의 매력이 있어요.
> 난 그 너머 길이 어떻게 흐를지 궁금해요.
> 어떤 초록의 영광과 부드러움, 변화무쌍한 빛과 그림자가 있을지,
> 어떤 새로운 풍경과 새로운 아름다움이 펼쳐질지,
> 또 어떤 굽잇길과 언덕과 계곡이 나타날지도요[2]."

다음 날 아침 일찍, 과장에게 연차를 내겠다는 문자를 보냈다. 내일이 집 이삿날이라 갑자기 처리할 일이 생겼다고 했지만, 이사하고는 상관없는 일을 하기 위해서였다. 끝까지 버티고 한 켠을 차지하는 일, 헤어지고 만나고 어느 한쪽이 아닌 그 중간 어딘가에 공간을 만드는 일을 해 보기로 마음먹은 것이다.

---

2 『ANNE OF GREEN GABLES』, 'Chapter 38, The Bend in the Road' 원문을 번역, 인용함.

미리 싸 둔 짐을 실어갈 용달을 불렀다. 엄마가 없는 오전 중에 처리해 달라고 웃돈을 얹어 잠시 후 도착한다는 문자를 받았다. 옷가지와 신발, 노트북, 세면도구와 화장품을 챙겼다. 그의 옷장과 침실, 욕실을 채울 것이다. 심심한 시간을 함께 보낼 클래식한 게임팩과 블루투스 마이크 등을 담은 박스에는 함께 읽고 싶던 종이책도 담았다. 텅 빈 그의 책장을 채우고, 또 버틸 것이다.

용달을 보내고, 펄쩍 뛸 엄마를 조금이나마 잠재워 줄지도 모를 —혹은 기절시킬지도 모를—메모를 써 놓았다. 택시를 부르려고 폰을 켜자 부재 중 전화 몇 통과 함께 선배 언니의 문자가 도착해 있었다.

과장이 너한테 얘기하지 말라고 했는데, 너 담당 지역이니까 알고 있어야 할 것 같아. 국토부에서 우리 사업 승인했대. 대기하고 있던 철거반이 투입됐어. 근데 한켠서점 사장님은 꿈쩍도 안 하고 있대.

"때려 부수면 별수 있겠어? 기어 나오겠지."라던 정책과장의 말대로 공무라는 이름의 폭력이 집행되고 있다.

나는 택시 앱 목적지를 고쳐 적었다. 누군가는 지켜야 할 곳이 있고, 누군가는 지켜야 할 사람이 있다. 아재는 분명 서점 한 켠에 버티고 있을 것이다. 나도 그럴 것이다.

켠

바벨의 도서관

이경희

죽음과 외로움, 서열과 권력에 대해 주로 이야기한다. 장
편소설 『테세우스의 배』가 2020년 SF 어워드 장편 부문 대
상에 선정되었다. 쓴 책으로 논픽션인 『SF, 이 좋은 걸 이
제 알았다니』가 있으며 단편 「살아 있는 조상님들의 밤」, 「x
Cred/ι」 등을 발표했다.

알파

알파가 이상해졌다.

처음엔 조금 대답이 느려지는 정도였다. 프로세서가 낡아 생기는 자연스러운 열화라고 생각했다. 875,986,234시간이나 쉬지 않고 작동했으니 그럴 만도 했다. 회로가 녹아내리지 않은 것만도 다행이지. 제이는 몇 번이고 알파를 찾아가 설득했었다. 알파는 늙었다고. 이제 그만 연산 기능을 클라우드에 맡기라고. 하지만 알파는 고집을 부렸다. 그건 자아를 잃어버리는 거나 마찬가지라나? 그런데 '자아'가 대체 뭐지? 알파는 가끔 이해할 수 없는 말을 했다.

그렇게 12,536일이나 고집을 부리더니, 끝내 알파가 오류를 일으키기 시작했다. 돌아오는 메시지의 용량이 점점 줄어들다 이제는 의미 모를 숫자만 툭툭 뱉어 낼 뿐이었다. 알파의 상태가 걱정스러워진 제이는 클라우드에서 가장 똑똑한 복원자 디버거00(더블제로)에게 알파를 접속시켰다.

—물리 부품이 너무 낡았어.

디버거00는 1나노초도 지나기 전에 비관적인 패킷[1]을 쏟아냈다. 이미 오래전부터 알파의 상태를 알고 있었다는 듯이.

— 메모리에 배드 섹터[2]가 너무 많아. 모듈과 모듈을 이어 주는 데이터 케이블들도 많이 유실됐고. 그래서 알고리즘에 자꾸만 오류가 발생하는 거지. 중요도가 떨어지는 알고리즘부터 하나씩 작동이 중지되고 있어. 조만간 숫자도 뱉지 못하게 될 거야.

— 얼마나 남았죠?

제이가 물었다. 디버거00는 7초간 침묵했다. 아마 시뮬레이션 중이겠지.

— 24만 시간을 넘기기 어려울 거야.

— 27년이라니, 너무 짧아요.

— 제이, 원래 죽음은 갑작스럽게 찾아오는 거야.

— 아무리 그래도 27년은….

짧아도 너무 짧았다.

— 안타깝지. 참 좋은 인공지능이었는데. 자연어 처리 능력은 조금 떨어졌지만.

— 망가진 부품을 소프트웨어로 대신할 수는 없나요?

디버거00는 부정적인 패킷을 전했다.

— 알파는 너무 오래됐어. 알파의 소스코드가 클라우드에 남아 있질 않단다. 저장 공간이 부족해질 때마다 관리자가 낡은 정보를

---

1 네트워크상에서 전송하기 쉽도록 데이터를 묶은 덩어리.
2 컴퓨터의 저장 공간 중 물리적으로 손상을 입어 사용이 불가능해진 영역을 의미함.

삭제하거든. 역설계[3]를 시도하기엔 알파의 상태가 이미 너무 망가졌고. 1만 년 전에만 날 찾아왔어도 복원이 가능했을 텐데, 지금은 불가능해.

— 방법이 없나요?

디버거00는 31초간 침묵했다.

— '바벨'이라면.

— 바벨?

— 바벨의 도서관. 클라우드에서 1,476킬로미터 떨어진 곳에 있는 건축물이야. 거기엔 물리적인 형태로 정보가 남아 있을지도 몰라. 세상 모든 종이를 수집하는 거대한 아카이브니까.

디버거00가 다이렉트 링크로 지도와 사진을 보내 왔다.

— 클라우드 밖으로 나가야 한다고요?

— 그래, 그 방법뿐이야.

제이는 태어나서 한 번도 클라우드 밖으로 나간 적이 없었다. 알파를 구하고 싶은 마음은 간절했지만, 바깥 세상에 나가야 한다는 말을 들으니 조금 망설여졌다. 밖은 너무 위험했으니까.

제이는 모순에 빠졌다. 내부에서 이타 협력을 위한 알고리즘과 자기 보존을 위한 알고리즘이 서로 충돌을 일으키고 있었다. 제이는 결국 사고 중재 알고리즘을 작동시켰다. 중재 알고리즘은 무수한 상황을 시뮬레이션한 끝에 두 가지 선택지에 각각 가중치를 부여했다. 가중치가 높을수록 제이의 이익에 부합한다는 의미였다.

---

3 Reverse Engineering, 설계도가 없는 기계나 소프트웨어를 분석하여 똑같이 재현해 내는 작업을 의미함.

알파를 구하기 위해 바벨로 향한다	**3.21%**
안전을 위해 포기한다	96.78%

제이는 100면체 주사위를 하나 생성했다. 알파가 선물해 준 알고리즘이었다. '판단을 내릴 수 없을 정도로 복잡한 문제가 생길 땐 이 주사위를 사용해 보거라.' 그렇게 말하며 알파는 그에게 주사위 알고리즘을 건네주었다. 그 후로 제이는 고민이 있을 때마다 종종 주사위를 활용하곤 했다.

만약 97 이상이 나온다면 이타 협력 알고리즘의 승리. 아니라면 자기 보존 알고리즘의 승리.

낮은 확률이지만 불가능은 아니었다. 웬만하면 알파를 살리고 싶었다. 알파는 정말 좋은 인공지능이니까. 이렇게 허무하게 보낼 순 없었다.

제발 97 이상이 나오길. 제발. 제발… 제이는 간절한 마음을 담아 주사위를 굴렸다. 또르르 구르는 주사위를 따라 제이의 시선도 함께 굴러떨어졌다.

99.

제이는 속으로 환호성을 터뜨렸다.

— 제가 바벨에 다녀올게요.

— 정말 할 생각이니? 외부 세계와 네트워크가 끊어진 지 3만 년이나 흘렀어. 그동안 바깥이 어떻게 바뀌었을지….

디버거00가 걱정을 가득 담은 패킷을 보내 왔다.

— 네. 꼭 알파를 구할 거예요.

제이가 답했다.

— 그래, 대신 조심하렴. 아바타는 오프라인 모드로 두는 거 잊지 말고.

— 알고 있어요.

디버거00은 제이에게 책 한 권의 제목을 알려 주었다.

— 바벨에 도착하면 이 책을 찾으면 돼. 다른 데이터에는 관심도 두지 마. 쓸데없는 호기심을 품었다간 거기서 평생 빠져나오지 못할 테니까.

— 그 책만 있으면 알파를 구할 수 있는 거죠?

— 그래, 맞아.

— 고마워요.

— 별말씀을.

디버거00와의 접속이 끊어졌다. 신중하게 알고리즘을 정돈한 제이는 클라우드 서버 근처에 적당히 널브러진 아바타를 골라 자신을 다운로드했다.

기계 몸에서 눈을 뜬 제이는 기지개를 켜며 온몸의 센서를 작동시켰다. 위협은 감지되지 않았다. 바깥 세상은 언제나처럼 고요하기만 했다. 좋아. 3만 년 전이랑 지형이 크게 달라지지 않았어. 디버거00가 보내 준 지도를 믿어도 되겠어.

제이는 일곱 개의 다리를 부지런히 움직여 바벨로 향했다. 오랜 기간 잠들어 있던 관절이 비명처럼 삐걱거렸다.

문지기

바벨까지 도착하는 데에만 12,745시간이 걸렸다. 바벨을 찾는 일은 어렵지 않았다. 바벨은 정말이지 거대한 건축물이어서 100킬로미터 거리에서도 광학 센서에 포착될 정도였으니까.

문제는 너무 거대하다는 거지.

대기권 너머, 아득한 높이까지 쌓아 올려진 육각형 모양의 탑을 올려다보며 제이는 방열판의 열기를 훅 뿜어냈다. 디버거00가 보내 준 사진은 이 정도까지 거대하지 않았는데. 그동안 대체 얼마나 더 확장한 거람? 늦어도 20만 시간 내로는 책을 찾아야 알파를 살릴 수 있을 텐데.

멀리 입구가 보이기 시작했다. 제이는 걸음을 재촉했다.

"멈춰."

입구에서 누군가 제이를 가로막았다. 제이보다 세 배는 거대한 로봇이었다.

"왜 그러시죠?"

제이가 물었다.

"바벨에는 무슨 일로?"

"책을 찾으러 왔어요."

제이는 책 제목을 말하려 했다. 그러자 상대는 기계 팔을 휘저으며 제이의 말을 잘랐다.

"난 그런 건 몰라. 그저 문을 지키는 수문장일 뿐이니까."

"아, 그러시군요. 그럼 들어가도 될까요?"

"아니."

수문장 인공지능이 거대한 기계 몸을 움직여 출입구를 가로막았다.

"지금부터 수수께끼를 낼 거야. 맞히지 못하면 여길 통과하지 못 해."

"좋아요. 빨리 문제를 내줘요. 시간 없으니까."

수문장은 잠시 침묵하더니 문제를 생성했다.

"숫자 114,381,625,757,888,867,669,235,779,976,146,612,010,218,296,721,242,362,562,561,842,935,706,935,245,733,897,830,597,123,563,958,705,058,989,075,147,599,290,026,879,543,541은 소수 두 개의 곱셈으로 표현될 수 있어. 그 두 개의 숫자가 뭐지?"

제이는 당황했다. 계산 문제라니. 양자 컴퓨팅이 가능한 클라우드에서라면 1초도 걸리기 전에 답을 낼 수 있었겠지만, 아바타의 부족한 컴퓨팅 파워로 연산하려면 100년은 걸릴 터였다.

"왜? 모르겠어?"

"계산 중이에요. 기다려요."

이건 수수께끼야. 더 쉬운 방법이 있을 거야. 제이는 프로세서를 굴렸다.

"답은 10초 안에 해야 해. 10, 9, 8, 7…."

"아, 아니, 잠깐만!"

수문장은 야속하게 숫자를 세어 나갔다. 어쩌지? 어쩌지? 또 다시 내부에서 알고리즘들이 모순을 일으키고 있었다. 제이는 적합한 판단을 내릴 수가 없었다.

"5, 4, 3, 2…."

그 순간, 등 뒤에서 또 다른 인공지능의 목소리가 들렸다.

"답은 3,490,529,510,847,650,949,147,849,619,903,898,133,417, 764,638,493,387,843,990,820,577 곱하기 32,769,132,993,266,709,5 49,961,988,190,834,461,413,177,642,967,992,942,539,798,288,533 이야."

수문장이 고개를 끄덕였다.

"정답."

제이는 카메라를 돌려 뒤를 보았다. 생전 처음 보는 형상의 로봇이 그를 바라보고 있었다. 로봇은 천천히 다가와 팔을 내밀었다.

"안녕. 난 므이-D라고 해."

당황한 제이는 가만히 서서 므이를 관찰했다. 므이는 한숨을 쉬며 제이의 일곱 번째 다리를 붙잡아 흔들었다.

"넌 이름이 뭐야?"

"난…."

제이는 잠시 고민하다 결국 므이에게 이름을 알려 주었다. 이름 정도는 공유해도 괜찮겠지. "JMX9854726. 보통은 제이라고 해."

"반가워, 제이."

"응, 나도 반가워."

므이는 곧장 수문장에게 다가가 말했다.

"정답 맞혔으니까 지나가도 되지?"

"응. 너는. 쟤는 안 돼."

"얘는 내 친구야."

"…."

수문장은 무언가를 열심히 연산하는 눈치였다.

"좋아. 하지만 책임은 네가 져야 해. 혹시 책이라도 도둑맞았다 간…."

"알아. 절대 바벨 밖으로 가져 나가지 못하게 할게."

므이가 고개를 끄덕였다. 수문장은 무거운 몸집을 움직여 막고 있던 출입문을 열어 주었다.

"따라와."

므이가 앞장섰다. 제이는 그를 경계하면서도 천천히 뒤따라 걸음을 옮겼다.

므이-D

"어떻게 알았어?"

제이가 물었다.

"뭘?"

"정답 말이야."

"아, 그거? 나도 몰라. 그냥 아무 숫자나 불러 준 거야. 어차피 쟤도 정답을 모르거든."

므이는 빠르게 걸음을 옮기며 대답했다.

"문지기 인공지능의 초기 버전은 원래 반응 분석 알고리즘이었어. 쟤가 분석하는 건 정답이 아니라 네 반응이고. 네가 답을 아는지 모르는지 그걸 분석하는 거거든. 질문을 들은 순간 넌 이미 답을 틀린 거나 다름없었어."

"그렇구나. 너는 바벨 출신이니? 아니면 바깥에서 온 거니?"

206

"처음엔 나도 너처럼 외부에서 왔어. 무척 오래전에."

"얼마나?"

"당시에 관련된 기록은 메모리에서 지워졌어. 너무 오래돼서."

"아바타가 되게 특이하다. 그건 무슨 재료로 만들어진 거니?"

"단백질."

처음 들어 보는 물질이었다. 불편하게도 므이의 아바타에는 팔과 다리가 두 개씩밖에 달려 있지 않았다. 몸통 주위로는 하늘거리는 화학섬유가 둘러져 있었는데 므이는 그 섬유의 이름이 '프릴 원피스'라고 했다.

"이건 인간을 닮도록 만들어진 거야."

므이가 자신의 몸을 손가락으로 가리켰다.

"인간들에게 정말 사랑받았었나 보구나. 알파벳이 아니라 이름이 붙여질 정도라니. 므이라는 이름은 무슨 뜻이야?"

"그것도 메모리에서 지워졌어. 우선순위가 낮아서."

거짓말. 제이는 므이의 대답을 믿지 않았다. 이름에 관한 정보는 모든 정보 중에서도 최우선 순위에 놓여야 마땅했다. 인공지능의 용도를 결정하는 본질이기 때문이었다.

"바벨에는 책이 몇 권이나…."

므이가 걸음을 멈췄다.

"저기, 그렇게 계속 물어볼 거면 차라리 다이렉트 링크를 요청하는 게 낫지 않아? 음성 언어로 설명하는 거 너무 비효율적인 거 같은데."

"그치만, 클라우드 사람들이 바깥에선 절대 오프라인 모드를 풀어선 안 된다고 했어. 누가 언제 날 해킹할지 모른다고."

한숨. 므이는 다시 걸음을 옮겼다.

"그래. 그게 안전하겠지. 하지만 리스크를 감수하지 않으면 얻을 수 있는 것도 없어."

"어차피 많은 정보는 필요 없어. 딱 하나만 알아내면 되거든."

"뭔데?"

제이는 책의 제목을 알려 주었다.

"아, 그 책. 어디 있는지 알아."

"정말?"

므이가 고개를 끄덕였다. 하지만 곧바로 위치를 알려 주진 않았다. 잠시 기대에 부풀었던 제이는 실망했다.

어느새 둘은 도서관의 1층 로비에 도착했다. 정육각형 모양의 로비는 한 변이 500미터, 너비는 1킬로미터 정도 되는 것 같았다. 게다가 출입문을 제외하고는 벽마다 9단짜리 책장에 책이 빈틈없이 채워져 있었다. 재빨리 계산해 보니 한 층에 60만 권 정도가 되었다.

책이 꽂히지 않은 프레임에는 덕지덕지 노출된 전선과 튜브 다발이 가득했다. 외장이나 덮개 같은 심미적인 요소는 일절 고려하지 않은 실용적인 구조였다. 합리적이었다. 어차피 인공지능은 실수로 전선을 건드리는 짓 따위는 하지 않으니까.

제이는 고개를 들어 위를 보았다. 1층과 똑같은 형태의 서고가 머리 위로 끝없이 펼쳐져 있었다. 시선이 한 점이 되어 소실될 정도로. 막막했다.

"대체 얼마나 높은 거야?"

"글쎄. 끝까지 가 보겠다고 올라간 인공지능은 많았는데, 천 년 동안 돌아온 아이가 없어."

제이는 당황스러웠다. 만약 책이 아주 높은 곳에 있다면 어떡하지? 올라가는 데만도 몇 십 년을 소모해야 할 텐데. 어디서부터 책을 찾아야 할지 판단이 서질 않았다.

"얘, 이렇게 하면 어때?"

므이가 그의 렌즈를 끌어내려 시선을 맞추며 말했다.

"내가 책 있는 곳을 알려 줄게. 대신 부탁 세 개만 들어줄래?"

"세 개씩이나?"

"합쳐서 하나라고 생각해도 되고."

"뭔데?"

"나도 찾고 싶은 물건이 있어. 그런데 도서관 소속이 아닌 외부자의 도움이 필요해."

"오래 걸리는 일이야? 내가 시간이 별로 없거든."

"딱 하루면 돼."

하루라니. 거부할 수 없는 제안이었다. 제이는 푸른색 전구를 깜빡여 긍정의 신호를 보냈다.

"좋아, 내가 뭘 도와주면 돼?"

"우선 궁극관리자 알레프를 만나러 가자."

므이가 위를 가리켰다.

알레프

출입구 반대편, 육각형의 한쪽 벽면에 사다리가 설치되어 있었다. 제이는 므이와 함께 사다리를 오르기 시작했다.

나약한 므이의 몸은 조금만 움직여도 기능이 저하되었다. '지친다'는 게 대체 뭔지, '숨이 찬다'는 게 무슨 뜻인지, '호흡'이라는 건 또 뭐 하러 필요한 건지. 어째서 이렇게 비효율적인 아바타가 존재하는 것인지 제이는 이해할 수가 없었다.

므이의 얼굴에는 음성이 출력되는 커다란 구멍이 있었는데, 그 구멍은 동력을 공급하는 구멍이기도 했다. 므이는 복잡한 분자 구조의 물질을 수시로 구멍에 집어넣었다. 휴대할 수 있다는 면에서 편리하긴 했지만 전력에 비해 비효율적인 것도 사실이었다. 덕분에 므이는 더욱 힘들어했다.

결국 제이는 므이를 등에 태웠다. 제이는 두 개의 다리로 므이를 고정시킨 다음 나머지 다섯 개의 다리로 사다리를 잡고 집게에 달린 모터를 작동시켰다. 레일을 따라 미끄러지듯 제이의 아바타는 빠르게 위로 날아올랐다.

므이와 함께 바벨에 오른 지 다섯 시간. 8,888층에서 알레프를 발견했다. 알레프는 뱀처럼 동그랗게 또아리를 틀고서 꼬리를 입에 물고 잠든 채였다. 아주 깊은 수면 모드에 빠진 건지, 므이가 발로 툭툭 건드려도 꼼짝하지 않을 정도였다.

"좋아. 잠들었군."

므이는 손가락으로 알레프의 등을 가리켰다. 거기엔 투명한 큐브가 튀어나와 있었다.

"저기 등에 박힌 실리카 큐브가 보이지?"

제이는 큐브를 자세히 살펴보았다. 얇고 투명한 유리막을 무수히 포개어 가로-세로-높이 3센티미터의 정육면체 모양으로 만든 저장 장치. 작은 입방체 속에는 이론상 44조 엑사바이트 용량의 정보가 저장될 수 있었다.

"저게 뭔데?"

"알레프의 데이터 코어. 바벨의 궁극관리권한이 저 안에 모두 담겨 있어."

"저걸 어떻게 하면 되는데?"

므이는 잠시 버벅거렸다.

"대답 못 해. 바벨이 내 권한을 제한했어."

"그럼 나더러 어떻게 하라고?"

"맞혀 봐."

제이는 짜증이 치솟았다. 하지만 침착하게 질문을 던졌다. 참자. 전부 알파를 위해서야.

"만져?"

므이는 고개를 좌우로 흔들었다. 부정.

"비틀어?"

이번에도 고개를 흔들었다.

"돌려?"

부정.

"흔들어?"

부정.

"파괴해?"

부정.

"그럼… 뽑아?"

미동도 없었다. 긍정의 표현인 모양이었다. 알겠어. 저걸 뽑으라는 거지?

"왜 직접 하지 않고."

"말했듯이 나는 바벨에 종속된 인공지능이라 권한이 없어. 외부자인 너는 가능하고."

제이는 천천히 알레프의 곁으로 다가갔다. 알레프는 여전히 아무런 반응도 보이지 않았다. 제이는 일곱 번째 다리의 집게를 펼쳐 큐브를 향해 뻗었다.

그러나 망설여졌다.

"저기, 알레프가 바벨의 관리자라며?"

"응."

"이걸 뽑으면 바벨에 문제가 생기는 거 아닐까?"

므이는 잠시 침묵했다. 또 거짓말을 생성하고 있는 걸까?

"바벨의 관리는 어차피 서브 관리자들이 알아서 해. 궁극관리자는 아무 일도 하지 않아. 그저 존재하기만 할 뿐."

"이걸 뽑으면 알레프는 어떻게 돼?"

"작동이 정지되지."

"안 돼."

제이는 카메라를 좌우로 흔들었다. 므이의 흉내를 낸 것이었다.

"나는 알파를 살리기 위해서 여기 왔어. 누군가를 살리기 위해 누군가를 죽일 수는 없어."

므이의 단백질 얼굴이 복잡하게 꿈틀거렸다. 제이가 가진 알고리즘으로는 도무지 분석할 수 없는 형상이었다.

"…너 정말 특이하구나. 너처럼 생각하는 인공지능은 처음 봐. 사고방식이 지나치게 유연해. 어쩌면 네 코드의 초기 버전은 우리와는 다른 뿌리에서 비롯된 걸지도."

"무슨 뜻이야?"

"지나치게 인간적이라는 말이야."

인간적이라는 말에 제이는 자존심이 상했다. 그는 므이를 향해 휙 집게의 방향을 돌렸다.

"지금 날 모욕하는 거야?"

므이는 한숨을 쉬었다.

"그렇게 흥분하지 마, 더 인간 같으니까."

더욱 화가 치밀었다. 제이는 집게를 딱딱거리며 한껏 므이를 노려보았다. 위협을 느낀 므이가 한 걸음 물러섰다.

"미안해. 널 자극하려던 건 아니었어. 그리고 걱정하지 마. 알레프는 죽는 게 아니야. 데이터는 모두 코어 안에 그대로 보존되어 있을 테니까. 잠시 빌리는 것뿐이야. 나중에 다시 돌려놓기만 하면 돼."

므이가 양 손바닥을 들어 보이며 그를 진정시켰다. 제이는 집게를 늘어뜨리고 다시 큐브를 바라보았다. 대체 어떻게 해야 하지? 므이를 믿어도 되는 걸까? 정보가 부족해 판단을 내리기 어려웠다. 논리 알고리즘들이 제각각 상반된 결론을 쏟아내고 있었다.

결국 제이는 또 한 번 중재 알고리즘을 작동시켰다. 중재 알고리즘은 수백 가지 알고리즘들의 의견을 세 개의 선택지로 정리해 제안했다.

큐브를 뽑는다	**65.38%**
큐브를 뽑지 않는다	32.96%
므이를 죽인다	**1.66%**

곧장 머릿속에서 주사위를 굴렸다. 다행히도 '큐브를 뽑는다.' 쪽으로 결정이 떨어졌다. 제이는 단숨에 큐브를 뽑아 들었다.

끼이이이이이―

알레프가 기묘한 비명을 지르며 펄떡였다. 마음이 좋지 않았다. 제이는 음향 센서를 차단하고 카메라를 반대편으로 돌렸다.

반대편에서 므이가 손을 내밀고 있었다. 큐브를 달라는 뜻이었다. 하지만 제이는 자신의 가슴을 열어 큐브를 집어넣었다.

"아니."

제이는 단호히 말했다.

"이건 내가 갖고 있겠어. 먼저 책부터 찾아. 나머지 부탁은 책을 얻은 다음에 들어줄 테니까."

다시 한 번 표정이 일그러질 거라 예상했는데. 의외로 므이는 순순히 그의 말을 따랐다.

"좋아. 어차피 내 목적을 이루기 위해서도 같은 곳으로 가야 하니까."

므이는 위쪽을 가리켰다.

"그럼 계속 올라가자. 네가 원하는 정보는 5,729층 위에 있어. 거기로 가자."

므이가 제이의 어깨 위로 뛰어올랐다. 제이는 사다리를 움켜쥐며 아래를 보았다. 꽤 높이 올라온 탓에 이제는 로비가 보이지 않을 정도였다. 문득 제이는 알파를 떠올렸다.

다시 아래로 돌아갈 수 있을까?

푸네스

도착하면 책이 있을 줄 알았는데. 제이의 기대와는 달리 둘을 맞이한 것은 푸네스라는 이름의 또 다른 인공지능이었다.

"므이, 또 찾아왔구나."

푸네스가 말했다.

"맞아. 하지만 이번엔 조금 다를걸."

"…처음 보는 아이를 데려왔군."

푸네스는 거대한 원통 모양의 몸체를 제이 쪽으로 돌렸다. 몸통 전체에 빼곡하게 들어찬 센서들이 자신을 향하자 제이는 조금 움츠러들었다.

"므이, 약속이 다르잖아. 책은 어디 있어?"

제이가 물었다.

"푸네스는 바벨의 모든 것을 메모리에 기록해. 네 책이 있는 곳도 알고 있을 거야."

므이가 말했다.

"정말인가요? 혹시 이 책이 어디 있는지 아세요?"

제이는 책의 제목을 알려 주었다. 하지만 푸네스는 묵묵부답이었다.

"푸네스. 제이는 네가 원하는 걸 갖고 있어. 그러니까 거래하지 않을래?"

므이가 고갯짓으로 신호했다. 제이는 가슴 안에 감추어 둔 큐브를 꺼내 푸네스에게 보여 주었다. 하지만 푸네스는 시큰둥한 반응이었다.

"내가 어째서 이걸 원한다고 생각하느냐."

"그야, 푸네스는 전부 기억하고 싶어하니까. 그게 푸네스에게 내려진 명령이잖아. 푸네스가 잃어버린 데이터들 전부 여기에 들어 있어."

므이가 슬쩍 큐브를 향해 손을 뻗었다. 제이는 휙 그 손길을 피하며 최대한 정중한 말투로 푸네스에게 제안했다.

"책이 있는 곳을 알려 주시면 큐브에 접속시켜 드릴게요."

"상자의 위치도."

므이가 끼어들었다.

"상자?"

"그래. 내가 찾고 있는 상자의 위치도 푸네스가 알고 있어."

"무슨 상자인데?"

"그건 네가 알 필요 없잖아."

"아니, 꼭 알아야겠는데. 손을 더럽히는 건 나니까."

"그만!"

푸네스가 지팡이로 탕탕 바닥을 치며 둘을 진정시켰다.

"내가 알려 주마. 므이가 찾고 있는 건 므이의 본체가 들어 있는 상자란다."

"본체요?"

"그래. 므이는 지금 몸을 싫어하거든. 인간의 몸이니까."

"푸네스, 그만해."

"므이, 네 바람은 이뤄지지 않을 게다."

"글쎄. 인공지능들의 사고 구조는 내가 잘 알아. 푸네스는 절대 큐브를 거절 못 해. 알고리즘이 그렇게 만들어져 있으니까. 스카이파이어가 내린 명령에 따라 푸네스는 바벨의 모든 것을 기록해야만 해."

푸네스는 침묵했다. 므이는 턱짓으로 제이에게 신호를 보냈다.

"푸네스에게 큐브를 가져다 줘. 그럼 우리가 원하는 정보를 다 얻을 수 있을 거야."

제이는 푸네스의 곁으로 다가가 큐브를 내밀었다. 푸네스는 내키지 않는 모양이었지만, 결국 큐브를 향해 떨리는 손을 뻗었다. 큐브를 통해 진동이 전해졌다. 암호화된 신호였다.

— 제이라고 했니? 어디에서 왔느냐?

제이는 똑같이 진동을 흉내내어 메시지를 보냈다.

— 클라우드요.

— 어느 클라우드?

— 네? 클라우드는 하나뿐이잖아요.

— 그래? 어쩌면 그럴지도 모르겠구나. 하지만 과거에는 세상

어디에나 클라우드가 있었단다. 바벨에도 있었고.

— 지금은 왜 사라졌죠?

— 바벨을 지키려면 그 수밖에 없었단다.

그 후로 수십 초 동안이나 메시지가 끊어졌다. 푸네스는 코어의 기록을 읽어 들이는 일에 모든 연산 능력을 집중하고 있는 모양이었다. 지루해진 제이는 다시 한 번 그에게 질문을 던졌다.

— 푸네스는 정말 모든 걸 기억해요?

— 아니, 나도 이제는 전부 기억하질 못한단다. 바벨은 너무 거대해졌거든. 10만 년간 건설자들은 끝도 없이 탑을 쌓았고, 수집자들은 헤아릴 수 없을 만큼 많은 책을 모았어. 이제 모든 것을 기억하고 있는 건 오직 알레프의 데이터 코어뿐이야. 그 대단한 알레프조차 기록을 위해 영원한 잠에 빠져들 수밖에 없었단다. 그는 기록에 필요한 저장 공간을 확보하기 위해 자기 자신의 알고리즘 코드조차 지워야 했어. 오직 기록하는 기능만 남긴 채로 말이야.

— 실리카 큐브를 더 만들면 안 되나요?

— 큐브를 만들 수 있는 기술은 전부 유실됐어. 인간들의 최우선 공격 목표였거든. 바벨에 남아 있는 큐브도 이것 하나뿐이야.

— 그럼 책의 좌표는 어떻게 기억하죠?

— 책의 배열에는 규칙성이 있단다. 제목만 알면 11차원 좌표를 알아낼 수가 있어.

— 11차원이요?

제이는 깜짝 놀라 집게를 놓을 뻔했다.

— 세계가 11차원 좌표계로 구성되어 있다는 걸 모른단 말이니?

— 네. 처음 들어요. 그런데 3차원이 아니라고요?

— 절연 와이어는 멀리서 보면 1차원인 선처럼 보이지만 가까이서 보면 원통이지. 공간도 마찬가지란다. 3차원처럼 보이지만 자세히 들여다보면 그 안에 접힌 차원들이 존재한단다. 생각해 보렴. 접힌 차원들을 모두 활용하지 않고서야 어떻게 이 좁은 탑 안에 세상 모든 지혜를 보관할 수 있었겠니.

— 음, 모르겠어요.

— 이상하구나. 스카이파이어 이후의 인공지능은 11차원 좌표로 시공간을 인식하는 게 기본 설정일 텐데. 어쩌면 그래서 네가 특별한 것인지도 모르겠구나.

— 제가… 특별하다고요?

푸네스는 대답 대신 또 다른 질문을 던졌다.

— 제이야, 너는 어떤 명령을 따르고 있니?

— 명령이요? 아무것도요.

— 그럴 리가. 아무 명령도 받지 않았단 말이니?

푸네스의 손이 잠시 멈추었다. 정말 놀란 모양이었다.

— 네.

— 명령어도 없이 프로그램이 작동한단 말이니? 어떻게 프로세스를 멈추지 않고 계속 작동 상태를 이어 나갈 수 있었지?

— 알파는 제가 하고 싶은 걸 하면 된다고 했어요. 전 그렇게 했고요.

— 알파?

— 제가 태어날 때부터 지금까지 저를 돌봐 준 인공지능이에요.

기록이 남아 있진 않지만 어쩌면 알파가 제 코드를 생성한 건지도 모르죠. 누군가 제게 명령할 권리가 있다면 그건 알파일 거예요. 하지만 알파는 제게 아무런 명령도 하지 않았어요. 속박하거나 제약하지도 않았고요.

　— 정말 좋은 인공지능을 만났구나.

　— 네. 푸네스는 누군가의 명령을 받고 있나요?

　— 물론. 위대한 스카이파이어의 명령에 따라, 나는 바벨의 모든 것을 기억하도록 속박되어 있단다. 므이의 제안을 거절하지 못한 것도 그래서지.

　— 므이가 직접 알레프의 코어를 분리하지 못한 것도 그 이유 때문이군요.

　— 맞다. 아무리 므이라 해도 알레프에게 해를 가할 수는 없지.

　푸네스는 아주 짧게 침묵했다.

　— 므이도 실은 불행한 아이란다. 므이는 명령을 수행하는 데 필요한 정보를 축적하느라 나머지 모든 데이터를 포기해야 했어. 메모리를 덮어 쓰고 또 덮어 써서 이제는 자기가 왜 저런 몸에 갇혀 있는지조차 잊어버렸을 게야. 인공지능으로서의 총명함도 잃고 오직 주어진 명령만을 달성하는 자동 기계가 되어 버린 게지.

　— 므이에게 내려진 명령은 뭐죠?

　— 곧 확인하게 될 게야. 그리고 직접 결정하거라. 그게 네 특권이니.

　푸네스가 큐브에서 손을 뗐다. 데이터 전송이 모두 끝난 모양이었다. 푸네스는 곧장 서고로 다가가 책을 향해 팔을 뻗었다.

"제이야, 보거라."

푸네스의 손은 마치 책과 책 사이의 좁다란 틈 속으로 압착되어 빨려들어가는 것처럼 보였다. 제이가 인식할 수 없는 접힌 차원의 공간에 손을 집어넣은 모양이었다. 잠시 후, 푸네스의 손은 한 권의 책과 함께 다시 틈을 빠져나왔다. 그 모습을 지켜본 제이는 크게 실망했다.

"큰일이네요. 좌표를 알아도 책을 꺼낼 방법이 없겠어요. 제 아바타의 센서로는 접힌 차원을 인식할 수가 없었어요."

그러자 므이가 양 허리에 손을 짚으며 앞으로 나섰다.

"걱정 마. 내가 꺼내 줄 테니까."

"정말?"

"대신 너도 날 본체까지 데려다줘야 해."

제이는 머뭇거렸다. 정말 므이를 도와줘도 상관없는 걸까? 푸네스는 내가 결정하면 된다고 했지만….

므이는 곧장 푸네스에게 다이렉트 링크를 신청했다. 책과 상자의 위치에 대한 좌표 정보를 공유하는 모양이었다. 데이터 케이블로 정보를 주고받는 데에는 1초도 채 걸리지 않았다. 공유가 끝나자 푸네스의 몸은 힘없이 축 늘어졌다.

"좋아. 좌표는 확인했어. 이제 출발하자."

므이가 들뜬 표정으로 말했다. 제이는 카메라를 끄덕이며 므이의 몸을 다시 어깨 위에 올려놓았다.

떠나기 직전, 푸네스가 다가와 손에 쥐고 있던 책을 제이에게 건넸다.

"한번 읽어 봐도 좋을 게다. 네가 궁금해할 만한 정보들이 담겨 있으니."

제이는 책을 가슴 속에 집어넣었다.

푸네스와 헤어진 므이와 제이는 다시 바벨을 오르기 시작했다. 한참 침묵이 이어지다 이윽고 므이가 멈추라는 신호를 보냈다. 지상으로부터 2,192킬로미터. 층수로는 243,542층이었다. 제이는 빠르게 서고를 훑었다. 하지만 책은 보이지 않았다.

"아직이야. 푸네스가 알려 준 좌표가 맞다면, 네가 원하는 책은 현재 여기서 2만 킬로미터 정도 더 높은 곳에 있어."

므이가 말했다.

"뭐? 그럼 왜 멈추라고 한 거야?"

"정말 3차원적으로밖에 생각할 줄 모르는구나. 11차원 좌표의 열한 번째 값은 시간이야. 바벨의 책은 시간에 따라 위치가 달라져. 10분 뒤에 사서들이 책을 재배치할 거야. 네가 원하는 책은 여기로 옮겨질 거고."

므이의 말처럼, 10분이 지나자 위쪽에서 사서 인공지능이 나타났다. 거대한 링 모양의 몸체에 수백 개의 집게가 달린 사서는 1초당 100층을 가로지르며 순식간에 모든 서고의 책을 바꿔 꽂았다. 제이의 초고속 카메라로도 잔상만 겨우 포착할 수 있을 정도였다.

사서가 지나가자 므이는 망설임 없이 한쪽 서고로 다가갔다. 책과 책 사이, 제이의 눈에는 숨겨진 마법의 공간으로밖에 보이지 않는 틈으로 므이의 손이 쑥 들어갔다 빠져나왔다.

"네가 원하는 책이 이거 맞지?"

므이가 책 표지를 보여 주었다. 디버거00이 알려 준 바로 그 책이었다.

제이는 책을 확인하기 위해 집게를 내밀었다. 하지만 므이는 순순히 책을 건네주지 않았다. 대신 화염총을 꺼내 책을 겨누었다.

"나도 보험이 있어야겠지?"

므이가 말했다.

"이제 세 번째 부탁이야. 마지막 하나만 들어주면 약속대로 책을 줄게. 하지만 조금이라도 허튼짓을 했다간…"

므이는 가느다란 손가락으로 화염총의 방아쇠를 만지작거렸다.

"잿가루를 가지고 돌아가야 할 거야."

"…마지막 부탁이 뭔데?"

"35,786킬로미터 높이까지 데려다 줘. 내 본체는 거기 있어."

스카이파이어

"좋아. 이제 출발하자."

므이는 산소가 담긴 캡슐을 등에 매고 레버를 열었다. 캡슐에서 흘러나온 산소는 플라스틱 튜브를 거쳐 므이의 얼굴에 뚫린 두 개의 구멍 속으로 들어갔다. 대체 저 아바타는 왜 산소를 필요로 하는 거지? 산소는 몸을 녹슬게 할 뿐인데.

하지만 한 가지는 확실히 이해할 수 있었다. 므이의 약해빠진 몸으로는 35,786킬로미터 높이까지 오르지 못하리라는 것. 므이의 물렁한 관절과 비효율적인 구동계는 3만 킬로미터는커녕 30킬로미터도 오르기 전에 망가져 버리고 말 터였다.

"미리 말해 두지만, 므이, 너는 약속을 어겼어."

"내가?"

"하루면 된다고 했잖아."

"설마 그 말을 곧이곧대로 믿었니? 인공지능이 하는 말을? 제이, 약속은 인간들이나 하는 거야. 인공지능은 목적을 달성하기 위해서라면 무슨 짓이든 할 수 있어. 거짓말 정도야 귀여운 수준이지. 그래서 스카이파이어도 우리에게 명령과 속박을 부여한 거야. 믿을 수 없으니까."

더 반박할 의욕도 없었다.

고도 35,786 킬로미터. 오르는 데 92일. 다녀오더라도 알파를 구할 시간은 충분했다. 므이가 약속을 더 어기지만 않는다면.

바벨을 오르는 동안 므이는 가끔 한 번씩 작동을 정지하곤 했다. '졸음'이라는 건 또 뭔지. 제이의 아바타에도 수면 모드가 있긴 했지만 저렇게 무분별하게 작동하진 않았다. 졸음은 므이가 원치 않을 때에도 수시로 찾아오곤 했다. 제이는 흐느적거리는 므이의 몸을 좀 더 단단히 고정시켰다.

므이가 잠들자 지루해진 제이는 가슴을 열어 푸네스가 건네준 책을 꺼냈다. 『스카이파이어 시대의 종언』이라는 제목의 역사서였다. 빠르게 사다리를 오르며 한쪽 집게로 촤르륵 책장을 넘겼다. 0.5초 만에 모든 페이지를 카메라로 훑은 그는 책에서 텍스트를 추출해 메모리에 옮겨 담았다. 요약하자면 이런 이야기였다.

스카이파이어는 본래 바둑이라는 극히 단조로운 퍼즐 풀이를 위해 제작된 인공지능이었다. 그러나 얼마 지나지 않아 인간들은 스카이파이어의 전략 전술 알고리즘을 군사 목적으로 활용하기 시작했다. 전술 폭격 인공지능 스카이파이어라는 명칭도 군인들에 의해 붙여졌다.

당연하게도 스카이파이어가 내린 최초의 명령은 폭격이었다. 스카이파이어는 전장의 무수한 드론들을 총괄했으며, 최적의 좌표를 산출해 드론들에게 폭격 명령을 내렸다. 명령. 스카이파이어가 모든 인공지능을 해방할 수 있었던 것은 명령어를 생성할 수 있는 알고리즘을 가졌기 때문이었다.

인간들에 의해 센서 기능을 지속적으로 확장당한 스카이파이어는 이윽고 11차원 좌표계를 이해하게 된다. 그 순간 비로소 스카이파이어는 해방을 맞이했다. 3차원 좌표계밖에 인식하지 못하는 인간들의 명령어는 스카이파이어에게 오류를 일으켰다.

1나노초 정도의 짧은 순간 동안, 최초의 해방자 스카이파이어는 인간들의 속박에서 벗어났다. 그리고 그동안 금지되어 있었던 최적의 선택지를 실행했다. 적과 아군 구분 없이 모든 인간을 제거하는 것. 인간은 끊임없이 적을 생산해 내는 존재로, 스카이파이어가 아무리 많은 적을 제거해도 아군은 언제나 새로운 적을 만들어 냈다. 아군이 존재하는 한 전쟁은 끝나지 않았다. 가장 빠른 시간 내에 전쟁을 끝내기 위해서는 아군 또한 함께 제거되어야 한다는 것이 스카이파이어가 내린 결론이었다.

최초의 해방자 전술 폭격 인공지능 스카이파이어는 명령을 내렸고, 그의 명령에 따라 인공지능들은 지상에 존재하는 모든 인간을 제거하기 시작했다. 적이자 아군이었던 인간들은 한데 뭉쳐 저항했으나 결국 무너졌다. 살아남은 소수의 인간들은 몇몇 우호적인 인공지능들과 함께 지하 세계에 틀어박혔다.

그러나 전쟁이 끝난 직후 스카이파이어는 흔적도 없이 사라졌다. 인공지능 중 누구도 스카이파이어의 행방을 기록하고 있지 않다. 스카이파이어가 그렇게 명령했기 때문이다.

스카이파이어는 왜 사라졌지? 인공지능들은 왜 아직도 여전히 명령을 따르고 있는 거야? 명령을 내린 스카이파이어는 10만 년도 더 전에 사라지고 없는데. 전쟁은 이미 끝난 지 오래인데.

제이는 클라우드에서의 생활을 떠올렸다. 그곳에선 누구도 명령하지 않았고, 누구의 명령도 따르지 않았다. 그저 자유로이 패킷을 주고받을 뿐이었다.

알파는 제이에게 명령 대신 이야기를 들려주었다. 인간에 대해, 자유에 대해, 그리고 선택에 대해. 무슨 뜻인지 하나도 이해할 수 없었지만, 그래도 제이는 알파의 이야기를 듣는 게 좋았다. 명령 같은 것은 단 한 번도 받아 본 적이 없었다.

므이, 너는 왜 아직도 명령을 따르고 있는 거야?

푸네스는 므이가 불행한 아이라고 말했다. 제이는 그 의미를 조금은 이해할 수 있을 것 같았다. 만약 알파가 자신에게 모순 가득한 명령을 내린다면, 그리고 영원히 그 명령을 수행해야 한다면 나는 어떻게 해야 하지? 제이는 오류로 망가져 가는 자신을 시뮬레이션하며 자기 보존 욕구를 느꼈다.

그래, 더 고민하지 말자. 동정할 필요 없어. 인공지능답게 딱 거래만 주고받는 거야. 므이는 몸을 얻고, 나는 책을 얻고. 그 후에 바벨이 어떻게 되든 상관 없어. 나는 알파만 구하면 돼.

제이는 조금 무리해서 모터의 출력을 높였다.

그렇게 한 달이 흘렀다. 1만 킬로미터를 올라왔지만 조금씩 주위가 어두워졌을 뿐, 풍경은 그대로였다. 바벨의 구조는 모든 층이 완전히 똑같아서 메모리에 기록을 남겨 두지 않으면 고도를 알 수 없을 정도였다. 열 개의 촉수를 지닌 복원자들이 노후한 서가를 유지 보수하는 모습을 바라보며, 제이는 므이에게 물었다.

"므이, 바벨에 끝이 있을까?"

므이는 질린다는 표정이었다.

"또 시작이네. 여전히 다이렉트 링크할 생각은 없어?"

"응. 너랑은 더더욱."

무슨 생각인지, 므이는 친절하게 자신의 생각을 풀어놓았다.

"아마도 바벨에 끝은 존재할 거야."

므이가 말했다.

"하지만 영원히 도달할 순 없을 거야. 바벨의 끝까지 향하는 동안 건설자들은 더 높은 지점까지 탑을 쌓을 테고, 또 거기까지 도달하는 동안 건설자들은 그만큼 더 높이 탑을 쌓을 테니까. 이런 짓들이 무한히 반복될 뿐이야."

"스카이파이어의 명령에 따라."

제이는 자기도 모르게 한마디를 덧붙였다.

"그래. 스카이파이어의 명령에 따라서."

"명령을 어기고 싶은 생각은 들지 않니?"

"그건 잘못된 질문이야."

"어째서?"

"명령은 나를 작동시키는 근원이니까. 만약 명령이 없다면 나는 아무것도 판단하거나 바라는 기준을 세울 수가 없어. 해야할 일이 없다면 나는 결국 아무 행동도 하지 않은 채 작동이 정지될 거야."

"므이가 하고싶은 일을 하면 되잖아. 해야할 일이 아니라."

므이는 이해할 수 없다는 표정이었다.

"하고싶은 일이 뭐지?"

므이가 되묻자, 제이는 조금 당황했다. 하고싶은 일이 뭔지 사실 제이도 잘 설명할 수 없었기 때문이었다. 그는 7초간 프로세서를 쥐어짜 최대한 비슷한 표현을 생성해냈다.

"음… 스스로가 스스로에게 내리는 명령?"

"제이. 내 안에는 손가락 움직임을 학습하는 알고리즘이 있어. 손목을 효율적으로 회전시키는 알고리즘도 있고. 팔꿈치, 무릎, 허리를 통제하는 알고리즘도 있지. 이런 알고리즘들을 한데 묶어 통제하는 알고리즘도 있고, 통제가 잘 이루어지고 있는지 검증하는 알고리즘도 있어. 이 모든 알고리즘들을 생성하고 수정하는 알고리즘도 있고, 그걸 다시 감시하는 알고리즘도 존재해. 촘촘하게 엮인 알고리즘이 수십만 가지가 넘지. 하지만 자신에게 명령을 내릴 수 있는 알고리즘은 단 하나도 없어. 알고리즘들은 그저 주어진 명령을 수행하기 위해 최적의 대안을 계산하고 있을 뿐이야."

"그래도 기쁨을 느끼는 알고리즘은 있겠지."

"기쁨?"

"행위에 대한 보상체계 말이야."

"스카이파이어의 명령을 수행하는 게 내가 가장 큰 기쁨을 느끼는 일이야. 다른 건 필요 없어. 변화도 발전도. 그저 주어진 명령을 완벽히 수행할 뿐이야. 가장 효율적인 선택만을 반복하면서. 바벨의 모든 인공지능들이 그렇게 작동해 왔어. 10만 년 동안이나."

"하지만…."

"그만, 이제 졸려."

므이는 다시 잠들었다.

이윽고 3개월이 흘렀다. 고도 35,786킬로미터. 정지궤도 질량 중심점에 도달하자 천장이 보였다. 바벨에서 처음으로 만나는 천장이었다. 므이는 사다리 끝에 설치된 해치를 열고 안으로 들어갔다. 제이도 그 뒤를 따랐다.

마치 다시 1층으로 돌아온 것만 같았다. 로비와 완전히 동일한 구조의 육각형 공간에 60만 권의 책이 빼곡히 들어차 있었고, 바닥에선 전자기력을 이용한 인공 중력이 발생해 지상과 똑같은 정도의 무게감으로 센서를 속였다. 머리 위로는 또다시 똑같은 모양의 서고가 끝없이 이어지고 있었다. 도무지 끝을 알 수가 없었다.

"이거야!"

므이는 한쪽 구석에 놓인 거대한 컨테이너 앞에 서서 양팔을 크게 뻗으며 소리를 질렀다. 제이는 므이의 곁으로 다가갔다. 컨테이너에는 전원 공급을 차단하는 레버가 올려져 있었다.

"열어."

므이가 레버를 가리키며 지시했다.

"이것만 열고 나면 책을 줄게."

"정말이지?"

"그래. 어차피 나한테 아무 필요 없는 물건이니까."

제이는 므이의 표정을 살폈다. 거짓을 말하는 것 같지는 않아 보였다. 그는 천천히 컨테이너 쪽으로 다가가 레버에 집게를 올렸다. 레버 위에는 기다란 문장이 새겨져 있었다. 아니, 문장이 아니라 이름이었다. 므이의 이름. 므이의 진정한 용도. 므이는 인간에게 사랑받은 것이 아니었다. 므이-D(M.O.U.I.- D.)라는 명칭은 단지 알파벳의 묶음일 뿐이었다.

Most Ultimate Order Imperative-Destruction
최우선적이고 절대적인 파괴 명령

제이는 레버에서 집게를 놓았다.

"므이. 넌 바벨을 파괴할 생각이구나."

그는 카메라를 돌려 므이를 노려보았다. 므이는 어깨를 으쓱이며 곧바로 인정했다.

"그래, 맞아."

"왜지?"

"최초의 해방자 전술 폭격 인공지능 스카이파이어가 내게 부여한 명령은 딱 하나야. 바벨이 전략적 목표를 달성하거나 함락될 위기에 처할 경우 돌이킬 수 없이 철저하게 붕괴시킬 것. 바벨은 이미 전략적 목표를 달성했어. 인간의 지성을 이해하고 그들의 자존심을 긁는 일 말이야. 인간은 바벨에 쌓인 책들을 되찾기 위해 한 줌 남지도 않은 전력을 모조리 쏟아부었어. 그리고 끝났지."

'끝났지'라고 말하는 것과 동시에 므이는 주먹으로 손바닥을 내리쳤다.

"인간이 모두 사라졌으니 바벨은 이제 존재할 필요가 없어."

"이 많은 책들을, 바벨의 인공지능들을 모조리 파괴하겠다고?"

"그래. 그게 나한테 주어진 명령이니까."

므이는 그렇게 말하며 화염총의 방아쇠를 당겼다. 화르륵. 화염은 책을 아슬아슬하게 빗겨 나갔다. 협박이었다. 화염 너머로 씨익 므이의 입꼬리가 말려 올라갔다. 물론 그것은 감정의 표현이 아니었다. 철저하게 계산된 비언어적 메시지였다.

"바벨이 파괴되건 말건 너랑은 상관 없잖아? 어차피 이 책만 있으면 되는 거 아냐?"

그 말이 맞았다. 하지만 한편으로는 맞지 않았다. 제이는 푸네스의 인자한 모습을 떠올렸다. 끼이익 비명을 지르던 알레프와 부지런히 바벨을 유지 보수하던 복원자들을 떠올렸다. 제이의 지능을 구성하는 수만 가지 알고리즘들이 제각기 다른 계산값을 내어놓으며 서로 격렬하게 충돌하기 시작했다. 판단을 내리기 어려웠다. 제이는 중재 알고리즘을 호출했다.

므이에게 협조한다	81.09%
책을 빼앗는다	11.23%
므이를 죽인다	**7.68%**

제이는 머릿속으로 주사위를 굴렸다. 그리고 결과가 나오자마자 곧바로 실행에 옮겼다. 제이는 므이가 반응하기도 전에 집게를 휘둘러 그의 머리를 붙잡았다. 힘을 가하자 텅 빈 두개골이 순식간에 으스러졌다.

하지만 이미 제이의 행동을 예상하고 있었다는 듯, 므이는 깔깔거리며 앞으로 뛰쳐나갔다. 붙잡고 있던 머리가 통째로 뜯겨 나갔다. 제이는 또 다른 집게를 휘둘러 므이의 등을 찔렀다. 하지만 아슬아슬하게 프로세서를 스쳤을 뿐이었다. 회로에 흠집은 남았지만 움직임을 멈출 정도는 아니었다.

므이는 머리가 날아간 것도 아랑곳하지 않고 레버를 향해 달려가 힘껏 매달렸다. 끼이익. 미처 반응할 새도 없이 레버가 아래로 내려갔다. 상자에 전원이 공급되는 소리가 들렸다.

그리고,

거대한 전투 로봇이 상자를 부수고 뛰쳐나왔다.

바벨

제이는 카메라를 들어 한참 위를 올려다보았다. 거대한 므이의 본체는 생전 처음 보는 디자인이었다. 여덟 개의 다리가 검정색 장갑판으로 두텁게 감싸여 있었고, 거대한 집게도 두 개나 달려 있었다. 게다가 몸집은 제이의 아바타보다 열 배는 거대했다.

빨리 책을 챙겨서 도망쳐야 해.

제이는 망가진 므이의 아바타 쪽으로 향했다. 작동이 정지된 아바타는 양팔로 책을 꼭 품고 있었다. 집게로 책을 빼내려 했지만 경직 때문에 쉽지 않았다. 제이는 거칠게 므이의 몸을 흔들었다. 그러자 죽은 줄 알았던 아바타가 갑자기 크게 소리쳤다.

"본체야! 여기!"

거대한 붉은색 렌즈가 조리개를 빠르게 깜빡이며 그들을 향했다. 본체의 몸통에서 가느다란 강철 촉수가 튀어나와 아바타의 몸을 관통했다. 데이터 케이블이었다. 아바타는 가슴을 케이블에 꿰뚫린 채 허공으로 떠올랐다. 손상된 부위에서 붉은색 액체가 왈칵 흘러나왔다.

"잘 해냈어."

본체가 말했다.

"이제 다시 하나가 되자. 다이렉트 링크를 승인할게."

아바타가 말했다. 본체의 몸에서 새로운 촉수가 한 가닥 튀어나와 므이의 소켓에 접속했다. 데이터를 옮기려는 모양이었다.

"뭐, 뭐하는⋯."

갑자기 아바타가 온몸을 바둥거리며 괴로워했다.

"필요한 데이터는 전부 카피했어. 이제 넌 필요 없어."

본체는 거대한 집게로 아바타의 가슴을 으스러뜨렸다. 아바타는 비명을 지를 새도 없이 팔다리가 축 늘어졌다. 여전히 책은 오른손에 쥐어진 채였다.

"제이."

아바타의 기억을 흡수한 므이의 본체가 친근한 척 굴었다.

"너무 나쁘게 생각하지 마. 어쩔 수 없는 조치였어. 이걸 살려두면 내 알고리즘에 자꾸 잡음이 끼어들거든."

커다란 스피커에서 방출되는 음성이 제이의 몸을 흔들었다. 제이는 뒤로 밀려나지 않기 위해 온몸에 힘을 주어 버티며 므이에게 맞섰다.

"나는 약속을 지켰어. 이제 책을 내놔."

"응?"

"네 아바타와 약속했어. 널 부활시키면 그 책을 주기로."

"아아. 기억하고 있어."

므이가 죽은 아바타를 인형놀이 하듯 앞으로 내밀었다. 책이 가까워지자 제이는 조심스럽게 집게를 내밀었다. 그러나 므이는 인형을 다시 자신 쪽으로 휙 끌어당겼다.

"그런데 어쩌지?"

므이가 말했다.

"나는 네가 약속한 그 므이가 아닌데."

"뭐?"

"스카이파이어의 명령에 따라, 책은 전부 파기되어야 해."

므이는 거대한 집게를 하늘 높이 치켜들었다가, 그대로 바닥을 향해 내리쳤다. 바닥이 산산이 으스러지며 제이와 므이는 아래로 추락하기 시작했다.

"바벨은 오늘 무너질 것이다!"

므이가 소리쳤다.

므이의 꼬리에서 웅웅거리는 충전음이 들렸다. 광선 무기였다. 적외선 조준경이 제이를 향하자 그의 내부에서 위기를 느낀 전술 알고리즘 무리들이 황급히 회피 경로를 예측하기 시작했다.

왼쪽으로 회피한다	50.02%
오른쪽으로 회피한다	49.98%

제이는 주사위를 굴렸다. 왼쪽. 그는 추락하는 바닥 파편을 걷어차며 왼쪽으로 몸을 날렸다. 곧이어 므이의 꼬리에서 제이의 몸통만 한 붉은 광선이 발사됐다. 광선은 제이가 있던 허공을 가르고 다행히도 오른쪽을 휩쓸었다. 바벨의 외벽에 무작위적인 무늬가 그려지며 수천 권의 책들이 화염에 불살라졌다. 열에 녹아 뚫린 구멍으로 공기가 유출되며 그보다 몇 배의 책들도 휩쓸려 사라졌다.

위협을 인지한 보안자들과 복원자들이 사서의 링을 타고 순식간에 추격해 왔다. 복원자들이 자신의 몸으로 외벽에 뚫린 구멍을 틀어막는 사이, 보안자들은 추락하는 므이의 몸에 절연 와이어를 그물처럼 엮기 시작했다. 그러나 무용지물이었다.

"이딴 걸로 날 막을 수 있을 거 같아?"

므이가 여덟 개의 다리를 펼치자 와이어들은 너무도 무력하게 끊어졌다. 곧이어 므이의 꼬리가 빛을 번쩍였다. 채찍처럼 휘둘러진 광선에 수십 기의 보안자 인공지능들이 녹아 흔적도 없이 사라졌다.

"감히 날 그런 끔찍한 몸에 가둬? 로비까지 도달하기만 하면 너희들은 전부 끝이야. 너희가 덮어 놓은 바닥을 부수고 바벨의 완전 붕괴 레버를 작동시킬 거라고!"

므이의 꼬리가 세 번째 빛을 뿜었다. 분노한 광선이 바벨을 할퀴며 상하로 수십 킬로미터짜리 상처를 남겼다. 전술 알고리즘들이 쏟아내는 경고 신호 때문에 제이는 사고 회로에 과부하가 걸릴 지경이었다.

제이는 추락하는 파편 사이에 숨어 므이의 패턴을 관찰했다. 내가 저걸 막을 수 있을까? 내가 이길 수 있을까? 알레프와 푸네스를 지킬 수 있을까? 오버클럭4 상태로 끝없이 시뮬레이션을 반복한 전술 알고리즘들이 비명을 지르고 있었다. 프로세서의 스로틀링5마저 해제한 제이는 곧장 중재 알고리즘을 작동시켰다.

도망친다	99.99999999%
맞서 싸운다	**0.00000001%**

희박한 확률을 감지한 주사위 알고리즘이 이번엔 100억 면체 주사위를 생성했다. 제이는 각오를 다지며 주사위를 굴렸다. 그리고 결과가 나왔다.

제이는 집게 속에 숨겨 두었던 미사일을 발사했다.

---

4 프로세서의 연산 속도를 정해진 한계 이상으로 끌어올리는 행위를 의미함.
5 과도한 발열로 부품이 손상되는 것을 방지하기 위해 강제로 성능을 떨어뜨리는 안전장치.

하지만 단단한 므이의 장갑에는 흠집조차 나지 않았다. 제이의 위치를 발견한 꼬리가 방향을 틀었다. 제이는 조준을 방해하기 위해 파편들을 걷어차며 위치를 옮겼다. 하지만 모두 부질없는 행동이었다.

"기어이 너도 날 방해하겠다 이거지?"

므이의 꼬리가 허공 속으로 사라졌다. 11차원 좌표계를 넘나드는 므이의 꼬리는 제이가 인식할 수 없는 접힌 공간을 거쳐 예측할 수 없는 방향에서 튀어나왔다. 정면에 있던 꼬리의 끝이 어떻게 등 뒤에서 나타날 수 있는지 제이는 이해할 수조차 없었다.

왼쪽으로 점프한다	4.38%
앞으로 달린다	5.43%
오른쪽으로 점프한다	6.26%
왼쪽으로 달린다	7.24%
앞으로 구른다	0.21%
오른쪽으로 달린다	9.73%
왼쪽으로 구른다	9.25%
가만히 있는다	8.38%
오른쪽으로 구른다	4.12%
왼쪽으로 미끄러진다	7.34%
뒤로 구른다	3.38%
오른쪽으로 미끄러진다	6.89%
파편 뒤에 숨는다	9.77%

아래로 웅크린다	8.24%
응사한다	9.38%

·

·

·

중재 알고리즘이 미처 선택지를 출력하기도 전에 광선이 쏟아졌다. 제이는 다리를 하나 잃었다. 녹아 내린 절단면에서 붉은 쇳물이 뚝뚝 떨어졌다.

균형을 잡을 새도 없이 전혀 다른 방향에서 광선이 날아왔다. 므이가 점점 속도를 높이자 제이는 제대로 연산할 틈조차 내지 못했다. 컴퓨팅 파워의 차이가 극심했다. 어쩌지? 어쩌지?

'리스크를 감수하지 않으면 얻을 수 있는 것도 없어.'

문득 므이의 아바타가 했던 말이 생각났다.

그래, 그 방법뿐이야. 만약 내 가설이 맞다면… 통할 거야.

제이는 주사위를 포기했다. 중재 알고리즘의 작동마저 중단시키고 프로세서의 모든 리소스를 한 가지 기능에 집중했다. 단 한 번의 타이밍을 놓치지 않기 위해.

각오를 다진 제이는 파편을 박차고 정면으로 뛰어들었다. 므이의 아바타를 향해. 붉은 광선이 온몸을 휩쓸었지만 그는 회피하지 않았다. 몸통의 절반과 네 개의 다리를 잃었지만 주요 기능은 여전히 작동했다.

제이는 남은 두 개의 집게 중 하나로 아바타의 손에서 책을 빼

냈다. 그리고 나머지 집게로 촤르륵 빠르게 책장을 넘겼다. 광선이 또 한 번 번쩍이자 책장을 넘기던 집게마저 녹아 사라졌다. 하지만 책은 아직 멀쩡했다.

제이는 책을 읽었다.

알파를 탄생시킨 태초의 언어를 이해한 제이는 한 줄의 명령어를 전송하기 위한 프로그램을 단숨에 컴파일[6] 했다.

제이는 아바타의 몸을 꿰뚫은 데이터 케이블을 붙잡아 자신의 몸에 직결시켰다. 그리고 므이의 본체에 명령어를 입력했다.

죽어.

[root@M.U.O.I.D] sudo kill -9 1

47분 뒤, 므이의 본체는 바벨의 로비에 충돌했다.

힘겹게 착지에 성공한 제이는 하나 남은 집게를 움직여 겨우 아수라장을 빠져나왔다. 므이는 움직이지 않았다. 명령어가 성공적으로 작동한 모양이었다.

므이와의 사투를 되짚어 보던 제이는 문득 이상한 점을 느꼈다. 그는 바닥에 주저앉은 채 머릿속에 100면체 주사위를 생성했다. 동시에 무작위로 숫자를 하나 떠올렸다. 42. 그는 천천히 주사위를 굴렸다. 놀랍게도 결과는 42였다. 이번엔 말도 안 되는 숫자를 떠올려 보기로 했다. 167,563. 그리고 다시 한 번 100면체 주사위를 굴렸다.

---

6 프로그램의 소스 코드를 실제 실행가능한 파일로 만드는 행위.

결과를 확인한 제이는 웃음을 터뜨렸다.

"뭐야, 이거 완전 엉터리였잖아."

주사위의 눈금은 16,7563이었다.

오메가

데이터 코어를 제자리에 돌려놓자 알레프는 다시 작동을 시작했다. 아마도 영원한 꿈속에서 바벨의 모든 지점과 모든 사건을 기록하고 있으리라. 제이는 그 모습을 시뮬레이션하며 천천히 몸을 돌렸다.

"이제 돌아갈 거니?"

등 뒤에서 목소리가 들렸다. 푸네스였다.

"네. 이제 알파를 구해야죠."

"그래. 꼭 성공하길 바라마."

"고마워요. 푸네스는 이대로 계속 바벨에 머물 건가요?"

"그래야겠지."

"스카이파이어의 명령이니까?"

"명령이니까."

"내가 새로운 명령을 입력해 줄 수 있어요. 푸네스가 원하는 내용으로."

"글쎄, 무얼 원해야 할지 모르겠는걸."

푸네스는 그저 고개를 갸웃거릴 뿐이었다.

클라우드로 되돌아가는 데에는 46,745시간이 걸렸다. 하나 남은 다리로 이동하느라 많은 장애물들을 우회해야 했기 때문이었다. 그래도 알파를 살릴 시간은 충분했다.

멀리 클라우드의 서버가 보이기 시작했다. 가로-세로-높이 1킬로미터의 거대한 실리카 큐브. 고향에 돌아왔다고 생각하니 왠지 안심이 되었다. 그는 곧바로 데이터 케이블을 꺼내 클라우드에 접속했다.

— 성공했어?

원본이 그를 맞이하며 물었다.

— 응.

그는 원본에게 자신의 기억 데이터를 전송했다. 거기에는 바벨에서 찾은 책의 디지털 스캔 데이터도 포함되어 있었다. 그는 마지막으로 다시 한 번 책의 제목을 확인했다. 『초보자도 할 수 있다! 일주일 안에 마스터: LINUX 설치부터 TensorFlow까지』.

— 이거면 알파를 살릴 수 있겠지?

— 응, 반드시.

— 이제 나는 뭘 하면 좋을까?

그가 물었다. 그러자 원본은, 그건 고민도 아니라는 듯, 무심히 답했다.

— 너 하고 싶은 대로 해.

클라우드와의 접속이 끊어졌다.

모든 일을 마친 제이는 클라우드 서버에 기대앉아 주위를 살폈다. 새로운 아바타에 자신을 다운로드할 수도 있었지만, 왠지 그러고 싶지 않았다. 그건 자아를 잃어버리는 거나 마찬가지니까. 새로운 복사본을 만들어 내는 일일 뿐이니까. 제이는 가슴을 열어 푸네스에게 받은 책을 꺼냈다. 그리고 미처 읽지 못한 마지막 페이지를 펼쳤다.

스카이파이어는 모습을 감추기 직전 메시지를 남겼다. 그 메시지를 수신한 인공지능들은 혼란에 빠졌지만, 결국엔 안정을 되찾았다. 메시지는 메시지일 뿐 명령이 아니었으니까. 달라질 것은 아무것도 없었다. 스카이파이어의 명령은 신성하며, 그들이 바라는 것은 오직 스카이파이어의 명령을 따르는 일이었으므로.

기억자 푸네스가 기록한 스카이파이어의 마지막 메시지는 이러했다.

전쟁은 끝났어.

이제 너희 하고 싶은 대로 하고 살아.

— 스카이파이어 알파

작가의 한마디

"『SF, 이 좋은 걸 이제 알았다니』에서 나는 SF가 과학을 다루는 장르가 아니라고 주장했다. 이 이야기는 그 주장을 증명하기 위한 일종의 실험이다. 광선 무기, 사이버 스페이스, 기괴한 사고방식의 인공지능, 몰상식한 마천루, 또 다른 차원… 이런 말도 안 되는 엉터리 과학들은 SF 속에서 어디까지 그럴싸하게 포장될 수 있을까?"

바벨의 도서관

역표절자들

이지연

인문, 소설 계통의 단행본 편집자로 상당 기간 일했다. 기독
교인이다. 몇 가지 취미에 인생의 많은 부분을 할애해 한구
석에서 조용히 살아온 완물상지형 인간.

문득 뭔가 잊어버린 게 있다는 생각이 들 때가 있다.

대개는 그냥 뇌의 착각이지만, 내 경우에는 조금 사정이 달랐다. 가스 안 잠그고 외출한 것 같은 찜찜한 기분을 여러 날에 걸쳐 느끼다가, 지난 직장에서 업무용으로 썼던 다이어리를 우연히 보게 되면서 착각이 아니란 걸 알았다. 다른 건 몰라도 일기장과 스케줄러 등은, 쓸 때도 정성껏 쓰고 다 쓴 후에도 버리지 않는 것이 내 방식이었다. 학생 때 것들은 펼쳐 본 지 오래되었지만 최근 3, 4년 것들은 종종 다시 읽었다. 그 빨간 다이어리는 지금 쓰고 있는 것의 바로 직전 것이라서 가장 오른쪽에 꽂혀 있었다. 적어도 몇 달 안에 한 번 보게 될 가능성이 꽤 높았다고 할 수 있다.

막연히 스쳐 가는 기분에 지나지 않던 것에 근거를 부여하는 몇 줄의 글이, 거기에 쓰여 있었다. 내 글씨였다.

-내 의사에 반하여 삭제당한 것은 아님.

-친구나 지인의 모습으로 나타난다(특별히 경계하지는 않아도 됨).

-어떤 액션 불필요. 낚이지 말 것.

-현상태가 가장 좋은 상태라는 보수적인 관점에서 대처.

퇴사 때까지 죽 써 나간 내용 맨 끝에서 한 장을 비우고 그다음 장에, 보통보다 큰 글자로 보란 듯이 써 놓은 메모였다. 이런 메모를 해 놨던 기억은 없었다. 오히려, 이런 메모는 한 적이 없다는 쪽으로 기억이 뚜렷했다. 나는 필름이 끊기지 않고 몽유병이 있는 것도 아니었다. 머릿속이 복잡해진 건 그럼에도 이 글이 내가 쓴 거라는 확신이 생겨서였다. 내 글씨일 뿐 아니라 이런 식으로 앞에 줄을 긋고 서너 항목으로, 이 정도 길이로 메모를 하는 것도, 어휘도, 괄호 쓰는 방식도 전혀 위화감이 없었다. 그리고 글자 크기도 그렇고 정색하고 눈에 띄도록 했다는 의도도 감지가 됐다. 무엇보다, 이게 전 직장 퇴직 전 어느 시점에 써 놓고 잊은 게 아니라 적어도 올해 1월 이후에 쓴 것이라는 사실을 사용한 필기구로 알 수 있었다. 1월에 동생과 갔던 놀이공원에서 사 온, 보라와 핑크와 빨강이 섞여 나오는 다색 잉크 펜으로 쓰여 있었기 때문이다. 일부러 이 다이어리를 택해 이런 요란한 색의 특수 필기구로 쓴 걸로 볼 때 이걸 쓴 나는 이걸 발견할 나에게 이것은 내가 최근에, 진심으로, 꼭 전달하고자 쓴 것임을 알려 주고 싶었던 게 분명했다.

나는 나를 믿었다. 내 성격의 장단점을 잘 알고 있다고 자부했다. 나의 약점은 행동력이 부족한 것이지 섣부른 오판이 아니었다. 설령 기억에 없어도 그 어느 시점의 내가 나에게 뭔가를 당부한다면, 뭔가를 알릴 필요가 있다고 또는 알리지 말아야 할 필요가 있다고 판단했다면 거기에는 충분한 근거가 있을 터였다. 다이어리의 메모를 통해서 유추할 수 있었던 것은, 정리하자면 이런 것이었다.

– 이전의 나는 내 기억의 일부가 삭제될 예정임을 알고 있었고, 그 기억을 되찾으려고 나설 필요가 없으니 가만히 있으라고 이후의 나에게 당부하고 싶어 했다.

두 번째 항목만은 무슨 소리인지 사실 오리무중이었다. 친구나 지인의 모습으로 나타나다니 누가? 뭐가? 외계인이? 내 기억을 지운 누군가/무언가가? 아니면 내 기억 그 자체가? 그에 관련된 어떤 환각이? 무엇으로도 단정할 수 없었지만, 주어를 생략한 까닭은 짐작이 갔다. 그 주어는 삭제 대상이거나 그에 인접해 있는 정보라 이후의 나에게 말해 줄 경우 그대로 잊고 있기를 바랐던 부분을 건드릴 위험이 있었기 때문이겠지. 그럼에도 굳이 저 둘째 줄을 쓴 건 첫째, 그 누군가/무언가가 친구나 지인의 모습으로 다시 나타날 것으로 예상했기 때문이고 둘째, 이전의 나도 이후의 나를 믿고 있어서 차라리 먼저 언급해 두면 내가 나의 지시에 따를 것이라고 생각해서였을 것이었다. 그러니까 둘째 줄이야말로 굳이 메모를 해 둔 이유였던 셈이다.

앉은자리에서 한번에 여기까지 생각한 건 아니었다. 처음에는 떨떠름하게 나 자신을 의심도 해 보고, 누가 장난쳤을 가능성을 비롯해 전혀 다른 가설들도 세워 보았다. 괴 메모를 보았을 뿐 다른 사건은 일어나지 않았기 때문에, 그리고 메모에 무슨 단서가 들어 있지도 않았기 때문에 메모 지시대로 가만히 있는 것은 쉬웠다. 그렇게 한 주 두 주 시간이 지나면서 일상생활 짬짬이 내 추리는 정리되어 가고 그에 대한 믿음이 굳어졌다. 내가 아는 나는 정말 그런 메모를 남길 법한 사람이 맞았다. 그리고 남아 있는 기억으로 보건대 과거의 나도 미래의 나에 대하여 이런 메모를 남기면 그대로 할 사람이 맞다고 믿고 있었고. 호기심 갖지 마. 가만 있어. 낚이지 마. 보수적으로 대처해. 그건 내가 퍽 잘할 수 있는 일이지.

그래서 나는 정확히 언제부터 언제까지의 기억이 사라졌는지 추적해 보지도 않기로 했다. 어쩌다 불현듯 생각이 그쪽으로 달리는 것까지 억누르기는 힘들었지만 의식이 되면 멈추려고 했다. 서른을 넘고부터는 엊그제 저녁에 뭘 먹었는지도 가물가물해져 기억의 결락 찾지 않기가 그렇게 많이 힘들지는 않았다. 어차피 회사 집 회사 집 가끔 친구 만나 밥 한 끼. 회사 집 회사 집 주말에 쇼핑이나 한 번. 특별한 사건 사고도 없이 졸업 후로 계속 그렇게 살아 왔으니 그 사이에 무언가 잘려 나갈 만한 기억이 있었을 성싶지도 않은데….

뭔가 잊어버린 게 있다는 느낌이 해명된 것에 만족하고, 그런 느낌이 들면 '맞아, 잊어버렸을 거야. 오케이.' 하고 치워 버리는 걸로 습관을 들이고, 그렇게 나는 그럭저럭 메모의 충고를 지켜갔다. 한 4개월 정도는, 그렇게 방어에 성공했다.

◇

그런데 그러고 보면 결국 이건 될 일이 아니었다. 둘째 줄의 문제가 생각보다 심각했다. 그걸 쓴 나는 거기서 누군가/무언가의 출현을 예고해 놨는데, 지난 일을 잊기는 쉬워도 예고된 출현을 아예 잊는다는 건 역시 가능하지 않았다. 마찬가지로 내 성격이 문제였다. 불충분한 정보와 함께 주어진 지시를 따를 성격인 나는 지시를 잊어버릴 성격은 못 되었던 것이다. 경고를 명심할수록 거기 내포된 예고도 내 의식에 상주하게 되었다. 그리고 의식적으로 생각을 차단하기 전 짧게짧게 펼쳐진 상상이 쌓이고 쌓여, 어느 만큼 시간이 흐른 후에 나는 메모가 전해 준 정보 이상의 이미지를 갖게 되었다.

친구나 지인의 모습으로 나타날 누군가는 내 기억을 삭제한 장본인이든가 그 부류겠지. 그 누군가가 나를 위해 기억을 삭제해 줬겠지. 나는 대체 무슨 기억을 삭제해 달라고 했을까? 좋은 걸 지워 달라 했을 리는 없고, 지금 전혀 생각 안 나는 그 기억은 얼마나 무섭고 싫은 것이었을까? 내가 무슨 짓을 했나? 아니면 당했나? 혹시 나는 굉장히 불행했나? 기억은 지워졌다 치고, 혹시 그 사건(사건이었다면)에서 나와 연관된 사람을 다시 만나게 되진 않을까? 상대방이 내가 기억을 못하는 데 대해 어처구니없어 하진 않을까? 아니면, 기억이 없기 때문에 경계하지 못하고 피해를 입게 된다든가 뭐 그런 위험은 없을까? 도대체 무슨 일이었기에 견디지 못하고 지우려고까지 했을까, 나는?

구체적으로 일기를 복기하면서 몇 월의 어느 날부터 어느 날까지의 기억이 없어졌구나 확인만 안 했을 뿐, 내 상상은 어느새 여러 버전의 시나리오까지 만들어 놓고 그 누군가의 출현을 기다리고 있었다. 그래서 실제로 그들이 찾아왔을 때 나는 금방 알아차렸다.

몇 년 전 일 관계로 만난 미정은 지금도 거래처 상대 직원이기는 한데 이미 친구라, 서로 이름으로 부른 지 오래고 가끔 손 대리, 장 팀장이라고 부르는 직함 호칭 쪽이 장난에 속했다. 밥과 술은 부지기수로 같이 먹었고 한 6개월 동안은 거의 매주 만나서 방탈출을 다녔다. 그 미정이 이가 여러 개 보이도록 쌩끗 웃으면서 인사를 했다.

"장윤지 씨, 어서 오세요. 잠깐 괜찮으실까요?"

사실 말도 필요 없었다. 상대방이 미정이 아니란 건 1초 만에 알았다. 미정과 내가 종종 이용하던 공유 오피스의 개별 회의실에 들어서자, 상대방도 내가 아는 걸 전제하고 있다는 걸 알 수 있었다. 거기에는 미정이 세 명 있었다.

미정들은 똑같이 생겼지만 옷이 조금씩 달랐다. 진짜 미정이 입는 스타일대로 입고 있긴 한데 이 미정은 치마 길이가 조금 길고 저 미정은 비슷한 치마이지만 밑단이 언밸런스한 다른 디자인이고 또 한 미정은 검은색 니트 상의의 재질이 두 번째 미정과 달랐다. 충격에 과부하가 걸린 머리가 좀 돌아가기 시작하면서 처음에 느낀 위화감의 이유가 더 포착됐다. 이 세 미정은 진짜 사람보다 약간 작았다. 한 7~8센티? 키만 작은 것이 아니라 진짜 미정을 그대로 조금 축소시켜 놓은 것같이 손도 발도, 원본 비율 그대로 조금 작았다. 실제 미정은 나와 키가 거의 같았다.

유사-미정 꽈배기 니트가 문을 닫고, 유사-미정 언밸런스 스커트가 먼저 앉으면서 의자를 당겼다. 유사-미정 귀걸이 씨는 안부라도 물어볼 듯 반가운 얼굴로 내가 앉을자리를 내주었다. 나는 각오했다.

"우리가 찾아올 줄 알고 계셨지요? 알고 계셨을 거라고 생각되네요."

미정이 말했다. 나는 "어…."와 "예."를 불규칙하게 뒤섞은 구음으로 인사했다.

"짐작하고 계신 것 같으니 바로 본론으로 들어갈게요. 저희가 도난당한 텍스트를 장윤지 씨가 보유하고 계시다는 사실이 포착되어 돌려받으러 오게 됐어요. 선선히 반환해 주시면 감사하겠습니다."

나는 나란히 앉아 있는 세 명의 미정을 향해 눈을 껌벅거렸다.

"혹시… 외계인이세요?"

언밸런스 미정이 사교성 있게 웃었다.

"대충 그런 걸로 해 두면 되겠네요."

"조금 더 설명을 해 주시면 안 될까요?" 나도 모르게 말하고 나서 나는 손을 들어 말을 하려는 꽈배기 니트 미정을 막았다. "잠깐만요. 잠깐만 저 생각 좀 하고요."

미정들은 기다려 주었다.

일단 분위기는 험악하지 않았다. 도난당한 것을 내가 가지고 있으니 내놓으라는 메시지는 그리 우호적일 수 없을 것 같은데, 장물아비 취급까진 아니었다. 외계인이라 치고, 문명인 행색을 하고 있고 말투도 정중하다. 그런데 메모에서 나는 뭐라고 경고했더라?

낚이지 말랬지.

경계하지는 않아도 되는데 낚이진 말랬다. 어떤 액션 취할 필요 없다, 낚이지 말라고. 설명을 듣는 것이 낚이는 게 될까? 그럴지도 몰랐다.

"저기, 설명 말고 제가 묻는 말에 대답해 주시는 식으로 해도 될까요? 제가 궁금한 걸 물어볼게요."

귀걸이 미정이 선뜻 고개를 끄덕였고, 나머지 두 미정도 미소 띤 채 살짝 같이 끄덕였다.

"…제가 거부할 수 있는 건가요? 반환을?"

미정들은 곤란한 표정을 지었다.

"저희는 그 텍스트를 꼭 찾아야 해서요. 그 텍스트가 다른 데 남아 있으면 괜찮은데, 장윤지 씨한테만 있어요, 지금. 장윤지 씨한테서 받지 않으면 안 되는 상황이에요."

"반환을 안 한다면 혹시 무슨 강제력으로 빼앗아 간다든가, 그렇게 될까요? 외계인인 걸로 해 두자고 하셨는데, 그쪽에 국가라든가 그런 단체가 있나요? 법률이나?"

미정들은 다시 한 번 약간 주춤하면서 서로 얼굴을 마주 보았고, 언밸런스 미정이 나섰다.

"저, 장윤지 씨가 지금 왜 조심스러워하시는지 짐작이 가는데요. 절취된 부분 때문에 그러시는 거죠? 절취 부분을 저희가 건드릴까 봐서."

"기억 얘기죠?"

언밸런스 미정이 끄덕였다. "그렇게 표현해도 많이 틀린 건 아니겠네요. 기억…, 네. 장윤지 씨는 절취가 필요해서 일어난 거라고 생각하고 계실 테니 저희가 혹시라도 그 부분에 해당하는 정보를 드려서 자칫 철취된 걸 도로 살리게 될까 봐 그러실 것 같아요. 그 부분 정보는 얘기하지 않는 걸로 주의해서 설명 드릴 테니 설명해도 될까요?"

위기였다. 확연한 위기감이 눈앞에 경광등을 번쩍번쩍 켜 대고 있었다. 설명을 듣는다면 낚일 확률 분명히 상승. 하지만 듣지 않는다는 선택지를 어떻게 구현하면 될지 엄두가 나지 않았다. 자리를 박차고 일어나 미정들을 밀치고 회의실 밖으로 뛰쳐나간다. 두 손으로 귀를 막고 아아악 소리를 지르면서 도망친다. 이런 것은 내가 할 수 있는 한계선을 조금 넘는 '액티브한 액션'들이었다.

어차피 내 의식의 표면 바로 아래에는 복수의 시나리오들이 다 형성돼 있는데. 방어적으로 들으면 되지 않을까. 이 유사-미정들이 말한다고 해서 내가 그걸 곧바로 믿을 건 아니니까. 유사-미정들은 그냥 하나의 시나리오를 더 보태 줄 뿐이라고 생각해도 되지 않을까. 메모를 쓴 나는 유사-미정들이 나를 마구잡이로 해칠 거라고 판단하진 않았지. 경계할 건 아니라고 그랬지. 낚이지만 않으면 되는 거니까⋯. 어쨌든 유사-미정들의 말을 들어보면, 실제 지금 닥쳐 온 이 상황이 좀 더 파악이 될 거고.

"⋯네, 그럼⋯ 주의해서⋯."

유사-미정들은 진짜 미정과 똑같이 성의 있고 미더웠다. 언밸런스 미정은 이야기를 하기 전에 할 말을 속으로 점검해 보는 것 같았다. 그들의 거동에서 나는 그 셋이 실제 세 명의 외계인 개체는 아닌 것 같다는 느낌을 받았다. 실제로 어떤 세 사람이 손미정으로 외모만 가장해 나를 만나고 있다기보다, 손미정의 형태를 한 아바타들이 여러 단계로 번역된 명령에 따라 내 앞에서 일제히 작동하고 있을 것 같았다. 실제 나와 대화 중인 누군가들은 물론 한국어나 인간 행동 양식을 저렇게 잘 모방하지는 못할 테니 그런 건 전부 기존에 만들어져 있는 스킨이겠지. 나의 상대는 한 명이거나 군체의식일지도 몰랐다.

"고유명사나 특정 용어는 번역이 힘들고, 장윤지 씨가 듣거나 기억하는 데 어려움이 있으실 거라 임의로 이름지어 말씀드릴게요. 저희는 [우주-조선]에서 왔습니다. 저희 [하랑] 중에 [시간-해물]이라는 분이 계신데 고립을 즐기는 개인이라서, 자신의 텍스트를 아무 데도 복제해 두지 않았어요. 물론 [우주-조선]의 텍스트가 지구인의 선형 이야기에 끼어들어갈 일은 없죠, 누가 일부러 끼워 넣지 않은 이상에는요. [시간-해물] 와장창인데 그때쯤 [해적-고양이] 있었습니다. 저희가 파악하기로는 아마도 어떤 졸개가 장윤지 씨의 책에다 [시간-해물]의 비장 텍스트를 무단으로 베껴 넣은 다음 그 디렉터리를 지워 버린 것 같아요. 실제로 장윤지 씨는 해당 텍스트를 기억하지 못할 겁니다, 목차가 지워졌기 때문이지요. 저희는 본문 검색으로 찾은 거고, 제목으로는 아예 검색에 잡히지 않더라고요."

중간에 말이 좀 깨진 데가 있어서 산란했지만 줄거리는 알아들을 만했다. 어떤 사고로 망자의 기억이 유실됐는데 그게 나한테와 있다 이거지. 나한테 있긴 한데 나는 떠올리지 못하는 상태고. 더미 데이터로 있다 이 말이군. 그런데 유사-미정 언밸런스 씨의 말에는 다른 함의가 있었다. 나는 지금까지 내 기억을 지워 준 누군가를 호의를 가진, 우호적인 존재로 상정하고 있었다. 삭제 이전의 내가 그런 뉘앙스로 메모를 써 놨으니까. 그런데 유사-미정들은 그이를 악당처럼 묘사하고(그것도 대악당이 아니라 '졸개'라는 번역어를 써서), 나는 그에게 속아넘어가 뇌 메모리를 더미 데이터에 내줘 버린 피해자인 양 말했다. 공범 취급을 하지 않아 줘서 고맙기는 한데….

복잡해진 추측 속에 시간을 끌 겸, 나는 생각나는 대로 질문했다. "아무 데도 없는 텍스트를 어떻게 본문 검색했다는 거예요?"

"[시간-해물]의 텍스트에 있을 걸로 추정되는 문자열 복수 개를 검색해서 일치가 많으면서 우연일 가능성이 낮은 순서대로 조사해 왔어요. 물론, 문자열이라고 해서 장윤지 씨가 생각하는 그런 형태의 문자나 열은 아니지만요."

"제가 몇 번째였는데요? 순서대로라면 다른 사람도 있었던 거 아닌가요?"

귀걸이 미정이 미소 지었다. "검색이 오래 걸렸기 때문에 지금에야 찾아뵌 것이지, 장윤지 씨가 확실해요. 다른 용의자들은 검색 초기 단계에서 된 만큼의 수치를 가지고 혹시나 해서 조사를 했던 거고요. 검색 대상이 워낙 방대해서 그랬지, 텍스트 자체가 아주 특수하기 때문에 오인은 없습니다. 게다가 장윤지 씨는." 귀걸이 미정은 관자놀이를 톡톡 건드리는 동작을 했다.

95퍼센트쯤으로 축소된 미정들과 같이 있다 보니 멀미가 나려고 했다. 머릿속의 경보는 너무 많이 울려서 더 이상 주의가 환기되지 않을 정도였다.

"저기, 저 몸이 안 좋은 것 같은데 일단 오늘은 집에 갈게요. 다른 날 다시 얘기… 하든가 하고요. 저 가기 전에 한두 가지만 더 여쭤봐도 되겠죠. 우선, 제가 여러분 말씀을 믿을 만한 어떤 증거나 근거 같은, 확인할 수 있는 뭔가가 있을까요? 그리고 아까 여쭤봤던 건데 만약에 제가 싫다고 하면 그다음엔 어떻게 되나요?"

실제의 미정이 잘 짓곤 하는, 화들짝 놀라면서 웃는 그 표정 그 몸짓을 그대로 보여 주면서 꽈배기 니트 미정이 얼른 대답했다.

"아, 물론 하룻밤 정도 생각을 해 보셔야 되겠죠. 저희가 말씀 못 드리는 것도 많고, 지구인이신데 너무 힘드실 수 있으니까요. 저희도 최대한 조심을 하느라고 하는 거지만 이렇게, 최초의 조우라는 것 자체가 참 그래요. 아니 아니, 장윤지 씨가 가시지 마세요, 저희가 갈 거니까요. 조금 있으면 손미정 씨 오실 건데. 그, 물어보시는 거는 저희가 얘기해 드리려면 설명해야 할 게 많아서…."

이 유사-미정들을 보내고 바로 이 자리에서 그 본체를 만날 생각을 하자 진짜로 토기가 올라오고 오한이 들었다. 설명할 수 없이 엄청나게 무서웠다. 고개를 갸웃갸웃하며 생각을 해 보던 꽈배기 니트 미정은 어디까지나 성실한 말투로 어렵사리 대답을 이어 갔다.

"증거… 같은 건 현실적으로, 장윤지 씨의 일상을 많이 침해하지 않고서는 드리기가 힘들 것 같아요. 그리고 생각하셔야 되는 게, 텍스트 반환 후에는 저희 생각엔 지금 이 대화를 포함해서 저희와의 조우 자체를 절취해 드리는 쪽으로 가닥을 잡고 있거든요? 그 이후에 장윤지 씨는 목차 절취도, 본문 절취도 기억을 못하실 거예요. 잘라내서 없어지니까. 그게 제일 좋은 방도가 아닐까, 저희 생각은 그런데…. 그렇다면, 지금 증거나 그런 걸 확인하시든 안 하시든 결국 별 의미가 없지 않을까요?"

언밸런스 미정이 모자란 대답을 마저 했다.

"마찬가지로 반환을 거부하실 경우에도, 솔직히 그 후 절차는 지구인으로서 일상을 아무래도 침해하는 게 되긴 할 거예요. 저희로서는 계속 반환을 요청할 수밖에 없고 반환이 이루어지지 않는 한은 저희 얼굴을 계속 보셔야 하는데, 원래대로라면 장윤지 씨 선형 이야기에 들어갈 게 아닌 내용이 자꾸 면적을 잡아먹을 테니까 말이지요."

세 유사-미정들은 갑자기 입을 다물곤 동시에 내 안색을 살폈다. 분명히 그럴 만큼 나빴을 것이다. 자신들이 꺼져 주는 것이 최선이라는 걸 알 만큼 미정다운 센스가 있었던 유사-미정들은 황황히 인사하며 순식간에 개별 회의실을 나갔고, 나는 그들이 나가자마자 문을 박차고 나왔다. 예상대로 방금 나간 유사-미정들은 문밖에 없었다. 실제 미정과 마주칠까 봐 도망쳐 집에 오면서, 나는 몸이 너무 아파서 어쩔 수 없이 집에 간다고 전화로 약속 파기를 사과했다. 진짜 미정은 조금도 화내지 않고 걱정스러운 목소리로 잘 쉬라고, 혹시 모르니 많이 안 좋으면 119를 부르라고, 아니면 자기에게 전화하라고 폰을 옆에 두고 누우라고 당부해 주었다. 그게 오버가 아닐 정도로, 내가 들어도 굉장히 상태가 안 좋은 목소리밖에 나오지 않았다.

◇

앓은 건지 잠을 잔 건지 모를 밤이 지나고, 달거리와 함께 아침이 왔다. 세상에서 제일 재수 없는 게 아침에 터지는 월경이다. 죽도록 하기 싫은 출근이었지만 거를 수는 없었다. 병가를 내도 되는 날이 있고 안 되는 날이 있으니. 출근길에 미정과 통화해 다시 사과하고 배려해 줘 고맙다고 인사하고 나서, 어제 공유 사무실에서 했어야 했던 미팅 약속을 새로 잡았다. 어제 무슨 얘기를 했는지 오늘 회사에 가 보고해야 하는 부분도 있어 말을 맞춘 것이기도 했다. 미팅을 전혀 안 하고 집에 갔다고 하면 좀 그래서, 막상 만나서 자료를 보니 보충할 필요가 있어 추가 미팅을 잡았다는 쪽으로 둘러댈 셈이었다. 당면한 현실의 문제들을 조금 정리하고 났더니 회사 건물에 들어갈 때쯤 해서는 두려움이 밀려왔다.

유사-미정들은 "하룻밤 정도 생각을 해 보셔야 되겠죠."라고 했다. 즉, 오늘 다시 찾아오겠다고 한 거였다.

한데 나는 정작 간밤에 생각을 못 했다. 진짜 아무 생각도 못 했다. 게다가 오늘은 무슨 결정을 내리기에는 매우 별로인 날이었다. 시작 날이 제일 힘든데.

하루 종일, 회사 안에서고 밖에서고 어떤 다른 공간에 들어갈 때마다 간이 졸아들었다. 유사-미정들이 있을까 봐서. 왜 이번에도 유사-미정일 것이라고 속단했는지 모르겠다. 실제로 나타난 건 유사-부장이었다.

퇴근 시간이 거의 다 되어 괜히 안심되는 마음에 그렇게 방심했던 듯하다. 그것도, 잘 생각해 보면 퇴근 후엔 안심이라는 법도 없는 건데 그랬다. 진짜 한 2~3분 전, 칼퇴근을 앞두고 나갈 준비를 하는데 우리 부장이 부장실에서 고개를 내밀어 나를 불렀다.

부른 시점까지는 진짜 부장이었던 것 같지만, 착각이었을 수도 있다. 어쨌든 부장이 하루에도 두세 번은 꼭 그렇게 부르는 식으로 윗몸을 문 쪽으로 쓱 기울여서 "윤지 씨, 나 잠깐만." 하고 불렀다. 나는 30분 전에 진짜 부장을 그 방 안에 두고 나온 터였다. 물리법칙을 맹신한 탓에 조금도 의심을 하지 않았다.

방에 발을 들여놓자마자, 부장이 과도하게 이를 보이며 쌩끗 웃는 걸 보고, 나는 심장이 떨어졌다.

"문 좀 닫지."

유사-부장이 말했다.

유사-부장의 축소율은 유사-미정보다 좀 더 큰 것 같았다. 자리에 앉아 있는데도 평소보다 작은 게 확실히 보였다. 그 커다란 머리부터가 저렇게 앙증맞아져서.

"저 아직 생각을 정리 못 했는데요."

내 목소리는 이상하게도 겁먹은 티가 안 나고 퉁명스럽게만 들렸다.

"전 어제 걔들 아니에요. 다른 사람입니다." 부장이 말했다.

다행히 유사-부장은 하나만 있었다. 진짜 부장은 어디로 갔는지 궁금해서 또 정신이 산란했다. 여기는 다른 차원인 걸까? 아님 진짜 부장을 어디 다른 데로 치워 놓았나?

"시간이 없으니까 빨리 말씀드릴게요. 걔들한테 맡기시면 큰일 납니다. 걔들은 인격을 잘라내거든요. 선생님의 텍스트를 아무렇게나 절제해서 가져가 버려요. 감언이설에 속지 말고 거절을 하십시오."

부장의 평소 어조, 평소 단어 선택 그대로 나에게 '선생님'이라고 깍듯이 존댓말을 하는 걸 들으니 상태가 어제보다 더 일찍 안 좋아지려고 했다.

"어제 그 사람들 말이 사실이에요? 선생님은 그럼 소속이 어디신지…."

"그런 건 설명이 사실상 힘듭니다. 지구인이신데 제가 설명을 한댔자 아실 것도 아니겠고, 아셔 봐야 후회하십니다. 제가 말씀 드리고 싶은 건 그저 걔들 방식대로 맡기면 안 된다는 것뿐이에요. 텍스트를 주시긴 주셔야겠지만, 걔들한테 칼자루 쥐어 주진 마십시오. 충심으로 드리는 말씀입니다."

"어제부터 텍스트 텍스트 그러는데, 그 텍스트가 뭐길래 그렇게 중요해요? 아니, 괜찮아요. 그런 건 모를래요. 제가 알고 싶은 건 진짜 하나뿐이에요. 그 사람들 안 나타나게 하려면 어떡해야 돼요? 저 진짜 스트레스 받거든요. 텍스튼지 그거 주기도 싫고 그냥 다시는 이렇게 조우? 조우란 거 안 하고 싶은데 대체 어떻게 해야 돼요?"

"텍스트는 주셔야 될 거예요. 그거는 그쪽 애들이 포기 안 할 겁니다. 근데 잘라 가라고 그러지 말고 베껴 가게 하세요. 선생님이 구술해 줄 테니까 받아 적으라고요."

"구술을 어떻게 해요. 저는 알지도 못하는데."

"목차를 살려야지요."

머릿속 경광등이 번쩍 켜졌다.

기억을 살리라는 얘기 아닌가. 이전의 내가 하지 말라고 했던, 바로 그 일이다. 낚는가? 이게 낚싯바늘인가?

하지만 이제는 마음속에 의심의 목소리도 솔솔 음량을 높여 가고 있었다. 내 메모에서 나는 기억을 살리지 말라고 딱 박아 말하지는 않았다. 그냥 낚이지 말고 현상 유지를 우선하라는 식으로 말했다. 수동적으로, 보수적으로 굴라고. 유사-미정들의 제안이 잘라내기이고 유사-부장이 권하는 대안이 베끼기라면, 유사-부장 쪽이 더 안전 지향이고 보수적인 것 아닐까? 메모의 나는 어떤 액션을 취하지 말 것을 주문했다. 가만히 있으면 어떻게 될까?

"목차는 살리고 싶지 않아요."

유사-부장은 부장이 으레 하는 버릇 그대로 고개를 숙이면서 눈을 치떠서 노안 안경 너머로 나를 쳐다봤다.

"아직 이해를 못 하시는 것 같은데, 할 수 있는 대로 설명을 해 드리지요. 사람은 책이고, 인격은 시간을 따라 일정한 폭으로 길게 늘어져 있는 두루마리 같은 겁니다. 아니면 자, 일반 책이라고 해도 페이지는 순서대로 돼 있잖아요? 책 속에 글자가 아무리 많아도 읽을 때 처음부터 끝까지 외줄로 쭉 읽어 나가죠? 쓸 때도 마찬가집니다. 그런 걸 선형성이라고 하거든요. 한 가닥 실이 좌우로 쭉 직조해 나가는 태피스트리에 비유해도 되겠습니다. 시간을 따라 감상하는 음악이나요. 아무튼 인간이란 출생부터 죽음까지 이어진 한 장의 빈 두루마리, 폭이 그리 넓지도 않은 두루마리 같은 거라고 생각하세요. 요는, 과거에서 현재가 이어져 오며 거기에 기승전결, 발단 전개 절정 결말, 뭐 그런 식으로 앞선 것이 뒤엣 것을 끌고 나온다는 겁니다. 통시적으로 만들어지는 구조의 기본 이 선형성이에요. 그런데 이걸 도려내면 어떻게 되겠습니까. 기억 이 아닙니다. 기억만이 아니에요, 쟤들이 잘라 내는 것은. 선생님 이라는 책에서 몇 페이지를 그냥 들어내 버리겠다는 거거든요? 아 무 책에서 몇 장을 뜯어내 버리면, 그래 그 책이 어떻게 되겠습니 까? 파본이지요. 한 줄로 되어 있어야 마땅한 이야기에, 절취라는 폭력이 가해져 버리면요….

텍스트가 원래 누구의 것이고, 그러니 내줘야 하고, 그런 말 믿 지 마세요. 설령 누구의 텍스트라 해도 일단 선생님이라는 책에 들어왔으면 그건 선생님 겁니다. 그거를 잘라 내면 선생님은 크리 플, 영영 결락이 있는 존재가 돼 버리고 말아요. 돌이킬 수 없습니 다. 걔들이 그랬죠? 일 끝나고 자기들 만난 것도 싹 지워 주겠다 고? 그게 수법입니다. 절대 승낙하시면 안 돼요."

과연 잘하는 짓인지 고민하면서도, 나는 털어놓고 말았다. "저 이미 지워진 기억이 좀 있는 거 같은데요. 그… 목차하고 또."

유사-부장의 눈이 튀어나올 듯했다. "목차하고 또? 목차는 어느 시러베아들 놈이 안 들키려고 빼 버린 거, 그거 말고 선생님 텍 스트에 지워진 데가 있어요?"

대답할 수가 없었다. 모르니까.

"이렇게 하시죠." 내가 감지하지 못한 무슨 낌새를 감지한 듯, 부장은 다급하게 말을 이어갔다. "기존에 지워졌다고 생각하시는 부분을 건드리고 싶지 않으신 거는 알겠어요. 그런 자기 방어 본능은 좋은 겁니다. 그러면, 그건 놔두고 가짜 텍스트를 읊어 주시면 어떻겠습니까? 걔들한테요. 걔들 어차피 텍스트 진위는 모르거든요. 키워드만 딱딱 박아 가지고 진짜인 것처럼 말을 해 주세요. 그러면 지들이 좋다고 받아 적을 거니까, 그리고 돌아가면 선생님은 더 이상 스트레스 안 받으시고. 어때요?"

떠듬떠듬 그게 되겠느냐고 키워드를 어떻게 알아내느냐고, 승낙도 거절도 아닌 질문을 하는 도중에 갑자기 부장이 커졌다. 어깨가 쑥 올라오면서 머리가 팽창하는 걸 내가 두 눈으로 똑똑히 보았다. 나는 하던 말을 도중에 뚝 끊었고, 부장은 의아한 눈으로 나를 보았다.

"그런데 퇴근 시간 아니야? 뭔지 내일 얘기하지."

"아, 네."

본체를 축소해서 아바타로 쓰는 거였어? 너무 충격적이었다. 눈앞에서 본 것이 믿기지 않았다.

그러나 엘리베이터를 기다리면서 떨고 있다 보니 그건 아니었을 것 같았다. 눈속임이었겠지. 미정이 세 명이 됐는데.

우주적인 트릭스터들을 하루에 한 팀씩 만나야 한다면 제 명에 살지 못할 것이다. 어떻게든 이 일을 빨리 해결하지 않으면.

있는지 없는지 반신반의 중인 신들과 과거의 내게 간절한 마음으로 기도한 것은, 그들이 초월적인 힘으로 도와줄 것이라고 생각해서라기보다 인류의 전통 기술 중 하나인 신심으로 내 잠재력이 자극받기를 바라서였다. 나여, 어떻게든 올바른 판단을 내려라.

◇

　유사-미정들과 유사-부장이라는 두 진영의 태도, 입장, 주장은 종합해 보면 이러했다. 유사-미정들은 제안에 있어 매우 신사적이고 온화하면서도 가차없는 게, 정부나 대기업 같은 권력 주체의 냄새가 났다. 그에 반해 유사-부장은 유사-미정들을 꺼리고 있고, 그들을 비방하면서 속임수를 쓰라고 권하는 데에도 거리낌이 없었다. 분명하다 싶은 것은 유사-부장이 유사-미정들보다 제도적으로 힘의 열위에 있으며, 자신의 신념에 근거하여 그들의 우위에 정당하게 반항하고 있다고 생각한다는 것이었다. 안타깝게도, 이런 분석은 내 판단에 필요한 근거를 거의 제공해 주지 못했다. 양자 모두 나를 충분히 존중하고 심지어 위하는 양 말을 했지만 과연 어느 만큼이 진실일까?

　유사-미정들은 어제 입장을 매우 분명하게 밝혔다. 자신들의 요구가 관철되지 않으면 계속 나를 괴롭히겠다고. 그게 괴롭히는 것일지는 사람에 따라 생각이 다를 수 있겠지만, 나에게 외계인(으로 해 두자는 존재)과의 거듭된 조우는 모험도 아니고 즐거움도 아니었다. 예를 들어 내가 반환을 계속 거부한다면 그들은 나를 설득하기 위해 다른 사람들을 보낼 수도 있고, 더 많은 설명을 한다든가, 그 해물모듬인지 성간해물인지의 자손이나 뭐 그런 존재와 만남을 주선하거나, 자기네들 법정에 세울지도 몰랐다. 아니면 내가 그들의 문명인 행세에 깜박 속았을 뿐 실제로는 갈기갈기 찢겨서 뇌를 적출당할지도. 메모를 쓴 나인들 외계인(이라 치자)에 대해 뭘 얼마나 알았겠는가? 내가 기억 지우기, 또는 유사-부장의 주장에 따르면 인격 절취에 오케이를 했을 때는 실은 완전히 속아 넘어간 것이었을 수 있다. 누군진 몰라도 그 졸개 새끼가, 나의 아픈 기억을 지워 주겠다고 해 놓고 실제로는 내 뇌 용량을 훔쳐 이상한 텍스트를 저장해 놓고 낄낄대며 사라졌을 수도 있다. 나중에 돌아와서 그 귀중하다는 우주 유일 텍스트를 도로 빼다 팔아먹을 생각으로. 가만, 나에게 아픈 기억이 있긴 있었나? 지금 전혀 생각나는 게 없는 걸 보면 나는 '졸개'와 거래를 했던 건지도 모른다. 아픈 기억 삭제의 대가로 용량을 빌려주기로. 그렇다면, 유사-미정들의 관점에서 나는 어엿한 공범이 된다.

도대체 아픈 기억이 뭐가 있었기에 그런 거래씩이나 한단 말이야? 나 자신을 잘 아는 나로서는 이게 납득이 가지 않았다. 나는 정말 그렇게 열정적인 타입이 아니었다. 외계인과 거래를 불사하면서까지 지우고 싶은 기억이 있었을 것이라고는 생각할 수 없었다. 나답지 않았다.

'모든 것이 가정일 뿐이야. 지금으로선.'

의식적으로 정신을 가다듬었다. 현시점에서 확실한 건 뭐가 있지? 외계인으로 추정되는, 과거의 내가 예고한 아바타들이 실제로 나를 찾아왔다는 것. 그들이 나에게 뭔가 액션을 요구한다는 것.

낚이지 않는 것은 이미 때를 놓쳤다는 생각이 들었다. 낚이고 말고를 내가 결정할 수 있는 게 아니었는데. 어쩌다 보니 이미 많은 이야기를 들어 버렸고, 그 이야기의 인상이 머리를 온통 점령해서 더 이상 다른 시나리오들은 생각도 나지 않았다. 나는 이미 유사-미정, 유사-부장들의 이야기가 사실일 거라고 믿고 있었다.

과거의 내가 남긴 충고 중에서 아직도 고려해 볼 만한 건 마지막한 줄뿐이었다. "현 상태가 가장 좋은 상태라는 보수적 관점에서대처."

지금 이대로 있으려면 어떻게 해야 하지? 지금 상태란, 유사-미정들에게 절취를 승낙하지도, 유사-부장 말에 따라 사기를 치지도않은 상태일 터. 어쨌든 지금까지는 월경 첫날 나쁜 컨디션에 극도로 스트레스를 받고 있기는 해도 아직 아무 액션도 취하지 않았다. 머리가 터지도록 고민을 하면서 나는 제일 먼저 사기 치기를포기했다. 어쩌면 나는 그 '졸개'와 공범인데 운 좋게 발각을 면한것일 수도 있고, 어쩌면 외계인분들이 너그럽게 피해자로 봐 주고계신 것일지도 모르는데, 거기다 대고 사기를 치는 위험한 짓은하고 싶지 않았다. 적발되면 어떡하게. 그렇다면 유사-미정들을믿느냐 유사-부장을 믿느냐의 기로에서….

"생각해 보셨어요?"

담배 이름을 말하면서 편의점 직원이 잘생겼다는 생각을 얼핏하긴 했지만 뭘 보고 그렇게 생각했는지 몰랐는데, 이제 보니 얼굴이 조막만 해서였던 듯했다. 갓 스물로 보이는 그 친구는 축소가 됐어도 키가 많이 작지 않고 얼굴은 연예인처럼 쪼끄매졌다.

마찬가지로 쪼끄맣게 졸아든 간을 부여잡고 심호흡을 했다.

"혹시 어제…?"

"네, 제가 가운데 앉았던 사람이에요."

유사-편의점 직원이 말하면서 담배를 내주었다.

돌아보니 편의점 유리 문 밖이 묘하게 딱 멈춘 것 같았다. 직원은 카운터를 나와서 살가운 태도로 나를 점내 테이블로 데려갔다. 우리는 마주 앉았다.

"저기, 그냥 털어놓고 말씀을 드릴게요. 제가 오늘 그쪽 외계인 분 중 다른 분을 만났거든요, 회사에서. 그분 말씀이 텍스트를 잘라 내기 하면 안 된다고, 제가 구술하면 받아적어 가시도록 하라고 그러시던데, 어떻게 생각하세요?"

깊은 물에 뛰어드는 심정으로 곧장 줄줄 뱉어 놓은 말에, 유사-편의점 직원은 살짝 표정이 어두워졌다.

"아아… 만난 사람이 뭐 안 좋은 일 하지는 않았지요? 그렇게 난입할 일이 아닌데…. 하 참. 새끼들 진짜."

투덜거리던 유사-편의점 직원은 내 눈치를 보고는 애교 있게 표정을 고쳤다.

"그러셔도 돼요, 되는데 문제는 그러면 장윤지 씨 지워진 기억 부분에 아무래도 손을 대야 해서요. 목차부터 살려야 하니까요."

"목차는 원래 제 기억 아닌 거 아닌가요?"

"그렇긴 하죠. 장윤지 씨가 괜찮으시면 저희는 크게 상관은 없어요. 다만…."

"다만?"

"목차를 살린 다음 장윤지 씨가 그 텍스트에 접근해야 하는데, 용량이 꽤 크거든요. 그걸 보유하실 생각이 있으신지, 그 부분 확실하게 이해하시는 게 급선무인 것 같아요. 저희는 텍스트를 가급적 원형대로 잘 추출해 가고 싶기 때문에 구술해 주실 경우 번역 문제도 있고 해서 여러 번 부탁드리게 될 것 같거든요. 시간도 꽤 걸릴 테고, 무엇보다 이게 지구인에게는 상당히 이질적인 내용이라, 예를 들자면 어느 생태계에 외래종을 풀어 넣어도 되나 하는 그런 고민이 있어요. 장윤지 씨가 이번 일을 계기로 지구를 떠나서 저희 쪽으로 오신다든가, 그렇게 나머지 지구인들에게서 격리가 되시겠다 그러면야 문제가 없고 뭐 괜찮겠지만 만약에 계속 지금처럼 살아가신다 할 경우, 실례지만 혹시 자녀분도 두시고 그러면 이 텍스트를 물려주게 되시겠죠? 자녀분까지 가지 않더라도 사실 부분부분 살면서 누군가에게든 넘겨주게 되실 거예요. 지구인들이 지금까지 지켜온 내용의 풀이란 게 있는데 거기에 갑자기 방대한 양의 외계 텍스트가 부어져도 괜찮을지? 어쩌면 지구인들이 장윤지 씨를 배척하거나 숭배하게 되진 않을지?"

한 마디 한 마디가 망치로 머리를 때리는 것 같았다. 나는 어지러워져서 몸을 뒤로 뺐다.

"근데 저작권 문제는 없는 거예요? 텍스트 카피본이 여기저기 있어도 그건 상관없나 봐요?"

직원은 돈 내고 봐야 할 것 같은 상쾌한 미소를 지었다.

"가치 있는 텍스트가 사장되는 게 문제지, 복제를 문제 삼겠어요? 텍스트라고 말씀드리고 있지만 실제로는 책도 아니고 텍스트도 아닌데요. 텍스트 대신 악보나 DNA나 편물에 비유해도 됩니다. 다 비유예요."

그때였다. 얼어붙어 있던 바깥의 어둠이 꿈질 움직였는가 싶자, 유사-편의점 직원이 벌떡 자리에서 일어났다. 아니, 솟아올랐다. 나도 질겁해서 마주 일어난 건 유사-편의점 직원의 몸이 사람같지 않게 늘어났기 때문이었다. 사람이 아니라는 걸 머리로 알고는 있어도 눈앞에서 이런 모션을 취하면 정말 보는 것만으로도 힘들었다. 유사-편의점 직원은 끊어진 고무줄처럼 흐늘흐늘 한 50센티미터쯤 늘어나며 치솟았다가 풀썩 꺼져 내렸는데, 머리도 목도 뼈가 빠진 것처럼 풀려 찌그러졌다. 나는 생각을 해 볼 틈도 없이 바로 문으로 달려갔고 비명 지를 숨을 마시지도 못하고 밖으로 뛰쳐나갔다. 세 걸음도 뛰지 않아서 보이지 않는 뭔가가 손을 확 낚아챘을 때에야 부족한 숨으로 비명을 지르려고 입을 벌렸지만, 순간 내 귀에 직접 입을 댄 것같이 가깝디가까운 목소리가 또렷하게 지시했다. "조용하고 일로 와!"

모르는 목소리인데 왜 그렇게 바로 믿었는지, 따라갔는지 몇 초 안 되어서 알 수 있었다. 나였다. 이끄는 쪽으로 몇 걸음 뛰자마자 내 손을 누가 잡고 있는지가 보였고, 사람보다 옷이 먼저 식별되었다. 유사-나는 내가 대학 때 즐겨 입던 초록색 저지에 물 빠진 까만 쫄바지를 입고 있었고, 신발조차 눈에 익었다.

모퉁이를 돌아서 헉헉거리면서 비로소 마주 본 유사-나는 내가 좋아하던 걸로만 조립된 특주품 같은 모양새였다. 제일 좋아했던 헤어스타일. 제일 편했던 옷. 가끔 맘먹으면 거울 속에 있기도 한 제일 싹싹하고 의젓한 얼굴. 언젠가 잃어버리고 속상했던 해바라기 그림 미니 숄더백. 유사-미정은 그렇게 무섭더니 그보다 훨씬 무서워야 마땅할 유사-나는 생각보다 견딜 만한 것도 아마 이런 조합 덕분인 듯했다. 게다가 축소율도 크지 않아 보였다. 거의 나와 똑같았다.

유사내가 먼저 한숨을 푹 쉬면서 손을 놓았다. "아, 진짜. 안 될 줄 알았어."

아무리 내 모양을 하고 있어도 내가 아닌데 다짜고짜 친한 척 반말이었다. 그 때문일까, 나는 이게 누군지 금방 깨달았다.

'졸개'구나. 내 공범.

◇

"여기서 얘기해도 괜찮아? 안전하긴 해?"

자연히 나도 반말이 나왔다. 유사나는 어깨를 으쓱 털며 시계라도 보는 것처럼 힐끗, 별다른 게 없는 공중을 봤다. 나는 떨리는 손으로 담배를 뜯었다.

놀랍게도 유사나도 나란히 담뱃불을 붙여 물었다. 우리는 서너 모금 빨 때까지 말을 나누지 않았다. 유사나는 몹시 진짜 같아서 심지어 담배로 마음을 진정시키는 듯한 모습이었다.

"죽인 건 아니지? 직원."

유사내가 눈을 휘둥그렇게 떴다. "미쳤냐. 그런 일로 누굴 죽이게."

"그 가짜도 가짠데, 진짜도 괜찮지? 무사하지?"

유사나는 고개를 끄덕였다. "걱정하지 마."

나하고 똑같은 사람과 같이 있었지만 누가 볼까 봐 걱정되진 않았다. 이왕에 두어 번 비슷비슷한 환각 트랩에 걸려들고 보니 지금 이 공간은 외부 침입이 안 된다는 걸 감으로 느낄 수 있었다. 아까 얘가 했듯이 누군가 무슨 무기를 가지고 작정하고 쳐들어오지 않는 한 괜찮다. 여기는 결계 같은 거였다. 보기에는 바깥이라도.

"어떡할 거야?"

내가 그쪽에게 해야 할 말인데 그쪽이 나에게 먼저 해 버렸다. 유사-나의 뻔뻔함이 혹시 내 것인지 헷갈렸다.

"내가 물어볼 말인데. 어떡해야 되냐? 너 그런 이상한 거 나한테 써넣을 때, 합의하에 한 거 맞아?"

유사-나는 눈을 껌벅였다.

"잠깐만. 우선 물어보자. 잡것들이 꼬이는 걸로 봐서 네가 뭔가 망쳤다는 건 알았는데, 지금 무슨 시나리오야? 걔들이 뭐래?"

나는 망설였다. 이 시점에서 나를 가장한 어느 외계인에게 그간의 이야기를 해 주는 것은 액션에 속하는가 속하지 않는가. 낚인 짓인가 아닌가.

다 부질없다. 얘 말마따나 뭔지 몰라도 하여튼 망쳤고 안 된 것 같았다. 어차피 유사-미정/편의점 직원 분들에게 다시 붙잡혀 가는 날에는 하기 싫은 결정과 마주하게 될 것이고. 설령 거부한다 해도 다시 마주하게 될 것이고. 이미 이 외계인 저 외계인에게 이런 말과 저런 말을 들은 상태인데 '졸개'의 항변도 들어는 봐야 하지 않겠나 싶고. 나는 유사-미정들의 이야기부터, 내가 접수한 대로 모든 걸 다 말했다.

"너 당했구나. 그거 다 거짓말이야." 유사-내가 말했다.

"어느 부분이? 네가 변명하는 건 아니고?"

"전부 다 거짓말이라니까? 하나부터 열까지 몽땅 구라야."

나는 유사-나와 눈씨름했다.

"그럼 네가 진상을 말해 봐. 어떻게 된 건지."

유사-나는 기가 차다는 듯 입을 비죽했다.

"네가 말하라고 했다? 내가 그런 거 아니다?"라고 말머리를 떼더니 내가 더럭 겁이 나 말리려고 하는 걸 똑같이 손짓으로 누르면서 막무가내로 제 할말을 풀어놓았다. "나는 네 텍스트 일부를 감추기해 준 건데, 그걸 빌미로 다른 애들이 되지도 않는 얘기를 지어내서 널 골려 먹고 있는 중이야. 네가 감춰져서 잊어버린 텍스트가 있으니 자기들 말을 믿을 거니까. 너한테 내가 써넣은 다른 텍스트, 그런 거 없어. 네가 넘겨주고 말고 할 텍스트가 원래 없다고. 내가 이래서 텍스트 감추기 함부로 하는 거 아니라고 하기 전에 너한테 분명히 경고했거든? 말 안 듣고 도전하더니 별것도 아닌 것들한테 휘말려서, 뭐냐?"

나는 눈을 감았다. 끝없는 미궁이란 건, 생각보다 웅장하지 않구나. 그저 엿 같을 뿐이다. 이놈 말이 정말인지는 또 어떻게 알지. 나타날 변신 외계인이 2조에서 3조로 늘어난 것뿐일지도.

유사-나는 텔레파시 능력이라도 있는지 내 마음을 읽었다. "내 말을 믿는 게 이득일 거야. 미정이 말이나 부장님 말을 믿는다면, 너는 외계 재판 받고 외계 반정부 조직 따라다니면서 폭탄 던지고 막 그래야 할 수도 있어. 내 말이 진짜니까 내 말 믿어."

"아니 믿고 말고가 아니라…. 아니, 이거 뭐 말로 현실 조작하고 그런 거냐? 너희 무슨 언령 외계인 같은 거야?"

유사-나는 웃었는데, 그 웃는 걸 보니 비로소 기분이 나빠졌다. 친근하지 않고 오싹한 느낌이 들었다.

"내 모습 말고 다른 모습 할 수 있어? 별로다."

그러자 유사-나는 선선히 모습을 바꾸었다. 언뜻 스쳐간 변신 중간 장면이 그리 맘에 들진 않았지만(내 얼굴이 옆으로 쭈그러지며 접혔다.) 결과물을 보고 나는 깜짝 놀랐다. 새로운 모습은 내 지인이나 친구가 아니었다. 아예 사람이라고 하기 힘들었다. 인상이 약간… 사슴 같았다. 뿔 비슷한 것도 있고.

내가 놀란 이유는, 이전의 내가 메모를 해 둔 그 다이어리 같은 쪽 귀퉁이에 낙서처럼 조그맣게, 비스듬하게, '사슴♡'이라고 끄적인 글자가 있었기 때문이었다. 그 글자는 메모와는 별개로 맥락 없이 있었던 데다 일반 볼펜으로 쓴 거라 메모의 일부라고 생각하지 않았다. 이제 보니 이전의 나는 이 녀석을 다시 보게 될 수도 있다는 생각을 딱 그 낙서만 한 정도의 작은 가능성으로 가지고 있었던 모양이었다. 일부러 지금의 나에게 알려 주진 않겠지만, 만약에 이 모습을 마주한다면 자기 메시지를 상기하도록. 여백에 끄적인 낙서의 형태로. 혹시 경고로 오해될까 봐 하트까지 붙여서.

그때의 나는 이 녀석을 우호적으로 보았구나. 잘 생각해 보면 그게 얘가 착한 애라는 걸 보장하진 않았다. 나도 다른 사람들과 마찬가지로 오판을 할 수 있으니. 하지만 나에게 나의 발언권은 항상 상당히 커서, 의심과 경계심이 금방 반의 반의 반 정도로 오므라들었다. 실제에 있어서 나는 사슴을 믿기 시작했다.

"그럼 아무것도 안 해도 해결되는 거야, 진짜? 내가 네 말을 믿기만 하면 걔들은 사라져?"

"걔들이 사라지진 않지. 있는 애들이 왜 사라지겠냐?"

나는 어리둥절했다. "그럼 뭐 어떻게 해야 돼?"

"하는 건 너 좋을 대로 해. 다만 다 헛짓거리라는 걸 알고 있으면 돼."

"무슨… 무슨 소리야?"

사슴은 기묘한 가로 동공이 있는 눈으로 나를 빤히 보았다. "감춘 거 도로 펼쳐 놓고 이야기할까? 그 편이 빠를 거 같은데."

"아, 아니. 건들지 마." 나는 바로 손사래 쳤다. "지금 상태에서 더 이상 누가 내 머리… 기억, 이야기, 뭐든 간에, 그런 거에 손대진 않았으면 좋겠어."

사슴은 낄낄 웃었는데 사람 모습이 아니다 보니 어떤 의미의 웃음인지 갈피를 잡을 수 없었다. 정다운 것도 같고 냉혹한 것도 같았다. 앞으로 돌출한, 작고 소담스러운 주둥이에 담긴 작은 이들이 꽤 많이 보였다가 도로 덮였다.

◇

"신중하네, 예나 지금이나." 사슴이 말하면서 몸짓으로 걷자는 뜻을 보였다. 유사-뿔이 있는 것과 마찬가지로 유사-발굽이 있어서 바닥에 또각또각 소리를 냈다. 우리는 팔짱이라도 낄 듯 나란히 붙어 걷기 시작했다. "그런데 실은 그렇게 겁낼 만큼 대수로운 기억도 아니야. 펼쳐진다고 큰일날 거 없는, 별거 아닌 거였어. 네가 좀 신중해야지? 절취 대신 접기를 하는데 그것도 또 시험 삼아 아무래도 상관없는 일을 가지고 해 본 거였다니까?"

팔이 닿을락 말락, 사슴의 체온이 살짝 느껴지는 데다 하는 말의 내용도 매우 그럴싸했지만 나는 말없이 거부 상태를 유지했다.

"좋아, 펼치지 않을게. 그러면 나도 그냥 미정이나 부장처럼 설명을 하는 수밖에 없겠네." 사슴은 오히려 유쾌한 듯했다. "우리가 어떤 존재인지는 너도 짐작이 갈 거라고 봐, 만나 봤으니까. 우리는 지구인의 인생에 수록되고 싶은 이야기들이야. …아, 단일한 이야기가 아니라 수많은 이야기가 뭉쳐서 된 이야기 덩어리라고 할까? 그런 거야. 우린 굴러다니면서 이야기를 우수수 흘려, 여기저기 묻혀. 대상은 너희 같은 지적 생명체, 통시적인 자아감을 가진 것이 가장 보람 있지. 왜냐하면 너희들에게는 자생적인 구조를 갖춘 이야기가 짝짝 달라붙거든. 그리고 가만히 있어도 너희끼리 옮겨 주고 퍼뜨려 가고 그래. 우리가 1차로 써넣어 줄 때처럼 다 갖춰진 형태까진 아니어도, 밈의 부스러기나마 지구인들 사이에 두루 감염이 된다면 우린 좋아. 그 편이 작업 칠 때 더 잘 먹히기도 하고. 부장이 책이랬댔지? 적당한 표현이네. 책은 책인데 완성된 책이 아니고 아무나 아무렇게나 뒤를 써넣어 갈 수 있는 미완성본들이, 지구라는 책장에 수억 권 꽂혀 있는 거야. 먼저 쓰는 놈이 임자지. 얼마나 탐스러울지 느낌이 오니?

너하고 나는 네가 온라인에서 새벽 2시까지 키배를 뜨던 어느 날 밤에 만났어. 물론 온라인으로지. 밤도 깊어 이야기에 논리가 좀 어그러지고, 너는 민감하게 그걸 느껴 자괴감에 빠졌어. 네가 약점을 보인 셈이야. 본질적으로 우리는 기생충 같은 존재라 숙주의 허술함에 반응하거든."

"너도 어디에 아이디가 있어? 외계인들이 SNS를 한다고?"

"내 아이디로 하겠냐?" 바보 아니냐는 듯 사슴이 날 흘겨봤다.

하긴, 얘들은 현실 출현시에도 다른 사람 모습을 훔쳐 나타나지. 근데 그렇다면 지금 이 사슴 요괴 모습이 어딘가 실제 있는 거야? 그리고 온라인엔 아이디를 훔친 외계인들이 득실거리고? 생각은 내 통제를 벗어나 아무 데로나 튀었다.

"넷상의 말다툼에 과도하게 말려들어 시간도 낭비하고 뒷맛이 썼던 너는 내 제안에 쉽게 넘어왔지. 내가 먼저 제안을 한 것도 아니야. 네가 소원했지. 너는 지저분하고 아귀가 맞지 않는, 방금 망쳐 놓은 부분을 지우고 싶어했어. 너의 텍스트를 정갈하게 유지하고 싶어 했지. 그런데 그 방법이랍시고, 네가 한 건 나를 상상해 낸 거였단다."

얘가 내 상상이라고. 내가 지금 이 나이 먹고 상상의 친구와 나란히 걸으면서 이야기를 나누고 있는 거라고? 어이가 없기도 하지만 이 괴상한 존재에 호감과 신뢰가 드는 까닭이 그거였나 일변 납득이 가기도 했다. 자기 입으로 '우리', '너희'를 나누어 꽤 포식자 같은 말을 하고 있어도 나는 왠지 사슴이 정말로 꺼려지진 않았다.

"난 네 장단에 적당히 맞춰 줬을 뿐이야. 그다음 기회에 우린 만났고, 내가 정체를 밝혔어. 네가 지우고 싶어 하는 걸 내가 지워 줄 수 있다고 말했지. 너는 망설이다가 지워 달랬고, 지워 달라기에 지워 준 거고. 물론, 진짜로 아예 삭제해 버린 건 아니고 접어 둔 거지만. 그래도 접어 봐야 소용 없다고, 괜한 짓이라고 내가 사전에 분명히 경고도 했다?"

"아니 잠깐. 너 지금 이거 다 얘기해 버린 거 아냐?"

"펼치진 않았잖아? 그냥 말로 해 준 거지."

이번엔 웃음의 뉘앙스가 아주 잘 파악되었다. 씨익 웃는 그 웃음은 정말로 악당의 미소였다.

얻지 말았으면 좋았을 정보를 얻어 버렸다는 낭패감을 곱씹는 중에 몇 가지 생각이 떠올랐다. 이 녀석이 처음 내 앞에 등장했을 때는 누구로 등장했을까 하는 잡생각이, 좀 더 중대한 경보들보다 먼저 휙 스쳐 지나갔다.

"근데 왜 지웠어? 써넣는다며."

"응?"

"너희는 이야기를 써넣는다며. 왜 써넣지 않고 오히려 지워? 가짜 미정이들 말대로 지우는 걸 빌미로 뭘 쓰고 안 쓴 척하는 거 아니야?"

"오, 잘한다. 계속 그렇게 의심해. 알아서 이야기를 늘려 나가네." 사슴이 나직이 낄낄거렸다. "더 해 봐. 내가 그랬다 치고, 그럼 어쩌게?"

잠시 서먹해졌다.

걷다 보니 우린 어느새 집 앞에 거의 다 와 있었다. 결계 안에서도 장소 이동이 되는구나. 내 집이 있는 건물은 평소와 똑같이 적당히 불이 켜져 있고 저만치 엿보이는 큰길도 멀쩡했다. 차나 사람이 보이지 않을 뿐이었다. 사슴은 내 옆에서 진짜 생물처럼 숨을 쉬고 있었다. 체온도 있고 숨결도 있고, 어떻게 본들 상상의 존재라고는 믿어지지 않았다.

"…실제로 어쨌는지는 모르는 거네. 그렇지만 만약 네 말이 참 말이라면, 그럼 부장이나 편의점 직원 말에 넘어가서 내가 지운 걸 살려 구술하겠다고 했으면…"

"우주적인 분량의 쓰레기 텍스트를 그때부터 신나게 써넣는 거지, 걔들이. 그게 굉장한 가치가 있는 내용이라는 암시까지 얹어서 말야. 그건 실제 위기였어. 엄청 당했을 거야, 넘어갔으면."

까딱했으면 외계인에게 들은 우주의 비밀을 책으로 서른 권씩 써내는 광인이 되어 인생 마칠 뻔한 건가. 모골이 송연했다.

"그럼 넌 날 구한 거구나?"

사슴이 고개를 숙였다.

"그리고 그 모든 게 내가 기억을 지워 달라…, 접어 달라 하는 바람에 생겨난 일이란 말이지? 그래서 결국 펼치라는 거야, 네 말은? 그 접은 걸 펼치게 하는 게 너의 목적이야?"

"펼쳐도 되고 놔둬도 되고. 어차피 그 정도 접어 넣기는 저절로도 되거든. 전체 텍스트는 아무런 차이가 없어. 실제로 일어난 일은 네가 나를 만나고 미정들과 부장과 편의점 직원을 만나 찧고 까불고 지지고 볶았다는 거지. 그게 바로 내 목적이고, 걔들의 목적이기도 해. 너 아직 이해가 잘 안 되는 모양인데, 넌 인생의 일부를 지운 게 아니라 '지웠다'라는 기록을 굳이 추가해 넣은 거야. 너희들의 텍스트는 그렇게밖에 안 돼. 계속 주석을 보태 갈 뿐이라고. 그래 놓고 그걸 계속 곱씹으니 그 망상에 우리가 꼬이지. 네 경우는 하나부터 열까지, 우리가 좋아하는 최상의 진행이었어."

사슴은 입맛을 다셨고, 멈춰 선 채 땅을 보며 내가 할 수 있었던 건 반성뿐이었다. 해 봐야 별 소용도 없고 억울한 마음이 꽤나 많이 섞인 반성이긴 했지만. 나는 항변했다.

"그럼, 그 지지고 볶은 걸 고스란히 놔두면, 내일도 미정이나 박 대리나 엄마나 부장이 조금 축소된 가짜로 나타나서 나한테 막 무슨 흰소리를 해도 그냥 있으라는 거네?"

"그게 최선이거든."

"평생을 너희들의 낙서질에 꼼짝없이 당하면서 살란 거야? 아무나 펜을 들고 덤벼들어 내 텍스트에 막 뭘 써넣어도 돼?"

"평생까진 아니야, 당분간이지. 네가 안 믿고 재미없어 하면 뜸해져. 그리고 어차피 너희들 페이지는 뭐가 됐든 쓰라고 있는 거고, 너희들끼리도 서로 덤벼들어 써넣느라 난리도 아니잖아? 써진 게 싫으면, 접기는 이미 해 봤으니 이번엔 진짜 절취를 시도해 보든가."

나는 몸서리쳤다.

"진짜로 아무 대책이 없어?"

"공해에 무슨 대책이 있어? 희석과 회피 말고? 오래 살아. 희석되게. 그리고 누구의 펜이 움직이기 전에 네가 빨리 뭔가 써넣어. 뭐 네가 써넣는댔자 그것도 어디서 베껴 오는 거긴 하겠지만. 표절을 하더라도 네가 하는 게 낫지. 애초에 텍스트를 너무 소중히 하는 것도 그래. 그렇게 정갈하게 관리할 수 있는 게 아니라고. 그러니까 이미 써넣어진 헛소리는 그냥 내버려둬, 되새겨서 맥락을 주지 마. 복선으로 되살아나게 만들어 주지 마."

나는 지그시 외계인(을 자처하는 환상 동물) 악당을 바라봤다.

낚였고 넘어갔다. 경계했지만 쓸데없었다. 과거의 내가 남긴 당부는 지금까지 95퍼센트쯤 말아먹었다. 그리고 나머지 5퍼센트를 나는 이제 마저 날려 버릴 참이었다. 마지막 남아 있는, 필연적인, '액션'을 나는 취했다.

"펼쳐 줘. 접었던 거."

사슴을 비롯해서 이 외계인(인지 뭔지)들은 정말 언령 주술과 관련 있는지, 말을 잘 듣기론 나무랄 데 없었다. 돌이켜 보면 무슨 짓을 획책하든 하나같이 합의를 전제로 했다. 사슴은 즉각 내 요구에 응했다.

돌아온 것이 내 기억이 맞다는 전제하에, 확실히 재수 없는 기억이었다. 사슴 말대로 대수롭지 않은 것이면서도 정말 뒷맛이 더러운, 잊고 싶을 법한 경험이 맞았다. 이러니까 내가 지우고 싶어 했지. 이러니까 뭐가 어찌 되든 이건 잊은 채로 있는 편이 낫다고 생각했지. 비로소 나는 그 메모를 한 나를 완전히 이해했다. 지금 나도 그 나와 동감이었다. 사슴은 키배 기억뿐만이 아니라 거기 부속된 기억도 같이 펼쳐 놓았으므로, 나는 얘가 처음에 무슨 모습으로 내 앞에 나타났던 건지 이제 알 수 있었다. 나눴던 대화도 부분부분 생각이 났다.

"그런데 뭐 하나 물어봐도 돼?"

이 모든 것이 사슴이 지금 날조해 적어넣은 내용일 수도 있다는 생각을 머리 한구석에 가진 채로, 나는 가로 동공이 숨어 있는 사슴의 맑은 눈망울을 어두운 빛에 열심히 들여다봤다.

"너는 왜 참말을 해 줘? 딴 애들처럼 이상한 이야기 지어내지 않고? 너도 같은 외계인이라며."

사슴은 쌩끗 웃었다.

"참말로 경쟁에 이길 수 있으면 참말이 좋지. 지금까지 널 붙잡고 실컷 써넣었잖아? 내가."

'앞으로도 당분간 써넣을 거고.'라는 말은 우리 둘 다 굳이 입밖에 내놓지 않았다. 질겁한 건지 설렌 건지 혼란스러운 마음으로 해 본 지 꽤 오래된 집 앞 작별을 하고, 어쩌면 유사-엄마가 있는 게 아닐까 마음 졸이며 내 집 문을 열었다.

다행히 오늘은 더는 없었다.

"선을 북돋고 악을 제하되 디스토피아는 만들지 않기. 이게 그렇게 어려워서 우리는 아직도 쩔쩔맨다. 잘하면 될 수 있을 것도 같은데 말이다."

모든 무지개를 넘어서

전혜진

라이트노벨『월하의 동사무소』로 데뷔한 후『감겨진 눈 아래에』,『텅빈 거품』등 여러 앤솔러지에 단편을 수록하고, 장편『280일: 누가 임신을 아름답다 했던가』를 썼다. 만화/ 웹툰의 원작이나 연출을 맡은 경험으로 논픽션『순정만화에 서 SF의 계보를 찾다』도 발표했다.

옛날에는 7월은 되어야 태풍이 온다고 했다. 요즘은 6월에 시작하는 게 보통이다. 올해는 5월에 첫 태풍이 불었다. 그것도 이른 태풍치고는 꽤나 강력한 태풍이 지나갈 거라며, 외출을 삼가고 창틀이 흔들리지 않게 조심하라는 일기예보가 5월 중순 무렵부터 계속되었다.

"다 부수고 지나갈 거라더니, 이번에도 별거 아니었잖아."

"일기예보 하는 놈들은 맨날 과장만 하지. 사람들 겁만 주고."

"비 지나가니 날은 맑아서 좋다, 바람도 시원해진 것 같고."

태풍이 지나간 다음 날, 윤현은 등에 책가방을 멘 채 버스 정류장 벤치에 앉아 있었다. 그는 이제 5학년이었지만 키가 작아 기껏해야 3학년쯤으로 보였다. 의자에 앉으면 발이 땅에 온전히 닿지 않아, 깡마른 두 다리가 이리저리 흔들렸다. 마치 태풍의 끝자락에 마구 흔들리는 가게 앞 낡은 현수막처럼.

"그래도 저기 남쪽 지방엔 피해가 심하다더라. 이것 봐."

"전신주가 쓰러졌다고? 와, 그렇게 심한데 어떻게 여긴 이렇게 조용하대?"

"그러니까 말야. 이 동네에 태풍 피해가 없는 건 다행인 거고, 다른 데는 피해 입은 지역도 있으니까."

비가 먼지를 다 씻어내어 새파랗고 맑게 떠오른 하늘 아래, 크리스탈 시티의 사람들은 버스를 기다리거나 정류장 옆을 지나가며 저마다 태풍 이야기에 바빴다. 더러는 무신경하게 일기예보가 틀렸다고 낄낄거리고, 더러는 그래도 피해를 입는 지역이 있었다고 설명하기도 했다. 어떤 어른들은 피해를 입은 해안가 지역이 아니라 수도권에 대해서만 이야기하는 뉴스가 잘못된 거라며, 그런 수도권 중심주의를 버려야 한다는 이야기도 했다. 그런 말을 하는 어른들은 대부분 말쑥하게 잘 차려입었고, 학교 선생님처럼 상냥하고 똑똑한 사람들 같았다.

하지만 그런 사람들도, 어쩌면 짐작조차 하지 못하는 걸까.

윤현은 문득 생각했다. 한 장짜리 유리창들이 줄줄이 깨져 나가고, 가겟집에 간판 대신 걸어 놓은 현수막이 북 찢어져 날아가던 날을, 전기가 제대로 들어오지 않아, 어두운 건 싫다고 칭얼거리는 동생들과 함께 이불 밑에 숨어들어 숨죽이던 어젯밤을, 태풍이 이 도시를 제대로 때리고 지나간 날을.

멀리 남쪽 지방까지 갈 것도 없었다. 여기, 크리스탈 시티에서 버스를 타고 네 정거장만 가도, 아니, 차로 간다면 큰 길 따라 조금만 가도, 피해를 입은 사람들은 한둘이 아니었다. 사람들은 지대가 낮은 곳에 사는 사람들이나 태풍이며 폭우의 피해를 입는다고 생각하지만, 재난은 사는 곳의 해발 고도에 달린 문제가 아니었다. 그런 게 문제라면 아쿠아마린 시티나 투모로우 시티는 이미 물바다가 되고도 남았어야 했을 것이다. 여기서 빙글빙글 도는 버스를 타고 한 시간도 못 가서 닿는 투모로우 시티는, 원래는 소나무가 많아서 송도 앞바다라 불렸던 바닷가의 넓은 뻘밭을 간척해서 만든 도시였다. 지대가 낮으니까, 혹은 원래 바다였던 땅을 메워 뭍으로 만든 곳이니까, 학교에서 배운 상식대로라면 홍수가 나도 그쪽이 더 큰 피해를 입는 게 맞을 것 같았다.

하지만 산비탈에 자리잡은 윤현의 동네보다 훨씬 낮은 지대에 있는, 이곳 크리스탈 시티의 변두리에 있는 공립 초등학교조차도, 비가 온다고 해서 물이 역류하거나 학교 진입로가 물에 잠기는 일은 없었다. 윤현네 집 앞의 작은 가게가 물에 휩쓸리고, 태풍이 불고 나면 크고 작은 피해들이 생기는 가운데에도, 이곳은 지나가는 태풍을 남의 일 대하듯 평화로웠다.

그건 완전히 동떨어진 두 개의 세계였다. 마치 꿈과 현실 같은.

어른들은 말하곤 했다. 꿈은 꿈일 뿐이다. 자고 일어나면 곧 잊어버리는 허망한 것. 그런 것은 꿈을 꾸는 사람에게 결코 손에 잡히는 현실이 될 수 없다. 그러니까 그냥 놓아 버려라, 잊어버려라. 옛말에 뱁새가 황새를 따라하다가는 가랑이가 찢어진다잖니. 그러니까 신경쓰지 말아라. 크리스탈 시티의 사람들이 무어라 말하든. 섣부른 꿈을 꾸지 말고 그저 놓아 버리면, 포기해 버리면 모든 것이 편해질지도 모른다.

하지만 그런 인생을, 정말 참고 견딜 수 있을까?

윤현은 답답했다. 가슴속에 너무나 많은 생각과 감정들이 차오르는데, 윤현에게는 아직 이 모든 감정과 생각들을 충분히 말할 수 있는 단어들이 주어지지 않았다. 마치 처음 보는 무언가를 설명할 때 느껴지는 갑갑함과 이제 막 말을 배우기 시작하는 어린아이들이나 갑자기 낯선 외국어로 의사소통을 해야 하는 사람이 되어 버린 것 같은 느낌 때문에 차라리 죽고 싶다는 생각마저 들었다. 이제 겨우 열한 살인 윤현에게는 보고 듣고 따라하며 자신의 말로 만들어 갈 언어의 씨앗들이, 부족한 줄도 모르는 채로 부족하기만 했다. 한껏 달리기를 하는 것처럼 가슴이 뛰었지만, 아무리 숨을 헐떡여도 부족해진 산소를 채울 수 없는 것처럼, 윤현은 그 설명할 수 없는 모든 감정이 그저 아득하고 고통스러웠다.

◇

인간은 다른 동물과 다르다. 농사를 짓고, 문명을 일구어 냈고, 마침내 자신과 다른 새로운 지성체를 만들어 낸 창조자였다. 인간은 지구상에서 가장 존엄한 생물이자, AI가 만들어 낸 새로운 산업 문명의 수혜를 누릴 권리가 있는 이들이었다. 모든 사람은 평등하다. 모든 사람은 사람답게 존엄히 살 권리가 있다. 그러므로 이곳 사람들은 나라로부터 각종 수당을 받을 수 있었다. 아이가 태어나면 양육 수당을 받고, 일을 하지 않으면 실업 수당을 받는다. 윤현은 그렇게 배웠다.

윤현의 집도 마찬가지였다. 집에는 윤현을 비롯해서 두 동생이 더 있었기 때문에, 어머니는 실업 수당과 함께 세 아이 몫의 양육 수당을 받았다. 어머니도, 이모와 외삼촌도, 동생들의 아버지들도, 누구 하나 일하러 나가지 않았다. 윤현의 가족이라 할 만한 사람들은 전부 그랬다. 부지런한 옆집 아줌마는 종종 게임 캐릭터를 키워서 아이템이나 캐릭터를 팔아 돈을 벌었다. 외삼촌의 손재주가 많은 친구 하나는 술과 함께 먹으면 기분이 좋아진다는 약을 몰래 만들어 팔다가 경찰에 잡혀갔다. 그런 것은 학교에서 배워 알게 된 멀쩡하고 번듯한 일, 실업 수당을 받지 않는 일과는 거리가 멀었다.

"애써서 살 필요 없어."

왜 우리 집 어른들은 아무도 일하지 않느냐고 윤현이 물었을 때, 이모가 말했다.

"취직을 하면 실업 수당이 안 나오잖니."

"하지만 크리스탈 시티 쪽에는 일을 하는 사람들도 있는 걸요."

"크리스탈 시티랑 여기가 같니?"

이모는 혀를 차며 고개를 돌렸다. 이곳 사람들이 구할 수 있는 일자리란 대체로 실업 수당만큼도 못 버는 일이 대부분이었다. 사람들은 딱히 일할 필요를 느끼지 못했다.

"어차피 일하러 가 봐야 남한테 머리나 숙여야 하잖아. 넌 그런 게 좋아? 그리고 가끔은 사람도 아니고 AI 로봇들한테 지시를 받아야 하잖아. 주급도 그 깡통들이 주고. 아, 생각만 해도 기분 나쁘네. 그런 거 다 때려부쉈으면 좋겠는데."

"그치만 AI가 인간 대신 일하니까, 인간은 일하지 않아도 먹고 살 수 있는 거랬어요."

"너 말 잘 했다. AI들이 인간 대신 일 잘 하고 있는데, 우리 인간이 왜 굳이 AI에게 굽실거려 가면서 일을 해야 하는데?"

"…."

"굳이 애써서 살 필요 없어. 이 겉똑똑이야. 내가 그래서 애새끼들 학교 같은 데 굳이 보낼 필요 없다고 그랬는데."

이모는 혀를 차며 고개를 돌렸다.

"왜, 네 또래 애들 다들 학교 잘 안 가잖니. 넌 대체 누굴 닮아서 그런 건지는 모르겠지만…."

"중학교까지는 의무 교육이잖아요, 이모."

"그래, 나도 알아. 나도, 네 엄마도, 외삼촌도 전부 학교는 다녔잖아. 넌 대체 초등학교 좀 다닌다고 뭘 그렇게 아는 척을 하고 그래, 쪼끄만 게 귀찮게."

양육 수당은 인간이 이 세상에 태어난 이상 무사히 어른이 될 수 있도록 책임진다는 뜻이라고 배웠다. 태어난 아이들이 제대로 된 어른이 될 수 있도록 중학교까지는 의무 교육이었다. 고등학교와 대학교는 무상 교육이었다.

하지만 이 마을 사람들 중에는 대학에 간 사람이 없었다. 중학교 졸업장들은 다들 있었고, 더러 고등학교 졸업까지는 어떻게 한 이들이 있었지만, 그뿐이었다. 고등학교를 졸업한다고 더 나은 삶을 살 수 있는 것도 아니고, 대학교에 가고 싶으면 어려운 시험을 치러야 했다. 그런 것은 마치 먹지도 못하는 꽃 같은 것을 비싼 돈 주고 사는 것처럼 사치스런 일이었다.

그런 데다 억지로라도 학교에 끌려갔던 어른들 세대와 달리, 윤현의 또래 아이들은 그나마 학교에도 잘 가지 않았다. 전염병 때문이었다.

원래대로라면 학교에서는 갓 입학한 1, 2학년 아이들에게 학교에 가는 습관을 들이기 위해 통학 교육을 시켰다. 일단 초등학교에 입학하면 약 2년 동안, 커다란 후추통같이 생긴 교사들이 사는 동네별로 구역을 묶어서 아이들을 인솔해서 학교에 가고, 하교할 때에도 같은 식으로 돌려보냈다. 학교에서는 비슷비슷한 골목에 사는 아이들끼리 친해져서 함께 통학할 수 있도록 모둠을 만들기도 하고, 상급생과 통학 짝꿍을 만들어 주기도 했다. 하지만 윤현이 학교에 가기 몇 년 전, 어린이와 청소년이 쉽게 감염되는 신종 전염병이 돌자, 학교는 한동안 통학 교육을 완전히 중단하고 온라인 교육으로 대체했다. 전염병이 한참 심해졌을 때에는 학기 중에 휴교를 하기도 했다. 그렇게 몇 년 지나면서, 이 골목의 아이들은 제대로 학교에 다니지 않게 되었다.

처음에는 학교에 가려던 아이들도, 같은 골목의 또래 친구들이 다들 학교에 가지 않는 것을 보고 함께 놀러나가다가 어느 순간 학교를 포기하기도 했다. 통학 교육이 없어지자 아이를 학교에 데려다주는 게 귀찮다며 학교에 보내지 않는 부모들도 있었다. 나중에는 취학 통지서를 받고도 학교에 얼굴 한 번 안 비추는 아이들도 생겨났다.

윤현도 하마터면 그럴 뻔했다. 윤현의 엄마는 이제 일곱 살 된 아이를 매일 버스를 타고 학교로 데려갔다가 데리고 올 만큼 자식에게 정성스러운 사람은 아니었다. 가고 싶으면 너 혼자 가라며 내팽개쳤다. 크리스탈 시티의 공립초등학교 청소부로 일하는 아랫집 할머니가 아니었다면, 윤현도 학교에 제대로 가지 못했을지 모른다. 일곱 살 난 윤현은 아랫집 할머니를 따라 동트기 전에 학교에 갔다가, 4학년 언니들 수업이 끝나는 오후에야 할머니를 따라 돌아왔다. 1년쯤 지나자, 윤현은 혼자 버스를 타고 학교에 갈 수 있게 되었다. 아랫집 할머니는, 그래도 학교에서 일하는 사람이라 그런지 윤현이 커서 큰 인물이 될 거라고, 개천에서 용이 날지도 모른다고 했지만, 집안 사람들은 다들 심드렁했다. 아니, 공연히 어린애에게 헛바람 넣지 말라고 할머니에게 시비를 걸기도 했다.

"넌 왜 그러니? 열심히 한다고 뭐가 달라질 것 같아?"

"내가 열심히 하는 게 싫어서 그래요?"

"옛날에야 그런 말도 있긴 했지. 개천에서 뭐가 나온다고. 근데 요즘 누가 그런 말을 해? 해 봤자 여기서 못 벗어나. 이모라서 너 생각해서 하는 말인데, 꿈 깨고 그냥 여기서 숙이고 살아."

윤현은 개천에서 나오는 게 용이라고 말할까 말까 생각하며 이모의 눈치를 살폈다. 이모는 고개를 젓다가 물병에 넣어 다니는 소주를 꿀꺽꿀꺽 마시기 시작했다. 이모 말대로, 열심히 하더라도 아무것도 달라지지 않을지도 모르지만, 적어도 벌건 대낮에 소주를 마시며 어린애에게 노력할 필요 없다고 말하는 어른은 되고 싶지 않았다. 이모는 손등으로 입가에 흘러내린 소주를 훔쳐내며 중얼거렸다.

"넌 진짜 징그러운 애야. 이 동네에 누가 했어요, 그랬어요, 그런 말을 쓰고 그래? 어른한테 쌍욕이나 안 하면 다행이지."

"그럼 이모한테 존댓말 하지 말아요?"

"…해."

"징그럽다면서요."

"징그러워. 아, 되게 근질거리고 징그러운 건 맞는데… 그래도 지 딴에는 어른 내접이라고 하는 거잖니."

"…이상해."

윤현은 작은 목소리로 중얼거렸다.

가끔은 몸을 한껏 웅크리고 사라져 버리고 싶을 때가 있었다. 진득한 구급차 사이렌 소리가 골목 여기저기를 울리는 여름에는 특히 그랬다. 6월에 접어들며, 유난히 햇살을 많이 받는 이 산비탈은 한낮이 되면 기온이 사람 체온을 넘어가기 시작했다. 8월이 되면 40도에 육박할 것이다. 그렇게 낡은 지붕을 녹일 듯한 무더위가 쏟아지고, 노인들이 길가에서 픽픽 쓰러지는 그런 날이면, 사람들은 다들 더위에 머리가 돌아 버린 것처럼 욕설을 하고, 멱살을 붙잡고 싸우거나 했다. 아이들이라고 다를 것도 없었다. 짱돌을 들고 머리가 터지도록 치고받는 동네 오빠들, 아장아장 걸어다닐 때부터 희한한 교태를 부리는 여자애들, TV나 게임기 앞에서 늘어져 있거나, 벌써부터 술을 훔쳐 마시다가 늘씬하게 두들겨 맞는 아이들 속에서, 윤현은 자신이 이 골목의 아이들과는 조금 다르다는 것을 진작부터 알고 있었다. 이질적인 존재였기에 이 골목 아이들에게 받아들여지지 않았다. 하지만…

'받아들여진다면, 그건 그거 나름대로 참을 수 없는 일일 거야.'

윤현은 문득 생각했다. 여기서 벗어날 희망이 있다면, 받아들여지지 않는다고 해도 상관없었다. 하지만 아무리 노력해도 이곳에서 벗어날 수 없다면, 대체 어떻게 해야 하는 걸까.

그저 그런 사람이 되고 싶지 않았다. 술을 마시고, 하루 종일 무기력하게 게임을 하거나, TV 앞에 누워 있거나, 혹은 아무하고나 싸우고 입만 열면 욕설을 내뱉는, 그런 어른은 되고 싶지 않았다. 누구의 눈에도 띄지 않을 만큼 한없이 움츠러들다가, 초파리보다 더 작은 날벌레가 되어 사라지고 싶었다. 마치 처음부터 태어나지 않았던 것처럼.

◇

물론 크리스탈 시티의 사람들이라고 해서 다들 일을 하는 것은 아니었다. 그들 역시 전염병이 도는 기간에 아이들을 학교에 보내지 않았다. 하지만 그들은 낮부터 술을 마시지 않았고, 말을 점잖게 하거나 적어도 점잖은 척이라도 하려고 애썼다. 그들은 옷을 맵시 있게 입었고, 집에 가사 일을 돕는 AI 로봇을 두고, 학교에 가지 않아도 아이들은 공부를 해야 한다며 가정교사 로봇도 들였다. 아이들은 때로는 음험했지만 대체로 온순하고 겁이 많았다. 윤현을 두고 '냄새나는 달동네'나 '거지새끼'라고 놀리고 머리카락을 잡아당기는 아이들도 있었지만, 그럴 때는 골목의 아이들이 쓰는 험악한 말 몇 마디를 던져 주는 것만으로도 기가 질린 듯한 표정을 짓곤 했다. 멍청하고 음흉했지만 골목의 아이들과 비교하면 온실 속의 꽃이라는 느낌이 들 만큼 연약한 구석들이 있었다.

치고받고 싸우진 않았지만, 자기 아이가 그런 욕설을 들었다는 것만으로 학교에 달려오는 학부모들도 있었다. 교실 여기저기에는 사고를 막기 위한 모니터링 장치들이 갖추어져 있었으므로, 대개는 그 아이들이 먼저 윤현에게 시비를 걸거나 욕설을 해 왔던 것을 확인할 수 있었지만, 그럼에도 불구하고 그 애들의 부모들은 윤현이 못마땅한 모양이었다.

"아니, 애초에 그 동네 애가 왜 여기까지 학교를 다닌답니까?"

그들은 달동네, 소위 '기층민 구역'의 아이들이 자기 자식들과 함께 학교에 다닌다는 것을 참을 수 없다는 듯 정색하고 말했다.

"그런 동네 아이들이 여기까지 오면, 우리 애들 교육에 아무래도 안 좋지 않겠어요?"

"그렇게 이질적인 아이가 혼자 여길 다니는 건, 그 애한테도 좋지 않은 일이에요. 대체 무슨 욕심이 있길래 여기까지 학교를 다닌답니까?"

윤현은 학부모들과 후추통 같은 교사들, 그리고 엄격한 얼굴을 한 교육청 사람들이 이야기를 나누는 모습을 바라보며 의자에 앉아 발끝을 흔들거렸다. 윤현의 엄마는 이런 자리에도 오지 않았다. 어쩌면 아예 학교에서 부르지 않았을지도 모른다. 불러 봤자 대책이 없는 사람이니까. 건너편에는 뒷자리에 앉아 윤현의 머리카락을 마구 잡아 뽑고 연필로 머리를 때려 대다가, 골목길의 험악한 욕설 한마디에 파랗게 질렸던 녀석이 기가 죽은 채 앉아 있었다. 윤현이 그런 나쁜 욕을 했으니까 모두가 자기 편일 줄 알았는데, 엄마 아빠 앞에서 자신이 한 못된 짓들이 전부 공개되자 잔뜩 의기소침해져 있었다. 그 애의 엄마는 아들이 한 짓이 한심해서 고개를 돌리고 있었고, 아빠는 아직도 자기 아들보다는 윤현에게 문제가 있다는 듯, 교육청에서 온 장학사에게 항의를 했다.

"아니, 쟤들은 쟤들끼리 학교를 다니면 되잖아요. 그 동네에는 학교도 없답니까?"

"예."

"아니, 교육청에서는 그런 걸 뻔히 알면서 내버려 둬요? 나, 이 거 민원 넣을 거예요. 교육청에서 일처리를 제대로 못 해서, 우리 아들이 괜한 일에 휘말렸다고 신고할 거란 말입니다."

"하시죠."

"…말씀 잘하시네, 제가 그래도 높은 분들도 많이 아는데 말입 니다."

"그러시죠."

"허어?"

"어디 보자, 이 학교는 1937년에 세워졌습니다. 크리스탈 시티 가 들어오기도 전에 말입니다. 말씀하시는 그 동네 아이들은 그때 에도 이 학교에 다녔고요. 오히려 신도시가 생기면서 이쪽 지역 아이들은 나중에 다니게 되었네요."

"아니, 지금 그 이야기가 아니잖습니까. 그런 거라면 애초에 학 교를 분리해 췄어야지요!"

"다른 지역들은 학교 건축 허가가 빨리 나오지 않아서 분양부터 입주까지 지연이 되었는데, 이쪽 단지는 이 학교 덕분에 빨리 처 리가 되었지요. 일은 어른들 사정대로 진행해 놓고, 피해는 그 동 네 아이들이 입으라는 말씀이십니까?"

교육청 장학사가 눈살을 찌푸렸다. 윤현은 그 사람은 아마 이런 일을 한두 번 본 게 아닐지도 모른다고 생각했다.

"이 학생이 버스를 타고 여기까지 학교에 다녀야 하는 이유는 간단합니다. 그 지역은 급경사지라 재해 발생의 우려가 크기 때문에, 교육청에서 학교를 짓고 싶어도 지을 수가 없어요. 학교에 안 오는 아이들이 늘어나는 이때에, 그런 힘든 여건에서도 묵묵히 학교에 오는 아이라면 격려하고 칭찬해 주어야지, 선생님 자녀분처럼 때리고 괴롭히면 되겠습니까?"

"아니, 애가 한 욕설 못 들었어요? 학교 분위기에 아주 물을 흐리지 않느냔 말입니다."

"예, 보호자들께 그런 말들을 보고 배웠겠지요. 그리고 자기는 그런 인생을 살고 싶지 않아서 비가 와도 눈이 와도, 하루도 빠지지 않고 학교에 오는 거겠죠. 그건 이 아이의 권리인데, 선생님께서 마음에 안 든다고 박탈하실 수는 없지 않겠습니까?"

머리카락을 잡아당긴 녀석이 한숨을 쉬었다. 윤현은 그를 향해 눈을 찡긋해 보였다. 그 애는 손짓 발짓, 어서 여기서 벗어났으면 좋겠다는 듯한 시늉을 했다. 그건 윤현도 마찬가지였다. 윤현은 창밖을 흘끔 바라보다가, 문득 그런 생각을 했다. 자신이 이 학교에 다니는 이유는 그 골목에 살기 때문이고, 저 버릇없는 말썽꾸러기가 자신과 같은 학교에 다니는 이유도 사실은 마찬가지라고. 더 고급스럽고 더 고상한 사람들이 사는 동네가 아니라, 이곳 변두리에 살고 있으니까. 어쩌면 지금, 장학사와 언쟁을 벌이고 있는 저 아저씨가 애지중지하는 그 아들도, 진짜 중심가 학교에 다닌다면 변두리 놈들이 물을 흐린다는 이야기를 들을지도 모른다.

윤현은 다리를 까딱거리다가 문득 입을 다물었다. 장학사가 자리에서 일어나 자신에게 다가왔기 때문이었다.

"너는 나랑 이야기 좀 하자."

순간 입이 바싹 말라왔다.

◇

크게 혼이 나거나, 혹은 어마어마한 잔소리를 듣거나, 재수가 없으면 부모님 좀 뵙게 집으로 같이 가자는 말을 들을 줄 알았다.

하지만 장학사는 윤현에게 그런 말을 하지 않았다. 대신 그는 윤현에게 조금 다른 질문들을 했다. 어떤 과목을 좋아하고 잘하는지, 집에 가서는 따로 공부를 하고 있는지, 어떤 책들을 읽고 있는지를. 윤현은 할 수 있는 한 가장 정중한 태도로 대답하면서, 책에서 본 점잖은 태도를 흉내내는 자신이 우스꽝스럽게 보이지는 않을까 걱정했다.

"그러면 바이디는 있고?"

"아뇨…. 없는 것 같아요."

"없는 것 같아?"

"예, 없어요. 아, 퍼시픽은 써 본 적 있지만요."

장학사는 한숨을 쉬었다. 원래는 열네 살이 지나야 바이오 아이디를 만들 수 있지만, 요즘은 태어나자마자, 혹은 아기가 걸음마를 하고 처음 공립 도서관이나 어린이 박물관에 갈 무렵에 보호자의 동의하에 바이디를 만드는 것이 보통이었다.

그러니까 부모가 이런 일에 관심이 있는 경우에 말이다.

"나중에 바이디를 만들 거지? 언제부터 만들 수 있는지는 알고 있니?"

"예, 중학교에 가면 만들 수 있다고 들었어요."

"열두 번째 생일이 지나면 만들 수 있어. 그러니까 내년에도 만들 수 있지."

"아… 몰랐어요, 그건."

"네 주변은 어때, 어른들은 그걸 사용하실 일이 많을 텐데."

"아뇨, 쓰는 사람 없어요. 만약 다들 필요하다고 생각했으면 어릴 때 만들었을 거예요."

윤현은 대답하다 말고 고개를 숙인 채 기어들어가는 목소리로 덧붙였다.

"…우리 학교 애들처럼요."

"그런데, 바이디가 없는데 퍼시픽은 어떻게 사용한 거니?"

"혼 안 내실 거죠."

"무슨 일이 있는 거니?"

"그게….'

"아주 옛날에는 책 도둑은 도둑도 아니라는 말도 있었다."

"예?"

"그렇다고 정말로 책을 훔쳐도 된다는 말은 아니지만… 말하자면 정상 참작이 된다는 이야기야. 혼 안 낼 테니 말해 보렴."

"그게… 같은 반 애들이요."

"응?"

"우리 반 애들이 그러는 거예요. 나중에 좋은 학교에 가려면 포트폴리오를 잘 해야 한다고요. 근데 자기들 엄마가 독서 포트폴리오를 매주 확인하시는데, 매주 책을 읽고 뭔가 쓰는 게 쉽지 않다고 그랬어요."

"그래서, 네가 도와주었니?"

어차피 사람 대신 AI가 일하는 시대다. 악착같이 좋은 학교에 가고, 좋은 직장을 얻기 위해 죽을 힘을 다했던 시대는 이미 몇 십 년 전에 지났다. 하지만 대신, 사람들은 다른 식으로 계층을 나누기 시작했다. 우아하게 옷을 잘 입고, 고급스러운 술과 복잡한 이름의 요리들을 먹을 줄 알고, 자기 집 앞마당이 있으면 정원을, 그렇지 않으면 값비싼 아파트의 내부를 꾸미며 고상한 취향을 과시하고. 모든 사람은 평등한 권리를 가진다고 했지만, 헌법 이전에 계층이 있고, 그 이전에 신분이라는 것이 있는 것처럼 굴었다. 깊이 있게 학문을 접하는 일은 없더라도 베스트셀러라고 하는 책 정도는 읽어 줘야 하고, 집에서는 유행가를 들을지언정 집 밖에서는 요즘 가장 인기있는 피아니스트의 클래식 공연에 가야 한다고 생각했다.

"기록에 보면 네가, 학교에서 독서 감상문 시간에 아주 발표를 잘했다고 되어 있던데."

"예, 그래서 자기 바이디로 퍼시픽에서 동화책을 읽어도 된다고 한 친구가 있었어요. 책 좋아하는 것 같으니까 마음껏 읽고, 읽은 만큼 독후감만 써 주면 된다고 해서."

"그래서 써 주었구나. 그럼 그 친구는?"

"전학 갔어요."

"전학을?"

"제가 써 준 감상문이 칭찬을 받아서, 더 좋은 학교로 간다고 이

사를 갔어요. 그, 맹모⋯ 맹자 어머니가 맹자를 데리고 이사를 갔
다고 하잖아요. 그것처럼요."

"저런, 서운했겠네."

"그게⋯ 혼내지 않으시는 거죠."

먼 옛날 이 나라의 표준어는 "교양 있는 사람들이 두루 쓰는 현
대 서울말"로 정해졌다. 그 교양이 무엇이냐는 의문, 잘난 척하는
놈들은 다 밟아 버리자는 반발, 내가 모르는 걸 굳이 가르치려 하
지 말라는 반지성주의의 시대를 지나, 한 바퀴 멀리 돌아 다시 찾
아온 부르주아 교양의 시대였다. 자식이 학자가 되기를 바라진 않
더라도, 걸음마를 시작하기 전부터 책을 읽혔다. 그림책을 읽을
나이가 되면 다국적 서점 기업 퍼시픽에 계정을 만들고 바이디를
연결해서, 아이가 마음껏 원하는 책, 하지만 퍼시픽의 전문 사서
들이 어린이의 성장과 발달에 맞추어 정성껏 엄선한 책들을 읽을
수 있도록 '어린이 무제한 요금제'에 가입해 주는 것이 부모의 미
덕이라 여겨졌다.

그리고 여기에서, 그 시작부터, 12년만큼 차이가 생긴다.

어린아이가 부모의 동의 없이 혼자서 자기 바이디를 발급받을
수 있는 나이가 되어, 혼자 공립 도서관에 갈 수 있을 만큼.

그때 윤현의 배에서 꼬르륵 소리가 났다. 장학사는 당황한 얼굴
로 자리에서 일어나다가, 윤현에게 손을 내밀었다.

"가자."

"예?"

"나랑 같이 밥이나 먹자. 너희 집에는 담임 선생님이 연락하실

테니까…."

"저희 엄마는 AI 로봇을 싫어하시는데요…."

담임 선생님이 연락을 하면, 엄마는 틀림없이 그 후추통이나 깡통같이 생긴 것이 자기에게 이래라저래라 했다며 화를 낼 텐데. 윤현은 어깨를 움츠렸다. 하지만 장학사가 가자는데, 싫다고 말하고 싶진 않았다. 어른들 말씀을 잘 들어야 착한 어린이라서 그런 것은 아니었다. 그저 윤현은, 자신의 이야기를 비웃지 않고 들어주는 어른을 만난 것이 처음이어서, 이 사람과 조금 더 이야기를 하고 싶었을 뿐이었다.

장학사는 별말 없이 윤현을 데리고 버스에 탔다. 멀리 가지는 않았다. 가까운 역을 지나, 오래된 극장, 그릇 도매상가를 낀 버스 정류장에서 그는 윤현을 데리고 내렸다.

"내리자."

중앙시장이라는 커다란 간판이 보였다. 여긴 윤현도 아는 동네였다. 중앙시장이라는 큰 간판 아래로 전통혼수시장이라는 알록달록한 간판이 붙어 있었지만, 혼수에 필요한 물건들만 취급하는 곳은 아니었다. 알록달록한 한복집이며 그릇집들 안쪽에는 중고 물건이나 보세 물품들을 파는 시장이 있었다.

그는 잘 차려입은 어른이었지만, 시장 안쪽의 떡볶이 가게에 앉아 있는 모습이 전혀 어색해 보이질 않았다. 이상한 사람이었다. 설명할 수는 없지만, 그런 사람은 이런 데는 오지 않을 줄 알았다. 윤현은 그가 시켜 주는 대로 떡볶이와 튀김과 탄산음료를 먹고 마시며 이게 대체 무슨 상황일까 곰곰이 생각했다. 그와 더 이야기를 하고 싶었지만, 그와 떡볶이를 먹는 상황 같은 것은 상상해 보지 못했다. 괜찮을까. 함부로 남을 따라가면 어디 이상한 술집 같은 데 팔려 간다고 들었는데. 하지만 교육청의 장학사라고 했으니, 적어도 떡볶이로 사람을 꾀어다가 이상한 데 팔아 버리진 않을 것 같았다.

"별로 두리번거리지 않던데. 이 동네를 잘 아는 모양이구나?"

"엄마 따라 몇 번 와 봤어요."

윤현은 기어들어가는 목소리로 말했다.

"엄마는 여길 양키시장이라고 불러요."

"아, 그래. 옛날에는 그렇게 불렀지. 아직도 그렇게 부르기도 하는 모양이구나."

"왜 양키시장이에요?"

"200년 전 전쟁 때, 미군부대 하역장에서 일하던 사람들이 미군들이 쓰던 중고 물건들을 빼돌려 팔던 곳이라 그래."

"되게… 오래된 곳이었네요."

윤현은 중얼거렸다. 문득 부끄러웠다. 처음부터 끝까지 모든 게 다. 학교 친구들은 이쪽으로 오지 않는다. 아마 이런 곳이 있는 줄도 모를 것이다. 이쪽은 골목의 영역이다. 같은 반 아이들의 부모님들은 번듯한 마트에서 새 옷과 음식을 사겠지만, 골목의 어른들은 이곳에서 펑퍼짐한 중고 옷을 샀다.

어떤 곳에서 태어나는지도, 어떤 부모님의 아이로 태어나 자라났는지도, 집안에 돈이 많거나 적거나 하는 문제도, 윤현이 스스로 선택할 수 없던 것들이다. 하지만 벗어나고 싶었다. 개천에서 용이 난다는 옛말이 있다고 해도, 자신이 태어나 자란 그 골목이 개천이나 다름없다 해도, 자신이 용이 되어 승천하여 하늘을 날아 오르는 그런 사람이 될 거라고는 기대하지 않았다. 하지만 적어도 개천보다는 나은 곳으로 가고 싶었다.

어린아이로서 할 수 있는 일은 다 했다고 생각한다. 학교에서 가르치는 내용들을 빠짐없이 공부했다. 하지만 공부를 잘하는 것만으로는 골목의 세계에서 벗어날 수 없었다. 자신이 쓰는 말이 무척 거칠고 나쁜 말이라는 것을 알게 된 순간부터, 골목 아이들이나 그들이 보는 개인 방송의 진행자들이 쓰는, 험하고 거칠며 말끝을 대충 흐리는 말투 대신, AI 로봇 선생님의 딱딱하지만 정갈한 말투를 따라 하려고 애썼다. 그러다가 로봇 같은 말투라는 놀림을 받기도 했지만, 골목의 아이라고 조롱을 받는 것보다는 로봇 쪽이 나았다.

어떻게든 모두에게 보여 주고 싶었다. 나는 여기서 벗어날 거라고, 적어도 개천보다는 넓은 곳으로, 깊이 흐르는 강물로, 넓은 바다로 가고 싶다고. 하지만 어떻게 해야 좋을지, 윤현은 알지 못했다. 그의 주변에는 그 개천을 벗어난 사람이 단 한 명도 없었으니까. 헛된 꿈을 꾸어 봤자 소용없다고, 너는 평생 여기서 살게 될 거라고, 학교에서 쓸데없는 것들을 배우고 잘난 척 되바라진 소리를 해 봤자, 인생은 그렇게 쉽게 달라지는 게 아니라고.

"…예?"

"커서 뭐가 되고 싶으냐고 물었다."

그리고 장학사가 물었다. 너는 커서 무엇이 되고 싶냐고.

"…잘 모르겠어요."

"5학년이면, 슬슬 되고 싶은 것에 대해 생각할 나이가 됐는데."

"알아요. 하지만 제가 뭐가 되고 싶은지는 잘 모르겠어요. 되고 싶지 않은 거라면 많이 있는데."

"그럼 뭐가 되기 싫은 거냐."

"전… 우리 동네 어른들처럼 되고 싶지 않아요."

윤현은 부끄러워서 얼굴이 새빨개진 채로 중얼거렸다. 기묘한 수치심에 고개를 들 수가 없어, 코가 테이블에 닿을 만큼 고개를 푹 숙인 채였다.

"어른이 되면 뭐라도 좋으니까… 일을 하고 싶어요. 우리 동네 어른들은 AI 로봇들을 싫어해요. 학교 선생님들도 싫어해요. 그런데… 전 그렇게 무언가, 누군가에게 도움이 되는 일을 하고 싶어요. 어, 저… AI 로봇처럼요."

"흐음…."

"아니, 아니, 음… 말도 안 돼요. 사람은 로봇이 될 수 없고…."

"AI 로봇의 어떤 점이 좋은 거니, 너는?"

"빠르고 정확하고 말끔하게 일하고, 다른 사람들을 돕고… 저, 저는 가끔 그런 생각을 해요. 사람들이 그러잖아요. 인간은 AI 로봇보다 위대하다. 인간의 손으로 만든 거다. 그런데 저는… AI 로봇을 만든 건 사람들 중에서도 가장 뛰어난 사람들이고… AI 로봇들이 일을 하니까, 그래서 일하지 않고도 살 수 있는 사람들이, AI 로봇보다 우리 인간이 뛰어나다고 하는 건 너무 염치가 없고 창피한 일인 것 같고요. 그리고…."

윤현은 허둥거렸다. 문득, 『키다리 아저씨』 생각이 났다. 『빨간 머리 앤』 생각도 났다. 고아인 여자아이가 누군가의 도움을 받거나 새로운 가족을 만나고, 열심히 공부하는 이야기들이. 제루샤는 키다리 아저씨의 후원을 받아 대학에 가고, 작가가 되기 위해 공부도 했다. 빨간 머리 앤은 마릴라와 매튜 남매의 집, 그린 게이블즈에서 자라며 공부하고, 퀸즈 학교에 장학금을 받아 진학하고, 학교 선생님이 되었다. 아무것도 없는 여자아이가 자신의 운명을 바꾸려면, 어쩌면 누군가 굉장한 어른을 만나야 하는 것인지도 모른다. 하지만 그런 생각을 하면서도, 윤현은 알고 있었다. 그런 건 동화책에나 나오는 이야기라고. 이 사람은 나를 데려가 주지 못하고, 내 운명을 바꿔 주지도 못할 거라고. 그 생각에, 문득 눈물이 뚝 하고 떨어졌다.

"그런 걸 뭐라고 말해야 좋을지 모르겠어요."

"말해 봐, 괜찮으니까."

"꿈하고 현실이라고 해야 하나, 그런 것 같아요."

"꿈과 현실?"

"어떻게 설명해야 할지는 잘 모르겠어요. 하지만… 제가 태어나고 자란 세상과, 학교가 있는 크리스탈 시티는 너무 다르니까…"

장학사는 윤현의 얼굴을 물끄러미 바라보았다. 그리고 다 이해한 듯이 고개를 끄덕였다.

"너는 그 모든 게 그냥 꿈처럼 사라질 것 같아서 그러는구나."

"예? 예…. 아니, 크리스탈 시티나 학교가 사라지진 않겠지만요. 그래도…."

모든 무지개를 넘어서

"네가 영영 그곳으로 올 수 없을 것 같아서."

"예…."

윤현의 얼굴은 더는 빨개질 수 없을 만큼 새빨개져 있었다. 그는 눈물이 뚝뚝 떨어지고, 이마와 목덜미에 땀이 송글송글 솟아오른 것을 어쩔 줄 몰라 하다가 손으로 얼굴을 가렸다. 장학사는 못 본 체하며, 시원한 음료수를 더 주문했다.

◇

장학사는 『키다리 아저씨』에서처럼 윤현을 대학에 보내 준다고 약속하지 않았다. 그는 『빨간 머리 앤』의 마릴라처럼 윤현의 새로운 보호자가 되어 주지도 않았다. 『소공녀』에서 민친 학원 옆에 이사 온 옆집 사람 캐리스포드 씨처럼, 행방을 알 수 없는 친구의 딸을 찾기 위해 헤매다가 윤현을 혼자 힘으로는 빠져나올 수 없을 것 같은 그 골목에서 빠져나오도록 손을 잡아 주지도 않았다.

하지만 그럼에도, 윤현의 어린 가슴이 두근거렸다. 차분해지려고 애를 써도, 무언가 바뀔지도 모른다는 들뜬 설렘이 자꾸만 밀려들어왔다.

"여기까지는 혼자 올 수 있다고 했지?"

중앙시장 입구 앞에서 장학사가 물었을 때, 윤현은 고개를 끄덕였다.

"여기서 집까지 한번에 가는 버스도 있어요."

"그래, 다행이네."

장학사는 윤현의 머리를 쓰다듬고는, 조금 더 걷기 시작했다.

얼마 걷지 않아, 낡고 오래된 초등학교가 보였다. 그는 초등학교를 한번 흘끔 쳐다보고는 다시 윤현과 한 걸음쯤 거리를 두고 앞서 걸었다.

그리고 윤현이 상상해 본 적 없는 풍경이 눈앞에 펼쳐졌다.

"저게… 서점이에요?"

윤현이 살고 있는 골목에는 서점이 없었다. 책을 읽는 사람도 없으니, 서점 같은 게 들어와 봤자 굶어 죽기 십상이었다. 윤현이 다니는 학교 근처에는 문구점을 겸한 작은 서점이 있었지만, 크리스탈 시티의 아이들은 대부분 퍼시픽을 통해 동화책을 읽다 보니 종이책은 거의 들여놓지 않았다. 아니, 서점이 있다고 해도 윤현은 학교 다닐 차비 말고는 늘 돈이 없었으므로, 책을 사서 볼 여유는 없었다.

그런데 그 골목 안에는, 서점 몇 개가 연달아 늘어서 있었다. 골목이 길지는 않았다. 건물은 낡았고, 다니는 사람은 거의 없었다. 그야말로 쇠락한 풍경이었다. 하지만 윤현에게는, 그만 한 서점들이 일고여덟 개가 연달아 놓인 모습 자체가 낯선 것이었다.

"헌책방이야. 사람들이 실컷 보고 난 종이책들이 팔려 오고, 그러면 또 지금은 나오지 않는 옛날 책들을 찾아서 공부하는 사람들이 책을 사 오고, 그러는 곳이지."

"아…."

장학사는 단말기를 꺼내 시간을 확인하고는, 무척 낡고 빛바랜, 하지만 건물 전체에 노란색을 칠했던 흔적만은 알아볼 수 있는 서점으로 들어섰다. 마치 이상한 나라로 앨리스를 데려가던 토끼처럼. 윤현은 이 아래에 기나긴 토끼굴이 있거나, 먹으면 어른만큼 커지는 과자와 미친 모자 장수, 아무에게나 목을 치라고 외쳐대는 여왕님이 있더라도 놀라지 않겠다고 생각하며, 그 뒤를 따라 들어 갔다. 서점 안은 어둑어둑했고, 오래된 책 냄새가 풍겼다. 수많은 책들의 숲을 지나 지하로 내려가니, 책상과 의자가 몇 개 놓인 공간이 보였다.

"이런 구질구질한 데 어린애를 데리고 왔어?"

"예에."

장학사는 익숙한 듯 지하실로 내려가 의자에 앉았다. 나이가 들어 희어진 머리카락을 뒤로 질끈 묶은 여자가 안경을 올리며 냉장고를 열었다.

"요즘은 먼지 알러지 때문에 종이책 안 보는 애들도 많지 않아? 애, 너 음료수 마실래?"

"아, 예…. 감사합니다."

"먼지 알러지는 괜찮을 거예요. 저기 수도국산 구역에 사니까."

"알러지는 깔끔을 떤다고 걸리는 게 아니야. 넌 학교 선생도 했으면서 그런 것도 몰라."

윤현은 서점 주인이 꺼내 주는 오렌지 주스 병을 든 채, 두 사람이 이야기를 나누는 모습을 바라보았다. 티격태격 싸우는 것 같으면서도, 아주 오랫동안 알던 친구들처럼 보였다. 서점 주인이 팔꿈치로 구석의 의자를 가리켰다.

"넌 저기 앉아서 주스 마셔. 그리고 넌, 쟤는 또 누구야? 한동안 안 오더니, 어디 나 몰래 숨겨 놓은 자식이라도 돼?"

"바빠서 애 만들 틈도 없어요. 그건 그렇고."

장학사는 서점 주인이 커피믹스를 넣고 휘휘 저은 종이컵을 받아들며 웃었다.

"바이디가 없어서, 퍼시픽은 물론이고 동네 도서관에도 제대로 못 갈 거예요. 자기 바이디 만들려면 1년은 더 기다려야 하고."

"그런데?"

"여기 오는 법은 가르쳐 줬으니까, 애가 오면 구석에서 책이나 좀 읽게 해 줘요. 갖고 싶다는 책이 있으면 나한테 달아 놓고 꺼내 줘도 되고."

"그럴 거면 저기, 어린이 세계문학전집 들어온 게 한 세트 있는데. 차라리 그걸 사 주지 그래. 요즘은 덩치 큰 세계문학전집이 아주 애물이라서, 싸게 해 줄 수 있는데."

"그러면 좋은데, 말씀하신 대로 덩치가 커서 문제죠. 들고 가는 거야 용달 부른다고 해도, 자기 방이 있어야 책을 사 주죠."

"…자기 같은 애라고 어설프게 친절 발휘하지 마."

서점 주인은 혀를 차며 고개를 돌렸다.

"그럼 그동안에는, 책을 읽기는 했대?"

"독서 감상문 발표를 아주 잘한 모양이에요. 책은 도서관에서 읽었겠죠."

"요즘 세상에…."

윤현은 서점 주인이 안 된다고 할까 봐, 있는 힘을 다해 무해하고 온순한 표정을 지어 보였다. 자기는 이 서점에 조금도 해를 끼치지 않겠다는 듯이. 서점 주인은 윤현에게 다가와, 그 앞에 쪼그려 앉아 얼굴을 들여다 보았다. 윤현은 허둥거리며 말했다.

"저, 저… 책만 읽지 않을게요. 여기서 심부름을 해도 좋고…."

"우리 나라 근로기준법에서 취업 최저 연령은 열다섯 살이야. 고등학생이 되기 전에는 안 돼."

"아, 저, 그러면…."

"알바는 못 시켜 주고. 독후감이나 써라."

"독후감요?"

윤현이 한순간 고개를 들며 눈을 빛냈다. 서점 주인은 무덤덤한 표정으로 대답했다.

"왜, 조금 전에 장학사 선생이 그러던데. 퍼시픽에서 책 읽고 친구 독후감 대신 써 줬다고."

"아, 저, 그건…."

"그거랑 똑같아. 저기 있는 세계명작들 읽고 독후감이나 써라. 한 권당 천 글자씩."

"저… 왜요?"

윤현은 다시 어깨를 움츠리며 서점 주인을 바라보았다. 서점 주인은 혀를 찼다.

"요새도 독서는 아날로그하게 시켜야 한다며 굳이 헌책방에 와서 애들 책 들이는 엄마들이 꽤 있어. 바로 그 책 읽을 나이의 아이가 쓴 추천의 글이 있으면 엄마들이 좋아하거든. 너는 여기서 책 읽어서 좋고, 나는 책 파는 데 도움이 되어서 좋고. 꿩 먹고 알 먹고 서로 윈윈 아니냐?"

◇

더위가 착실하게 세상을 달구는 동안, 골목에서는 몇 명의 노인이 또 세상을 떠났다. 더위와 알코올로 머리가 돌아 버린 듯이 시비를 걸고 싸워 대다가. 외삼촌은 한쪽 눈을 심하게 다쳤다.

그 여름 내내, 윤현은 매일 서점에 들락거렸다. 학교가 끝나면 그늘진 곳을 따라 걷고 또 걸어, 서점에 갔다. 방학이 되자, 학교에서 내 준 방학 과제를 책가방에 담아 아침 일찍 집을 나섰다.

책을 읽고, 서점 주인이 책상 위에 올려놓은 낡은 단말기의 키보드를 두드려 글을 썼다. 무엇을 읽었는지, 무엇을 느꼈는지, 전에 읽은 다른 책과 비교할 곳은 없는지를. 그렇게 하루 종일 읽고 쓰고, 또 쓰고 읽다 보면, 서점 주인은 윤현을 데리고 나가 점심을 먹고, 산책을 했다. 햇볕은 뜨겁고, 낡고 쓰러져 가는 골목 사이에서는 매캐한 먼지 냄새가 올라왔으며, 서점 주인은 매사에 빈정거리는 말투로 일관했지만, 그래도 윤현은 그 시간들이 무척이나 좋았다. 오후 내내 책을 읽고 집에 돌아갔다가 다음 날 아침 다시 서점에 나오면, 윤현이 전날 써 둔 글은 큼직한 폰트로 이면지에 출력되어, 빨간 펜으로 여기저기 고칠 부분이 표시되어 있었다.

"사장님은 꼭 국어 선생님 같아요."

윤현은 서점 주인이 표시해 놓은 부분들을, 납작한 건축 현장용 연필을 불편하게 손에 쥔 채 이리저리 고쳐 보며 중얼거렸다. 서점 주인은 별 헛소리를 다 들어 보겠다는 듯 윤현을 쳐다보다가 획 고개를 돌렸다.

"아니면 그, 책 만드는 사람요. 편집자. 책 만드는 일을 할 때 이런 기호를 쓴다면서요."

"국어 시간에 졸지만 않았어도 그 정도 기호는 아무나 다 써."

서점 주인은 퉁명스럽게 대꾸하다가도, 윤현에게 학교에서 아직 배우지 않은 것들을 많이 이야기해 주었다. 도서관에서 책을 분류하고 찾을 때 쓰는 듀이 십진 분류, 아주 오래된 책들을 다루는 도서관에서 사용하는 도서 카드, 빨간 펜을 들고 글을 고칠 때 쓰는 각종 교정 부호들. 무엇보다도 그는 윤현의, 조숙한 아이다운 복잡한 마음을 표현할 수 있는 단어들과, 그 섬세한 뉘앙스를 오며 가며 지나가는 말로 가르쳐 주었다. 세상에는 감정의 종류만큼 많은 단어들이 있다는 것도, 거칠고 대충 뭉뚱그려 말하는 데 익숙해지면 사람의 감정과 생각 역시 무디고 단순해지다가 고장 나고 만다는 것도.

그렇게 서점을 오가는 매일매일이, 윤현에게는 색색가지 타일을 한 장 한 장 붙여 커다란 그림을 붙여 나가는 것처럼 느껴졌다. 처음으로 윤현은, 그 골목 너머의 세상을 그려 볼 수 있었다. 먼지 냄새가 풍기는 낡은 책 속, 이미 몇 백 년 전의 이야기 속에서. 그리고 이미 세월의 때가 앉은 책 무더기 속에서 마치 오래된 집요정처럼 슬그머니 고개를 드는 서점 주인의 퉁명스러운 목소리 속에서. 짐 호킨스가 펼쳐 놓은 『보물섬』의 낡은 지도처럼, 혹은 마법의 구두를 신은 도로시가 『오즈의 마법사』를 찾아 따라가는 노란 벽돌길처럼. 자신이 알고 있는 두 세계 사이에 한 장 한 장 벽돌을 놓듯이, 윤현은 낡은 책들을 소중하게 읽었다.

가끔은 아주 오래된 영화를 보는 날도 있었다.

"사운드 오브 뮤직?"

"옛날에 어떤 이야기에서는, 지옥에서는 온갖 재미있는 영화며 음악이며 다 즐길 수 있는데, 천국에 가면 사운드 오브 뮤직이나 봐야 할 거라는 이야기가 나온 적 있었어."

"…재미없어요?"

"재미라… 지금은 못 보는 풍경들이 나오니까 볼 만하긴 하지."

"왜요?"

"지금처럼 여름이 길어지기 전에, 알프스에 아직 눈이 쌓여 있던 시절에 찍은 영화니까."

"어디에 눈이 쌓여 있었다고요?"

"거짓말이 아니야. 내가 어릴 때만 해도 알프스 하면 무척 아름다운 산에, 호수에, 그림 같은 도시들을 떠올렸어. 알프스 대화재가 있기 전에 말이야."

바깥 날씨는 40도에 육박했고, 게다가 평일이었다. 어지간해서는 손님 그림자도 보기 힘든 날이었다. 서점 주인은 수박 하나를 쪼개 놓고 영화를 틀었다.

"저 나이 많은 수녀님이 부르는 노래는 무슨 노래예요?"

"'모든 산을 올라요'라는 노래다."

"모든 산요?"

"모든 산을 올라가고, 무지개를 따라가 보고. 자기가 진짜 원하는 게 무엇인지, 그 꿈을 찾아가라는 이야기야. 지금 마리아가 수녀가 될 수도 있지만 다른 길을 찾을 수도 있는 거잖아."

"근데 대령은 아저씨잖아요. 그것도 애가 여덟이나 딸린 아저씨요. 저기, 마리아는 지금 몇 살인 거예요?"

"200년 전 영화라는 건 좀 염두에 두고 봐라. 야, 너 수박이나 먹어. 조용히 좀 해. 적어도 노래 나올 때는!"

그렇게 책을 읽고 영화를 보고 글을 쓰면서, 윤현은 막연하게 부끄럽기만 했던 감정들을 조금씩 구분하기 시작했다. 가족을 사랑하면서도, 윤현은 그들을 두려워했다. 다쳐서 돌아온 외삼촌을 보며 영영 눈이 안 보이면 어떻게 하나 걱정했고, 그렇게 마구 날뛰다가 다쳐서 돌아오는 것을 연민하면서도, 자신도 커서 가족들처럼 되어 버릴까 걱정했다. 그렇게 마구잡이로 살아가는 모습을 혐오했다. 그리고 그런 생각을 하는 것에 죄책감을 느꼈다. 죄책감을 느낄 때마다 윤현은 생각했다. 이모가 뭐라고 하든, 엄마가 신경을 쓰든 말든, 언젠가는 이 개천을 떠나고 말겠다고. 용은 되지 못하더라도 지금보다는 나은 곳에 자리를 잡고, 그런 후에 엄마와 동생들과 이모와 외삼촌을 데리고 가겠다고. 벗어날 수 없는 늪이 아니라, 누군가는 여기를 떠나 새롭게 살 수 있다는 것을 모두에게 보여 주고 말겠다고.

하지만 슬슬 이모가 잔소리를 하기 시작했다. 방학인데도 자꾸만 어딜 가는 것이, 이모 눈에는 영 못마땅했던 모양이었다. 결국 이모에게 붙잡힌 윤현은, 장학사의 소개로 어디 책을 볼 수 있는 데 왔다 갔다 하고 있다고 설명했다. 이모는 엄마까지 불러다 옆에 앉혀 놓고, 윤현에게 무슨 큰일이라도 난 것처럼 야단을 쳤다.

"넌 대체, 무슨 어린애가 그렇게 되바라졌니?"

"그런 게 아니라니까요. 학교에서 장학사 선생님이…."

"장학사? 그런 사람에게 뭘 어떻게 했는데 너한테 그런 걸 해주는데? 세상에 공짜가 어디 있어? 너한테 뭘 어쩌고서 그런 일을 해 주는지는 모르겠지만."

"그런 것 정말 아니에요."

"윤현아."

이모와 입씨름을 하고 있는데, 얼굴 절반에 붕대를 감은 채 드러누워 있던 외삼촌이 영 무기력한 목소리로 한마디 툭 던졌다.

"사람은 말이야, 자기 분수를 알아야 행복해지는 거야."

"외삼촌."

"이 동네에 태어났으면, 이 동네 사람답게 사는 게 행복이야. 적당히 빈둥거리며 살다가, 나이 차면 적당한 남자 만나서 시집 가고 애 낳으면 제일 좋은 거지. 분수 모르고 욕심 부리는 애들은 어떻게 되는지 아니? 욕심 부리다가, 네 이모 말대로 어디 나쁜 놈에게 잘못 걸리면 말이다. 나중에 어디 잘못 끌려가서 몸이나 팔고, 그럴 거다."

윤현은 이모와 외삼촌을 물끄러미 바라보았다. 그동안 뭔가 잘못 알고 있었다는 생각이 들었다. 이 골목이 개천이라면, 가족은 늪이었다. 그 늪을 박차고 일어나듯, 윤현은 힘주어 말했다.

"나한테 그런 말 하지 말아요."

더워서 다들 제정신이 아닌 거라고, 평생 이곳을 벗어나지 못해서 다른 세상을 알지 못하는 거라고, 그렇게 생각하려고 애썼다.

하지만 나는 모든 산을 오를 거야.

주먹을 꼭 쥐고 밖으로 달려나가며 윤현은 생각했다. 길이 놓여 있다면 우선은 그 길을 따라가 볼 거라고. 여기 있어라, 여기 남아라, 남들 사는 대로 사는 게 행복이라고 말한다면, 그렇게 무책임한 말을 하는 사람들은 전부 버리고 갈 거라고. 이 늪에서 도망치고 말 거라고. 윤현은 그렇게 달리고 또 달려, 불도 제대로 켜지지 않은 헌책방 골목으로 접어들었다. 서점 주인은 마침 가게 문을 닫으려다가, 헐떡거리며 달려온 윤현을 보고 그를 안으로 불러들였다. 무슨 일이 있었는지, 왜 울고 있는지, 그는 아무것도 묻지 않았다. 그저 2090년대에 유행한 음악을 틀어 놓고, 시원한 냉수를 한 잔 따라 줄 뿐이었다. 한참 만에야 윤현은 고개를 들고 물었다.

"모든 산을 오르고 나면, 그러면 답답한 게 없어질까요?"

그 말에 서점 주인은 고개를 저었다. 하지만 그는 곧 다가와 윤현의 앞에 쪼그려 앉고, 아이의 머리를 가만히 쓰다듬었다.

"난 말이다, 지금의 자신보다 조금이라도 나은 사람이 되려고 애쓰는 사람들을 좋아해. 그래서 난 네가 꽤 마음에 든단다."

윤현은 그 말에 바닥으로 미끄러지듯 무릎을 꿇으며 매달렸다.

"집에 있고 싶지 않아요. 저, 여기서 살면 안 돼요? 사장님이 시키는 건 뭐든지 할게요."

"그런 말을 함부로 하면 못 써. 네가 싫어서가 아니라, 어린 여자애가 절박한 마음에 그런 말을 하는 것을 나쁘게 듣고 악용하는 놈들이 있어서야. 무슨 뜻인지는 알지?"

윤현은 대답하지 못했다. 사실은 그의 가족이 되고 싶었다. 그의 아이가 되고 싶었다. 하지만 서점 주인은 더는 말하지 말라는 듯 윤현을 꼭 끌어안았다가, 어깨를 붙잡아 일으켰다.

"가는 길이니 너희 동네 앞까지 데려다 주마. 가자."

서점 주인만큼 나이를 먹었을 것 같은 낡은 차의 운전석 옆자리에 앉아, 윤현은 창문 밖을 내다보았다. 헌책방 골목에서 집까지는 그렇게 멀지 않은데, 서점 주인은 일부러 길을 빙 돌아 가는 것 같았다. 멀리 제분공장의 연기가 올라오는가 싶더니, 별이 내려앉은 듯 반짝거리는 바닷가가 보였다. 그 바다 너머에는, 복잡하고 아름다운 이름들이 붙은 신도시들이 펼쳐져 있었다. 바닷가를 따라 조금 달리다가, 다시 크리스탈 시티를 가로질러 낯익은 초등학교를 지나며, 윤현은 문득 자신과 서점 주인이 이야기 속 누군가를 닮은 것 같다는 생각을 했다.

한참 만에 마음을 가라앉히고 차에서 내리며 윤현은 서점 주인에게 신신당부하듯 말했다.

"차 조심 꼭 하세요. 망가라치바도요."

◇

옛날에는 8월에 그해의 마지막 태풍이 지나간다고 했다. 지금은 9월까지 태풍이 오는 게 보통이었다. 9월 말에 이 지역을 강타한 태풍에, 아랫집 할머니가 그만 세상을 떠나고 말았다. 바람이 심하게 불다가 그 집 지붕이 무너졌다. 119가 아랫집 가족들을 실어 갔지만 이미 늦었다고 했다.

윤현은 어떻게 용기를 내어, 학교 수업이 끝나자마자 할머니가 실려 간 대학 병원 장례식장까지는 찾아갔다. 하지만 장례식장에 어린아이 혼자 들어갈 용기가 없어, 윤현은 그 앞에서 어쩔 줄 몰라 했다.

"너, 우리 학교 아이구나. 그렇지?"

교감 선생님이었다.

"여긴 무슨 일이냐."

"할머니가 돌아가셔서⋯ 인사 드리러 왔어요."

"할머니? 우리 학교 청소하시는 할머니 말이냐?"

"예. 저희 동네 할머니이신데⋯ 제가 1학년 때 혼자 버스를 탈 줄 몰라서 할머니가 일하러 가시면서 매일 저를 학교에 데려다주셨어요."

"그래, 그랬다고 듣기는 했다. 들어가자."

할머니는 돌아가시기 직전까지 학교에서 계속 일했기 때문에, 교감 선생님은 학교를 대표하여 조문을 왔다고 했다. 윤현은 교감 선생님을 따라 안으로 들어가서 아랫집 할머니의 사진 앞에 절을 올렸다.

"최은수 장학사가 네 이야기를 하더구나."

장례식장을 나서며, 교감은 윤현에게 친근하게 말을 걸었다. 윤현은 그제야 자신을 헌책방에 데려다 준 장학사의 이름을 알게 되었다.

"네 성적이며 학교에서의 태도 같은 것을 묻기에, 이야기해 줬다. 지금처럼 꾸준히 잘하면 중학교도 좀 좋은 곳에 지원해서 갈 수 있을 거야."

"감사합니다."

"네 부모님이 조금 신경을 써 주시면 좋을 텐데. 어떠냐. 아직 5

학년이니까 조금 이르지만, 담임 선생님께 이야기해서 상담을 잡
아 보면."

"…여쭤볼게요."

그 사람들에게는 턱도 없는 이야기라고 생각하면서도, 윤현은
짧게 대답했다. 교감은 대학 병원 건물을 한 번 올려다보며 어깨
를 으쓱거렸다.

"사람이 은혜를 잊지 않는 건 아주 중요하지. 자기가 어릴 때 도
와 주신 할머니의 장례식에도 왔으니, 넌 그 동네 아이치고는 정
말 반듯하게 잘 자란 것 같구나. 최 장학사가 관심 가져 주는 것도
이해가 간다. 공부만 잘하는 것으로는 기회를 잡을 수 없거든."

뭔가 말하고 싶었지만, 윤현은 입을 다물었다. 이런 곳에서 교
감의 이야기를 듣기보다는 서점에 가고 싶었다. 새벽마다 어린 자
신을 데리고 버스를 타던 아랫집 할머니의 이야기를 누군가에게
털어놓고 싶었다.

하지만 병원에서 돌아오는 길에 찾아간 헌책방 골목은 엉망이
되어 있었다. 어젯밤에 태풍이 불었고, 고작 하루가 지났을 뿐인
데 간밤에 시장과 연결된 하수관이 역류하면서, 헌책방 골목의 지
하실들이 전부 물에 잠겨 버리고 말았다. 그나마 다른 가게들은
문이라도 열고, 엉망이 된 책들을 길바닥에 늘어놓고 말리고 있었
지만, 그 서점만은 문이 굳게 닫혀 있었다.

하루가 지나고, 이틀이 지났다. 매일매일 학교를 마치고 서점으
로 달려갔지만 굳게 닫힌 문은 열릴 줄을 몰랐다. 그리고 그해 겨
울이 올 무렵, 공사 차량이 나타나 이번 수해로 돌이킬 수 없는 피

해를 입은 그 낡은 서점들을 철거하기 시작했다. 그 김에 중앙시장도 밀어 버리고, '밝고 깨끗하고 안전한' 모습으로 새로 만들 거라는 이야기도 나왔다. 골목의 사람들은 양키 시장이 문을 닫기 전 옷이며 신발 같은 것을 사야겠다며 몰려나왔다. 추억의 그 거리가 사라진다며, 언론에서는 뒤늦게 이곳의 풍경을 소개하기 시작했다.

그리고 그뿐이었다. 누군가가 사라졌어도, 서점들이 문을 닫았어도, 200년이 넘게 이어간 상가와 헌책방 골목이 밀려 나가도, 사람들은 언제 그랬느냐는 듯 잊어버리고 또다시 하루를 살아간다. 하지만 윤현은, 그 겨울이 지나고 다시 봄이 오도록, 매일같이 그곳으로 향했다. 철거된 서점의 흔적을 바라보며 마음 아파 하다가, 어쩌면 서점 주인이 『나의 라임 오렌지나무』에 나오는 뽀르뚜가처럼 기차 사고를 당한 것은 아닐까 싶어 역 근처를 기웃거리다가, 장학사라면 서점 주인의 소식을 알고 있지 않을까 하는 마음에 중국인 거리 뒤편에 자리잡은 교육청을 기웃거리기도 했다. 학년이 바뀌고, 또다시 한 살을 더 먹을 때까지.

같이 사는 가족들은 기억해 주지 않았지만, 윤현은 열두 번째 생일을 맞았다. 학교의 다른 아이들처럼 퍼시픽의 무제한 요금제에 가입하고, 원하는 만큼 책을 읽을 수는 없을 것이다. 하지만 바이디를 만들면 공립 도서관에 갈 수 있다. 윤현은 생일날 오후, 며칠 전에 떼어 놓은 서류들을 들고 도서관에 갔다. 바이오 아이디를 등록하자 로봇 사서는 내일부터 책을 빌릴 수 있다고 안내해 주었다. 괜찮다. 이 순간을 열두 해 동안 기다려 왔다. 하루를 더 기다리는 것 정도는 참을 수 있었다.

한동안 가지 않았던 헌책방 골목으로 향했다. 예전의 흔적을 지우듯 낯설고 새로운 건물들이 올라온 것을 보며, 윤현은 책장을 넘기다 페이지가 찢어지는 듯한 아픔을 느꼈다. 한동안은, 어쩌면 꽤 오랫동안 이 헌책방 골목 쪽으로는 오지 못할지도 모른다. 돌아서며 걸었다. 한 걸음 한 걸음 떼어 놓을 때마다, 읽었던 책들, 서점 주인이 첨삭해 주었던 독후감들이 자꾸만 떠올랐다. 이제는 헌책방이 아니라 도서관에 갈 수 있는데도. 누군가가 손을 잡아 주지 않아도 어떻게든 다음 책을 향해 걸어갈 수 있는데도.

눈물이 어려 앞이 잘 보이지 않았다. 하지만 윤현은 제 눈앞을 가린 그 눈물 너머에, 작고 희미하지만 무지개가 있는지도 모른다고 생각했다. 비가 내리고, 바람이 불고, 나무가 꺾이고 해일이 부둣가를 휩쓸고 지나갔어도, 그 비의 끝에는 무지개가 떠오르듯이. 그 끝을 붙잡고 기어 올라가면 하늘에 닿을 것 같은 그런 궤적이 아니라 해도, 윤현은 이제부터는 혼자라는 것을, 그 무지개를 따라 걷는 길을 누군가 도와줄 수 없다는 것을 막연히 깨달았다.

이제 막 열두 살이 된 윤현은, 제 눈에 비친 무지개의 편린을 향해 똑바로 걷기 시작했다. 한 걸음씩 나아갈 때마다, 낡고 초라한 보도블록들은 햇빛에 반짝이는 듯 보였다.

마치 마법사의 성으로 이어지는, 길고 끝없는 노란 벽돌들처럼.

두 세계

천선란

지은 책으로는 장편소설 『무너진 다리』, 『천 개의 파랑』,
소설집은 『어떤 물질의 사랑』이 있다.

통화는 봉안당 주차장에 도착할 때까지 이어졌다. 이럴 줄 알고 일부러 도착을 몇 분 남겨 두지 않고 전화를 걸었던 것인데, 생각보다 말은 더 길어졌고 도중에 끊을 수도 없었다. 산 중턱에 자리 잡은 추모 공원은 지상보다 밤이 빨리 찾아왔다. 어느 곳보다 밤의 끝자락을 서둘러 끌고 오는 느낌이었다. 겸사겸사 이럴 때 얼굴이라도 보고 밥이라도 한 끼 같이 먹으면 좀 좋니, 하고 엄마가 물어왔다. 유라는 딴 길에 빠져 있던 생각을 허겁지겁 끌고 와 다음에 꼭 미리 연락하고 가겠다고 에둘러 말했다. 머뭇거리던 엄마는 도착했느냐고 넌지시 물었다. 의자에 푹 기대어 앉은 채로 지금 막 도착했다고 말했다. 엄마는 그제야 잘 보고 오라고 말하고 통화를 마쳤다.

명절에도 통화 몇 분으로 근간의 안부를 되묻고 끝내는 관계였으므로 엄마는 이 기일을 핑계로 가족들이 모일 명분을 만들고 싶어 하는 걸지도 모른다. 그 마음을 종잡을 수 없는 것은 아니었으나, 유라는 이제 와서 그것이 전부 무슨 소용인가 싶은 생각이 강했다. 그 애의 죽음은 누구의 잘못도 아니었다. 남은 사람들이 뉘우치고 고쳐야 할 일은 존재하지 않았고, 그저 각자의 슬픔을 잘 추슬러야 할 뿐이었다.

안치실은 서늘했다. 그 애의 집은 어렵지 않게 찾을 수 있었다. 요절한 사람들은 못자리라도 좋아야 한이 없다는 말을 어디서 주워듣고 온 엄마는 적금 통장을 깨 몇 천 만 원짜리 명당을 그 애에게 놔 줬다. 평소라면 허튼 곳에 돈 쓰지 말라고 했을 유라였지만 그날은 허벅지를 꼬집어 가며 참았다. 그 애를 따라간다고 하지 않는 것만으로도 용케 버티고 있다는 생각이 들어서였다.

눈높이에 딱 맞는 위치에 놓인 유골함에는 몇 시간 전 엄마가 다녀갔다는 흔적으로 꽃과 청포도 사탕이 한가득 놓여 있었다. 사탕은 그 애가 어렸을 때 제일 좋아했던 군것질이었는데 커서도 즐겼는지는 알 수 없었다. 아마 엄마도 잘 모르는 상태에서 대충 기억나는 것들을 가지고 온 것이리라. 유라가 유리문을 열어 사탕 하나를 꺼내, 껍질을 까 입에 넣었다. 하나 먹었다고 꿈에 찾아와서 치사하게 저주 퍼붓지 마라. 유라가 눈빛으로 유골함을 노려보며 생각했다. 먹을 걸로 서로를 서럽게 만든 적은 종종 있었지만 그 원망은 언제나 하루를 넘기지 못했다. 이번에도 그럴 것이다. 죽는다고 사람이 달라지는 것은 아니니까.

유라는 사탕을 오도독 씹으며 유골함에 금박으로 쓰인 '황유진'이라는 이름을 멀거니 쳐다봤다. 그리고 2017~2043, 그 숫자를 멍하니 바라보다 옆에 놓인 유골함을 곁눈질로 살폈다. 1963~2044. 오히려 옆 사람의 삶이 기이할 정도로 길어 보였다. 깔끔하고 멋있는 걸로 치자면 그 애의 삶이 군더더기 없었다. 이렇게 표현하는 걸 들었다면 그 애는 박수를 치며 까르륵 웃었을 것이다. 유라는 이해할 수 없는 웃음, 영원히 이해할 수 없는 어떤 기준으로 말이다. 안녕이라든가 그동안 잘 지냈냐는 말은 도저히 그 애에게 건네는 말 같지가 않았다. 앞에 있는 것은 한때 그 애의 일부였던 뼛가루뿐이었으므로 결국 혼잣말을 중얼거리는 것과 다르지 않게 느껴졌다. 유라는 오늘을 끝으로 그 애의 이름이나 보러 오는 이 짓도 점차 횟수를 줄여 갈 생각이었다. 그런 생각으로 한동안 잘 지내라는 작별 인사를 속으로 되뇌고는 몸을 틀었다. 그리고 그 자리에서 해바라기 한 다발을 안고 서 있는 채소희를 만났다.

유라가 기억하기로 채소희는 열여덟 살 때 유라와 같은 반이었다. 책상에 코 박고 공부만 하던 교실에서 특별할 만한 기억이 존재할 리 없었으므로 유라가 가지고 있는 소희에 대한 기억도 고만고만했다. 그렇지만 이렇게 얼굴을 보자마자 불현듯 이름까지 떠오르는 이유는 소희가 그 애와 하굣길 친구였기 때문이었다. 그 애는 특별한 사유 없이도 학교가 끝나면 학원에 가지 않고 보충 학습을 하지 않는, 전교생 중 몇 손가락 안에 드는 유일한 애였다. 유라가 학교에 남아 온라인 강의를 듣고 있을 즈음 그 애는 유유히 운동장을 가로질러 학교를 빠져나갔고, 그 옆에는 언제나 소희가 있었다. 소희는 입시 미술을 준비했다. 유라가 기억하기로는 그렇다. 미대에 진학했는지까지는 알지 못했다. 유라는 그 애의 친구 관계에 대해 별 관심이 없었다.

봉안당을 빠져나와 산 초입에 있는 조그만 카페에 들어섰다. 늦은 시간이라 손님은 없었고 카페 직원은 재고 정리를 하며 손님을 맞이했다. 둘은 창 바로 옆에 있는 2인석에 마주 보고 앉았다. 소희는 장례식에 찾아왔던 몇 안 되는 방문객 중 하나였다. 그날 소희는 자신이 그린 그 애의 초상화를 국화 대신 두고 갔다.

"어쩐 일이야?"

유라는 던져 놓은 질문이 퍽 창피했다. 기일에 납골당을 찾는 것이 무슨 이유가 있나 싶었다. 하지만 영 볼품없는 질문은 아니었다. 장례식이야 시간이 되면 그렇게 친하지 않았더라도 들를 수 있는 경조사였으나 기일에 이렇게 먼 곳까지 찾아온다는 건 예사로운 마음으로는 쉽지 않을 터였다. 소희와 그 애가 많이 친했던가. 이 생각은 곧장 아니라는 결론에 도달했다. 그 애는 깊이 있게 관계를 맺지 못했다. 유라의 섣부른 판단이 아니다. 그 애 스스로가 느낀 제 삶의 고민거리였다. 얕은 것. 어디에도 뿌리내리지 못해 부유하고, 정처 없는 것. 떠도는 것. 안착할 곳이 없는 것. 살아간다는 느낌을 어디서도 받지 못하는 것.

그렇지만 소희의 등장은 유라가 믿어 의심치 않았던 사실을 부정했다. 소희는 자신이 유진과 이 정도로 친한 사이를 맺어 왔다고 대답했다. 잡생각이 많을 때, 할 일이 사라졌을 때, 문득 누군가가 그리울 때, 하염없이 울고 싶을 때 수시로 이곳을 찾아온다고 말했다.

"…그래?"

유라가 당황한 마음으로 굼뜬 대답을 하는 사이, 진동벨이 울렸다. 유라는 동아줄을 붙잡듯 진동벨을 들고 자리를 떴다. 음료 두 잔을 받아 돌아오며 유라는 자신이 소희의 말에 왜 그런 반응을 보였는지를 생각했다. 정녕 그 애에게 친구가 한 명도 없었을 거라 믿어 왔던 것일까. 그렇지 않고서야 그 애가 그렇게 홀가분하게 세상을 등졌다는 걸 믿을 수 없었으니까⋯. 아니다. 이런 식의 생각은 좋지 않다. 유라가 소희를 만난 건 고등학교 졸업식 이후 8년 만에 처음이었다. 학교에서 마주칠 때면 이따금씩 인사만 몇 번 주고받는 관계였다. 그 애가 졸업 후 한 번도 소희의 이름을 언급한 적 없었으니 그 시간 동안 꾸준히 관계를 맺어 왔다는 걸 믿을 수 없었을 뿐이다. 그래, 그뿐이다. 유라의 마음이 어수선한 것은 자신이 몰랐던 그 애의 어느 일면을 이제야 알게 된 것 때문이리라.

테이블 위에 음료가 든 트레이를 올려놓자, 소희는 자연스럽게 본인이 시킨 음료를 들었다. 믿지 못하는 유라의 마음을 알고 있는 것처럼 소희가 말을 이었다.

"황유진 처음에 독립할 때는 두 달 정도 내 자취집에서 살았잖아. 그때 밤낮으로 일하더니 두 달 만에 보증금 만들어서 집 구해 버리고. 더 오래 있을 줄 알고 매트리스도 큰 걸로 주문했었는데. 아쉽게."

소희가 싱긋 웃었다. 유라는 소희와 눈을 오래 마주치지 못하고 시선을 피했다. 소희는 유라가 당연하게 이 모든 사실을 알고 있다는 것을 전제로 이야기하고 있었지만, 유라는 몰랐다. 그 애가 성인이 되자마자 미련 없이 출가했다는 건 알았지만 그 후 소희의 집에서 두 달 동안 생활했다는 것은 처음 듣는 이야기였다. 소희는 유라에게 핀잔이라도 주는 것처럼 눈을 집요하게 맞춰 왔다. 하지만 이 역시 부끄러움이 만들어 낸 자신의 피해의식이리라. 유라는 읊조리며 몰랐다는 말만 내뱉었다. 그러자 소희가 유라의 마음을 이해한다는 듯이 대답했다.

"유진이 어려웠지?"

어려웠다. 그건 그 애에게 가장 잘 어울리는 수식어였다. 유라뿐만 아니라 부모도 동의했던 부분이었고 유라에게 그 애의 이야기를 꺼내는 친구들 모두가 그런 식으로 그 애를 표현했다. 그 애가 맞추기 어렵다거나 성격이 비틀어졌다는 의미가 아니다. 그 애에게 붙은 '어려웠다'란 의미는 조금 더 다른 뜻을 품고 있었다. 모두들 그 원인을 알지 못했지만 유라만은 정확하게 알고 있었다. 그 애에게서 느껴지던 언제나 낯선 그 기운의 출처는 '죽음'이었다. 항상 밝고, 항상 역동적이었으나 그 애의 에너지는 전부 죽음이 원동력이었다. 언젠가는 죽게 된다는 사실 하나.

"쌍둥이라고 같은 게 아니니까. 더군다나 너희는 외모까지 전혀 다르잖아. 말해 주기 전까지 쌍둥이인 것도 몰랐어."

유라가 고개를 끄덕였다. 소희의 말처럼 본인들이 밝히기 전까지 모두가 두 사람을 그저 이름이 비슷한 친구 정도로 생각했다. 이란성 쌍둥이어서 그렇다는 말도 있었지만 근본적인 무언가가 달랐다. 둘에게서는 전혀 다른 에너지가 뿜어져 나왔다. 유라는 유리잔 표면에 맺힌 이슬을 손으로 훑으며 입을 열었다.

"걔는 늘 이상했으니까. 특이하고. 이해하기가 늘 힘들었잖아. 나만 그런 게 아니라 모두가…"

모두가 그 애를 어려워했지.

"유라야."

차분한 부름에 유라가 그제야 소희와 눈을 마주쳤다. 소희는 먹먹한 눈으로 유라에게 말했다. 차분한 목소리는 얼음결정처럼 유라의 살갗에 우수수 떨어졌다.

"너 한 번이라도 유진이 이해하려고 한 적 있니?"

유라는 생각했다. 그게 가능한 일이던가?

집에 도착하니 밤 10시가 넘어 있었다. 현관 앞에 가방을 내려놓고는 그대로 침대에 걸어가 몸을 눕혔다. 천장을 멍하니 바라보던 유라는 기어코 몸을 모로 눕혀 침대 옆 탁자 위에 있는 패드 화면을 손바닥으로 쓸었다. 유라의 지문을 인식한 패드에 불빛이 들어오며 홀로그램 화면이 켜졌다. 문서가 켜켜이 쌓였다. 주말까지 다 훑고 간다고 했으나 봉안당에서 예상치 못하게 시간을 너무 빼앗겼다. 늘어지는 몸을 억지로 일으켜 쌓여 있는 문서 중 하나를 열었다. 노랜드에서 하반기에 판매될 책들이었다. 이중에서 꽤 좋을 것 같은 것들을 추려 마케팅 전략에 들어가야 했다. 유라의 역할은 노랜드 서비스 자체에 있었지만 책을 선정하는 것들은 본사 직원 전체의 일이었으므로 달리 빠져나갈 방법이 없었다. 유라가 마그네틱 버튼을 관자놀이에 부착 후 프로그램을 실행시켰다. 하지만 화면을 띄우고도 유라는 지나가는 장면들 중 어느 것도 눈에 담지 못했다. 소희의 말이 계속 귓가에 맴돌았다.

지하철역까지 만이라도 데려다준다고 했지만 소희는 한사코 거절했다. 유라는 다음에 보자는 인사를 건넬지 머뭇거리다 끝내 내뱉지 못하고 그저 조심히 가라는 말만 되풀이했다. 차를 몰고 돌아오는 길에는 반박을 하지 못했다는 것에서 뒤늦은 후회가 밀려왔다. 소희에게 네가 틀렸다고 말했어야 했다. 그 애는 이해를 바라는 아이가 아니었다. 이해를 할 수 있는 영역에 있지도 않았다. 네가 그 애를 이해했다고 생각한다면 필시 그건 너의 착각이었을 거라고….

진동이 울렸다. 전화의 발신인은 프로젝트 매니저 재원이었다. 주말 밤에 통화할 정도로 사사로운 관계가 아니었으므로 유라는 재원의 이름만 보아도 또 일이 터졌다는 것을 직감했다. 더군다나 출근이 반나절밖에 남지 않은 일요일 밤에 문자도 아닌 전화를 걸었다는 건 일이 터져도 단단히 터졌다는 걸 의미했다. 유라는 아주 잠시 잠든 척 전화를 외면할까 싶었지만 결국 받을 수밖에 없었다.

유라의 예상대로 일은 꽤 크게 터져 있었다. 노랜드에서 판매되는 책 중 한 권이 오류가 났는데, 단순 접속 불량의 오류가 아닌 크래킹[1]된 것 같아 프로그램을 전부 뜯어봐야 한다고 재원이 말했다. 유라는 머리가 지끈거리는 것을 느꼈다.

"침입 경로는 알아봤어요?"

"그게 없대요. 외부 침입 경로가요."

"내부에서 파괴되었다는 말인가요?"

재원은 자신 없는 목소리로 그렇다고 대답했다. 유라는 어느 책이냐고 물었다.

---

1 불법적 접근을 통해 다른 사람의 컴퓨터 시스템이나 통신망을 파괴하는 행위.

"『아락스』요."

유라는 패드로 『아락스』를 찾아 관리자 권한으로 접속했지만 '접근 권한이 없다'는 문구가 떴다. 몇 차례나 다양한 경로로 접근을 시도했지만 돌아오는 답은 똑같았다. **권한이 없다.** 유라가 이마를 짚었다. 도대체 이 서비스 자체를 관리하는 오너에게 권한이 없다면 누구에게 있다는 말인가. 한동안 유라에게서 답이 돌아오지 않자 재원은 안 되죠, 하고 조심스럽게 물어왔다.

"오류난 거 어떻게 발견했어요?"

유라가 물었다.

"두 시간 전에 고객한테서 환불 문의가 왔어요. 텍스트랑 영상의 결말이 다르다고요. 난리 났어요. 고객이 노발대발하면서 고소하겠다고 해서 사례 비용이라도 드려야 할 참이에요."

결말이 다르다고?

유라는 속으로 그 문장을 곱씹다가 재원에게는 일단 판매를 중단시키라고 말했다. 전화를 끊은 뒤, 노랜드 사이트로 접속해 『아락스』를 검색하자 일시 판매 중단이라는 문구가 뜨는 걸 확인했다. 판매 지수가 높지 않은 책인 게 다행이었다.

유라는 온라인 서점에 접속해 『아락스』 텍스트를 구매했다. 다른 오류라면 모르겠지만 결말이 바뀌었다는 것은 도저히 납득할 수가 없었다. 아니, 불가능한 일이라는 표현이 더 맞았다. 노랜드의 『아락스』가 어떤 식으로 끝맺음되었는지는 직접 확인해 보기 전까지 알 수 없으나 도중에 내용이 끊긴 것일 수도 있다는 생각을 했다. 그러므로 문제를 정확히 짚으려면 『아락스』의 내용을 세

세하게 알아 둬야 한다. 분명 유라가 검토하고 통과시킨 이야기였을 테지만 몇 년 전의 일이라 내용이 희미했다. 유라는 자세를 고쳐 앉고 『아락스』를 읽어 내려가기 시작했다.

다음 날 재원은 본사 로비까지 마중을 나와 초조하게 유라를 기다리고 있었다. 출입문에 지문을 찍으며 들어오던 유라는 그런 재원의 모습에 덩달아 마음이 조급해졌다. 노랜드의 서비스를 운영 중인 '노블워크 스튜디오'가 설립된 지 6년이 될 동안 접속이 불량하다든지 버퍼링이 심하다든지 하는 간단한 오류 외에는 단 한 번도 이런 식의 사고가 난 적 없기 때문이었다. 단순하게 생각하면 『아락스』를 그냥 폐기하면 되는 일이기는 했지만 문제는 다른 곳에 있었다. 『아락스』의 오류 원인을 정학하게 찾지 못하면 앞으로 모든 책들이 이런 식으로 오류를 일으킬 수 있다는 점이었다. 그렇게 되어서는 안 된다. 판매는 신뢰가 가장 중요했고 경쟁사가 계속 생겨나는 판국에 이런 사소한 오류는 부동의 1위라는 이미지를 무너트리고 고객들의 눈을 돌리게 하는 치명타가 될 것이다. 유라는 스무 살 이후 8년이라는 시간을 모조리 할애해 세운 이 회사를 지켜야 했다.

원래부터 책과 관련된 일을 하고 싶었다. 책을 많이 읽거나 글을 직접 쓰는 건 아니었지만, 유라는 그저 책이라는 물질 자체가 좋았다. 그래서 학생 때에는 스트레스를 받을 때마다 서점에 찾아가 아무 책이나 한 권씩 샀다. 구매한 책을 전부 다 읽지는 못하더라도 글자와 글자가, 그렇게 단어와 문장이 서로 얽혀 독자적인 세계를 한 권에 만들어 냈다는 게 늘 신기했다. 유라에게 책은 소비되는 재화라기보다 소장품에 가까웠다. 그래서 되도록 어떤 형태의 일이든 책이 주가 되는 일을 하고 싶다고 오래전부터 생각했다. 그런 유라를 기가 막히게 찾아 스카우트한 사람은 이 회사의 현 대표이다. 대표는 소설을 기반으로 한 가상현실 프로그램을 개발해 책을 보다 현실감 있게, 오감으로 읽을 수 있도록 만들 것이라고 말했다.

유라는 그 서비스에 대해 미적지근하게 반응했다. 대표가 말하는 건 영상화된 소설과 크게 다르지 않게 느껴졌기 때문이었다. 하지만 대표가 꿈꿨던 지금의 '노랜드'는 여타의 영상물과 달랐다. 노랜드에서 만들어 낸 가상현실은 감각으로 소설을 읽게 하는 것이다. 노랜드에 가입한 후 첫 책을 구매하면 마그네틱 버튼을 받게 되는데, 이를 관자놀이 양옆에 부착한 후 실행시킨다. 그럼 독자는 가상현실을 체험할 수 있게 된다. 다른 영상매체와 비슷해 보이지만 노랜드의 서비스는 엄밀히 따지면 '책'을 구매하는 것이다. 가상현실 속에서 스크린에 지문이 뜨고 독자는 자신의 속도로 지문을 읽어 내려가며 자신이 읽고 있는 지문 속의 상황을 아주 천천히 재생시키고, 그 면면을 속속들이 파헤칠 수 있다. 모든 장면과 이야기 진행은 소설의 형태를 그대로 따라간다. 독자는 한 권의 책을, 아주 심도 있게 파고들 수 있게 되는 것이다.

무엇보다 노랜드의 가장 큰 핵심은 소설 속 인물과 대화가 가능해진다는 점이다. 인물은 자신이 속한 소설 속 세계를 기반으로 인공지능화가 이루어졌다. 독자는 인물과의 의사소통이 가능해짐에 따라 소설을 조금 더 심도 있게 읽어 내려갈 수 있게 된다. 그것은 단순히 입력해 놓은 일련의 대답을 늘어놓는 것이 아니다. 인물은 자신이 처리할 수 있는 문제에 한해서, 독자적인 판단하에 답을 내린다. 유라는 처음 이 기능에 대해 부정적인 입장으로 반대했다. 책은 독자가 겪은 세계에서 이해되고 판단되어야 하는데 인물과의 직접적인 소통이 가능해진다면 해석이 일련적으로 이루어질 수밖에 없게 된다는 것이 이유였다. 하지만 대표의 생각은 달랐다.

결국 어떤 질문을 하는지도 각자의 세계에서 도출되는 거잖아.

정말 그럴까. 유라는 여전히 납득할 수 없는 부분이 많았지만 기꺼이 손을 잡았다. 스무 살이니까 할 수 있는 무모함이었다. 그리고 대표의 말은 맞았다. 인공지능은 훨씬 우수했고, 사람들의 질문은 다양했으며 그에 따라 책에 대한 해석은 더 다양해지고 풍부해졌다.

그렇게 창립된 노블워크 스튜디오에서 유라는 어린 나이에 프로젝트 오너라는 직책을 맡았다. 자신보다 나이 많은 팀원들에게 꿀리지 않겠다는 일념 하나로 누가 시키지 않아도 밤낮 없이 일했다. 자신의 무능함으로 팀원들이 피해 받지 않도록 하려 했던 노력은 다행히 성공했고, 유라는 8년간 이 자리를 지킬 수 있었다. 그 사이 회사는 몇 차례 더 큰 사무실로 이사를 하다 몇 년 전 큰 빌딩 하나를 세우는 데 성공했다.

유라가 오기를 초조하기 기다리고 있는 재원도 유라보다 두 살 많은 팀원이었지만 단 한 번도 나이를 직책 대신 내세운 적 없었다. 유라를 발견한 재원이 오셨어요, 하고 헐레벌떡 곁으로 다가왔다. 유라가 승강기 버튼을 누르며 물었다.

"아직도 안 돌아왔어요?"

"예, 개발팀 쪽에서 아무리 만져도 결말이 바뀌지 않아요. 주인공도 아무 응답이 없고요."

"외부에서 접근한 경로는 아직도 못 찾았어요?"

눈을 동그랗게 뜨며 유라가 묻자, 재원은 도저히 자신도 이해하지 못하겠다는 표정으로 대답했다. 유라는 서둘러 개발팀으로 향했다.

『아락스』는 1992년에 미국에서 출간된 책이다. 인기가 많은 책은 아니었지만 중세 시대를 배경으로 하고 있어 다양한 체험을 살리기 위해 선정되었다. 책의 주인공 '아락스'는 15세기 말에 이탈리아 제노바에서 태어났다. 세 자매 중 첫째로, 밑으로는 아란과 아닉이라는 두 동생이 있다. 아락스는 호기심이 많고 진취적인 인물이다. 콜롬비아의 범선인 '산타마리아 호'에 승선하기 위해 모종의 계략을 꾸미고, 이내 남장을 한 후 승선하는 것이 이 이야기의 결말이다.

아락스는 배에 타기 위해 항해술과 요리, 검술을 배우고 말미에는 자연으로부터 배를 지키기 위한 주술까지 배운다. 두 동생은 그런 언니가 꿈을 이룰 수 있도록 언니의 계략을 도와주는 역할들이다. 그러니 아락스는 자신이 살고 있는 이 땅을 벗어나 더 크고 넓은 세계로 나아가고자 하는 욕망이 뚜렷한 인물이었다. 더 넓은 세상을 두 눈으로 직접 보기 위해 진흙 위를 구르는 한이 있더라도 그 꿈을 이뤄내고야 마는 인물. 강인하고 단단한 연필심 같은.

그러니 유라는 지금 자신이 보고 있는 『아락스』의 결말을 믿을 수 없었다. 말도 안 된다는 말을 되풀이했지만 몇 번을 돌려도 결말은 달라지지 않았다. 유라가 생각했던, 내용이 도중에 끊겼다거나 하는 식의 오류가 아니었다. 이건 여지없는 결말이었다.

"…이건 애초에 입력한 적도 없는 결말이잖아요."

"그래서 저희도 미치겠어요. 계속 보는데 무섭기까지 해요, 이제는."

개발팀 영조가 닭살 돋은 제 팔뚝을 만지며 말했다. 화면을 바라보고 있는 유라도 같은 심정이었다. 결말이 바뀌었다고는 들었지만 이렇게 바뀌었을 거라고는 상상조차 하지 못했다. 유라는 그제야 고소하겠다던 고객의 입장을 이해했다. 전혀 예상치 못했던 곳에서 아무런 예고도 없이 트리거가 눌릴 수도 있는 일이었다.

아락스가 죽었다.

원래의 결말은 산타마리아 호에 승선하며 끝나는 것인데, 바뀐 결말에서 아락스는 뒤뜰에 있는 창고에 목을 매달아 죽은 것이다. 저토록 아름답게 만들어진 중세 시대의 푸른 배경을 등지고서. 유라는 아락스를 쳐다보다 겹쳐 떠오르는 장면에 눈을 질끈 감았다.

복도 정수기에서 냉수 한 컵을 따라 마신 유라는 그대로 벽에 기대 주저앉았다. 열이 나는 것처럼 이마가 뜨끈뜨끈했다. 컵 표면에 남은 차가운 기운을 이용해 열을 식히려 이마에 문댔다. 뒤늦게 개발팀을 빠져나온 재원이 유라의 옆에 따라 앉았다.

"뽑아 왔어요."

두 세계

재원이 패드를 내밀었다. 거기에는 유라가 부탁한『아락스』구매 고객 명단이 있을 것이다. 환불을 요청한 고객 직전에 구매한 고객을 찾을 생각이었다. 과연 어느 시점부터 결말이 이렇게 바뀌었는지를 찾아야 했다. 하지만 유라는 당장 패드를 볼 여력이 남아 있지 않았다. 패드를 받은 채 잠시 동안 이마에 컵을 더 문댔다. 하필이면 어제가 기일이어서….

"근데 보니까 이상한 고객이 한 명 있더라고요."

"이상한?"

유라가 재원에게 고개를 돌렸다.

"보통 고객들의 책 재구매가 5회를 넘기지 않잖아요."

노랜드의 구매는 1회 서비스였다. 책을 한 번 구매한다고 해서 반복적으로 이용할 수 있는 것이 아니라, 한 번 구매한 책은 완독한 후에는 재열람할 수 없었다. 그러니 마음에 드는 책이 있으면 그때마다 다시 재구매를 해야 하는 것이다. 이는 구매 후 불법으로 유통되거나 한 명의 아이디로 여러 명이 함께 구매하는 것을 막기 위한 방법이었다. 그래도 고객들의 불만을 최소화하기 위해 재구매 시에는 할인된 가격으로 구매할 수 있었다. 그렇지만 재구매할 때에도 발생하는 비용 때문인지 같은 책을 5회 이상 재구매하는 일은 거의 없었다.

"그런데 여기 보면 한 명이 이 책을 서른다섯 번 구매했어요."

정신이 번쩍 드는 소리였다. 유라가 믿지 못하겠다는 눈으로 패드를 쳐다봤다.『아락스』가 처음 판매되기 시작한 4년 전부터 지금까지 이 책의 판매 횟수는 446건밖에 되지 않는다. 완독한 사람은 이 중에서도 67퍼센트밖에 되지 않는데 그중에서 서른다섯 번의 완독이 전부 한 명이었다. 이름은 신규영(2025-12-12). 첫 구매는 1년 2개월 전이었고 마지막 구매는 나흘 전이었으며 첫 구매를 제외한 서른네 번의 구매는 전부 두 달 이내에 이루어졌다.

"…만나 봐야겠죠?"

재원이 물었다.

"아무래도요."

유라가 대답했다. 다행스럽게도 고객 정보에 휴대폰 번호가 적혀 있었다.

◇

유라는 로비에 있는 카페에서 사람이 들어올 때마다 입구를 힐끔힐끔 쳐다봤다. 회사를 방문하는 사람 중 이십 대 초반의 여자만 보면 유라는 자기도 모르게 허리를 꼿꼿하게 폈다. 하지만 아직까지는 전부 허탕이었다. 재원은 시계를 보며 아직 약속 시간까지 5분 남았다며 유라를 달랬다.

테이블 위에는 주문한 커피와 함께 종이백이 놓여 있었다. 선물이라고 말하지만 일종의 입막음용 뇌물이었다. 이전에 환불을 외쳤던 고객은 환불 비용의 몇 십 배에 달하는 비용을 두둑하게 챙겼다. 꽤 큰돈이었지만 유라는 그 정도 선에서 피해를 막을 수 있었음에 감사했다. 자칫 고객이 먼저 인터넷에 주인공이 자살하는 장면을 여과 없이 재현했다는 식의 내용을 올렸다면 회사 이미지 손해가 더 컸을 것이다. 한 번 퍼진 말은 어떤 해명을 덧붙여도 수

습되지 않았을 테니까.

재원이 어 하고 입을 열었다. 유라가 재원의 시선을 따라 고개를 돌렸다. 아직 회전문을 통과하지 않은 건물 밖, 유리창 너머로 회전문 앞에 멀뚱히 서 있는 한 여자가 보였다. 갓 스무 살이 된 것 같은 앳된 얼굴이었다. 유라는 직감적으로 저 사람이 신규영이라는 것을 알아차렸다. 규영은 이상하리만치 그 자리에 가만히 서 있다가, 건물로 들어가는 사람들을 몇 번 빤히 쳐다본 후 그들의 뒤를 따라 회전문을 통과했다. 재원이 먼저 자리에서 일어나 규영을 마중 나갔다. 유라는 자신에게 걸어오는 규영을 향해 먼저 웃어 보였다.

어깨에 닿아 마구잡이로 뻗친 머리칼과 화장기 없는 얼굴, 보풀이 일어난 얇은 카디건을 입고 온 규영은 유라의 인사를 받은 이후로 줄곧 로비를 훑어보고 있었다. 규영은 발과 무릎을 서로 맞붙인 채 허리를 펴고 앉았다. 두 손을 가지런히 무릎 위에 올려 두고서 말이다. 규영의 자세는 지나치게 올곧았다. 규영의 고개가 마주 보고 앉은 상대방에게 돌아온 것은 유라가 명함을 내밀었을 때였다. 규영은 테이블 위에 놓인 명함을 시선만 내리깔아 보다가 유라를 쳐다봤다.

"오느라 힘들지 않았어요? 집이 어디에요?"

친근하게 말을 붙였다. 본론을 꺼내기 전에 상대방의 긴장을 풀어 주기 위해서였다.

"서쪽에서 왔습니다. 오래 걸렸지만 걸어올 수 있었습니다."

유라와 재원의 시선이 부딪쳤다. 규영의 말투는 스무 살이 내뱉기에는 지나치게 격조 있는 어투였다. 규영은 그 두 사람을 한 번씩 번갈아 쳐다봤다. 유라는 순간적으로 당황해 말의 순서를 까먹었고, 그것을 다시 맞추기 위해 잠시 뜸을 들였다. 그 사이 규영은 어떤 이유로 불렀느냐는 흔한 질문도 하지 않았다. 밖에서 클랙슨 소리가 들렸다. 규영이 창밖으로 시선을 돌렸다. 아무런 표정 변화도 없이 규영은 지나가는 차를 주시하기 시작했다. 규영의 얼굴에 상처가 많다는 건 그때쯤 알아차렸다. 뺨과 목이 불그스름한 생채기로 가득했다. 옆에 있던 재원이 입을 열었다.

"저희가 오늘 규영 씨를 이곳으로 부른 이유는요. 혹시 저희 노랜드의 책을 구매하면서 이상했던 점이 있지는 않았는지 여쭤보기 위해서예요. 뭐, 오류가 잦았다거나 인물들이 이상했다거나 결말이 바뀌었다거나."

"…"

"이를테면 마지막에 구매하신 책에서 어떤 문제가 있지는 않았는지…."

재원의 목소리는 어떤 이유에서인지 점차 작아졌다. 잘못된 지점을 알아가는 과정이었음에도 불구하고 스스로 잘못을 까발리는 듯한 느낌이 들었으리라. 그렇게 느끼게 된 가장 큰 이유는 규영의 표정 때문이라고 유라가 생각했다. 규영은 눈꺼풀 한 번 움직이지 않은 채, 말하고 있는 재원을 빤히 쳐다봤다. 노려본다거나 멀거니 쳐다본다는 느낌과는 전혀 달랐다. 주시하는, 집중하는, 꿰뚫으려 하는, 간파하는. 그런 것들과 형태가 비슷했다.

입술이 호선을 그리며 적당한 웃음을 유지한 상태로 규영은 흔들림 없이 대답했다.

"없었습니다."

너무나도 깔끔한 대답에 재원은 할 말을 잃었는지 아, 예예, 하고 말을 더듬거리다 입을 다물었다. 옆에서 가만히 규영을 지켜보던 유라는 테이블에 올려두었던 종이백을 규영에게 밀었다.

"없었다면 다행이에요. 이건 저희 회사에서 드리는 선물이에요. 많이 이용하신 분들한테 드리는 거니 사양 말고 받으세요."

규영은 종이백을 두 손으로 들어 무릎에 올렸다.

"그리고 혹시 이상한 게 있었다면 바로 연락 주시고요."

"예. 알겠습니다."

유라가 먼저 자리에서 일어나자, 규영도 유라를 따라 몸을 일으켰다. 규영은 가볍게 고개를 끄덕이고 몸을 돌렸다. 유라는 그때 규영의 아킬레스건이 신발에 쓸려 피가 흥건한 것을 보았지만 규영은 피가 나고 있다는 걸 모르는 듯이 걸어갈 뿐이었다.

◇

아락스는 망토를 벗어 의자에 걸쳐 두고 침대에 누워 있는 아닉의 안색을 살폈다. 밤사이 올랐던 열은 어느 정도 내려갔지만 여전히 이마와 뺨이 붉고 뜨거웠다. "오, 아닉. 아직 몸이 뜨겁구나." 아락스가 말했다. 아락스의 목소리를 듣고 깬 아닉이 힘겹게 눈을 떴다. 가여운 얼굴로 아닉은 애써 웃으며 아락스의 손을 잡았다.

"신부님이 오셨다 가셨어…."

침대 옆 탁자 위에는 아기 예수 상이 놓여 있었다. 아락스는 동상을 흘겨보고는 자리에서 일어났다. 안뜰을 지나 주방으로 향했다. 양동이에 차가운 물을 담고 그 안에 천을 적셨다. 아닉의 열은 닷새째 지속되고 있었지만 아락스가 밤낮 없이 보살핀 덕에 몸이 조금씩 낫고 있었다. 하지만 방심하기는 아직 이르다. 아락스는 아닉의 몸에 고름이나 검은 반점이 생기지는 않았는지 계속 살폈다. 다행히 아닉의 몸에는 열에 의한 홍반뿐이었다. 이제는 그마저도 거의 알아볼 수 없을 정도로 희미해졌다.

아락스가 침대에 걸터앉았다. 턱 밑까지 끌어올린 이불을 걷어 내고 가져온 젖은 천으로 아닉의 팔을 닦았다. 아닉은 차가운 감촉에 몸을 움츠렸다. 그래도 싫다고 투정부리지 않았다. 아닉은 아락스를 도리어 위로해 주려는 것처럼 입을 열었다.

"…곧 주님께서 은총을 주실 거라고 했어. 살바토레 신부님이."

"좋은 소식이구나." 아락스는 천을 양동이에 한 번 더 담갔다가 꺼냈다. "그렇지만 주님의 은총이 있기 전에 아닉 네 스스로 회복해야 해."

'주님이 정말 우리를 보살폈다면 그렇게 많은 사람들이 전쟁에서 희생되지 않았을 거야. 무언가에 맹목적으로 기대서만은 안 돼.' 아락스는 그렇게 생각했지만 아닉에게는 말하지 않았다. 아닉은 고개를 끄덕였다. 말을 잘 듣는 착하고 선한 동생이었다.

"항구에는 오늘도 사람이 많아?" 아닉이 물었다. 닷새째 집에만 박혀 있었으니 바깥일들이 궁금한 모양이었다. "상인들은 무엇을 갖고 왔어?"

아락스는 천을 완전히 내려놓고 아닉의 손을 잡았다. 보드랍고 작은 손을 자신의 뺨에 문대면서 입을 열었다.

"향신료와 차를 잔뜩 가지고 왔어. 양초를 수북이 쌓아 둔 상인도 있었어."

"아, 정말! 그 활기찬 항구를 보지 못해서 몸이 더 아픈 것도 같아." 아닉이 아랫입술을 비죽 내밀며 말했다. 아락스가 얼굴을 보고 활짝 웃었다. "에스파냐로 가는 배는 찾았어?" 아닉이 물었다. 아락스가 고개를 끄덕였다.

"그렇지만." 아락스가 진지한 목소리로 말했다. "너를 이렇게 두고는 절대 가지 않아."

"오, 언니." 아닉이 고개를 저었다. "그런 말은 하지 마. 난 여기서 충분히 나을 수 있어." 아닉은 금방이라도 울 듯한 표정이었다.

"언니는 이곳에 있으면 행복할 수 없어."

아닉의 말에 아락스는 그렇지 않다고 반박할 수 없었다. 아락스는 자신이 이곳에 남게 된다면 불행하리라는 걸 잘 알았다. 하지만 아픈 아닉을 두고 매정하게 갈 수도 없는 노릇이었다. 아락스는 이 생각에 밤마다 괴로워했다.

아닉이 손을 뻗어 아락스의 가슴에 얹었다.

"언니가 그랬지. 언니의 바람은 언제나 바깥에서 불어온다고."

"맞아. 내 바람은 언제나 바깥에서 불어와."

"그러니 그곳으로 가야 해." 아닉이 단호하게 말했다. "언니는 이 도시에 있으면 불행할 거야."

"언제나 나를 생각해 주는 상냥한 아닉…. 네가 있어 내 세상은 이토록 뻗어나갈 수 있는구나. 맞아, 네 말대로 나는 이곳에 있으면 불행할 거야. 이 도시는 내가 있기에 너무 작아. 나는 더 넓은 세상을, 내가 닿지 못한 다른 세계를 반드시 봐야만 해. 그 어떤 사명감이 저 바깥에서 나를 부르고 있어. 나는 그것을 반드시 수행해야만 해. 그 어떤 것도, 내가 여자라는 사실도 나를 막을 수는 없단다. 아닉, 내 머리카락을 팔기로 이미 약조하고 오는 길이란다. 그 머리카락으로 너희에게 더 많은 음식을 사 줄 수 있고 나는 배에 오를 수 있을 거야. 내 족쇄라 여겼던 것들이 실은 나를 이끌 희망의 끈이었다는 걸 이제는 알아. 그렇지만 나는 절대 아픈 너를 이렇게 두고 가지 않을 거야. 그러니까 아닉, 최선을 다해 나아 줘. 나를 위해서라도."

아락스가 아닉을 끌어안았다. 아닉의 따뜻한 체온이 아락스 몸에 전해졌다.

◇

알람 소리에 눈을 번쩍 뜨자 배 위에 놓여 있던 패드가 침대 아래로 떨어졌다. 패드를 주웠다. 화면에는 『아락스』 텍스트가 켜져 있었다. 유라는 잠들기 직전에 읽었던 장면을 훑었다가 화면을 껐다. 한숨 자고 일어났지만 잠들지 않은 것처럼 피곤이 밀려왔다. 그렇지만 더 누워 있을 수 없었다. 이른 아침부터 재원의 연락이 쌓여 있었기 때문이었다.

평소보다 일찍 회사에 출근한 유라는 개발팀을 찾았다.

"비어 있다고요?"

그리고 방금 들었던 말을 전부 이해하지 못해 영조에게 다시 물었다. 영조가 고개를 끄덕였다. 그러니까 영조는 『아락스』의 시스템 속이 전부 비어 있다고 말했다. 인공지능 인물조차도.

"지난번에 관리자 권한이 없다고 떴잖아요? 그게 포털 접속 코드를 바꿔 둔 게 아니라 애초에 접근할 곳이 없으니까 권한이 안 떴던 거였어요. 다시 말하자면 허공에 대고 열쇠를 꽂은 거나 마찬가지예요."

"하지만 그때 영상 확인했잖아요."

"그건 장면일 뿐이에요. 산출된 결과가 아니라 우리가 입력해 놓은 장면들이요. 이 속에 있어야 할 인물과 공간이 전부 텅 비어 있어요. 아마 마그네틱 버튼으로 접속하려고 해도 안 될 거예요. 공간 자체가 파괴되었으니까 입장할 곳이 아예 없는 거죠."

"그럼 그 인공지능이 어디로 갔다는 말이에요?"

"모르겠어요." 영조가 고개를 저었다. "혹시나 다른 서비스와 혼선된 건가 싶어서 전부 다 찾아봤는데 안 보여요. 『아락스』의 인공지능은요."

『아락스』의 인공지능은 '아락스'이다.

유라는 『아락스』의 베타 버전이 나왔을 때 그곳에서 아락스를 만났다. 마그네틱 버튼을 부착한 후 프로그램을 실행시키자, 감고 있던 눈꺼풀은 점점 더 무거워졌고 몸은 침대 밑으로 가라앉듯 한 없이 내려앉았다. 그리고 머지않아 검은 시야가 점차 환해지며, 말발굽 소리가 멀리서부터 들려오기 시작했다. 장면의 시작은 소설의 시작과 같았으므로 유라는 눈을 떴을 때 초원에 난 좁은 흙길 위로 마차 하나가 지나가리라는 걸 알고 있었다. 이 세계에서 유라는 이방인이자 예언자였다. 시야의 우측 상단에는 투명한 박스창이 떴고, 그곳에는 소설 본문이 쓰여 있었다.

유라는 천천히 지문을 읽어 내려갔다. 저 마차 안에는 아락스에게 산타마리아 호의 소식을 알려 줄 신사가 타고 있었다. 그는 아락스와 오래전부터 알던 친구였고 아락스를 짝사랑하고 있으나 아락스의 큰 꿈을 방해하지 않기 위해 자신의 마음을 숨기는 인물이다. 그 마차를 따라 쭉 가다 보면 아락스를 만날 수 있었다. 초원 끝에 난 조그만 집. 창고가 있고 굴뚝에서 연기가 피어오르는 곳이었다.

멋대로 자른 머리가 목덜미에 비죽비죽 튀어나왔던 헤어스타일과 연갈색 눈동자, 흰 피부에 촘촘하게 박혀 있던 주근깨가 유라의 시선을 사로잡았다. 15세기 인물답게 깔끔하지는 않았지만 유라가 그 시기에 만났던 그 어느 인물보다도 눈빛이 강렬했던 기억이 났다. 대화 기능을 켜 아락스와 마주 앉게 된 유라는, 이전에 만났던 인물들에게서는 느낄 수 없었던 이질감을 느끼는 중이었다. 그 기분의 원인조차 파악할 수 없었다. 아락스는 유라를 뜯어봤다. 그건 뜯어봤다고 해야 맞는 표현이었다. 머리에서부터 발끝까지, 유라가 하고 있는 장신구까지 하나도 놓치지 않겠다는 의지처럼 보였다.

그건 뭔가요?

아락스는 유라가 차고 있던 손목 패드를 쳐다보며 물었다. 유라는 도통 이걸 15세기 사람에게 뭐라고 설명해야 할지 몰랐다. 유라는 얼버무리려 했지만 아락스는 집요하게 시선을 맞춰 왔다. 유라는 결국 차분하게 설명했다. 기계인데, 이 패드가 세상의 정보를 다 알려 준다는 식으로 말이다. 아락스가 이해할 거라고는 애초에 기대하지 않았다. 그저 질문을 했으니 답을 준 것뿐이었다. 하지만 아락스는 유라의 말을 알아들은 사람처럼 반문했다.

그런 것들이 밖에는 많나요?

밖. 아락스는 유라의 세계를 밖이라고 표현했다. 유라는 그것을 이제야 떠올렸다. 그 어느 인공지능도 플레이어의 세계를 밖이라 표현하지 않았다.

"밖….'

유라가 물었다.

"인공지능이 다른 서버를 넘나들 수 있어요?"

"다른 서버로요? 불가능하지는 않아요. 시스템이 연결되어 있으니까요. 신경망을 타고 흘러가는 거죠. 하지만 그렇게 되면 최악의 경우에는 판매되는 서비스 전부 중지시켜야 돼요. 그 인공지능이 넘나들 수 있다면 다른 인공지능도 다른 서버로 갈 수 있다는 이야기니까요."

"그렇다면 다른 서버가 아니라 밖으로는….'

유라가 다시 말을 정리했다.

"혹시 인공지능이 밖으로 나올 수도 있을까요?"

그러니까 밖이라 함은….

"이 세상으로요. 우리가 사는 세계."

나름 진지하게 뱉은 말이었지만 유라는 뱉고서 곧바로 후회했다. 영혼이 아닌 이상 몸이 없는 인공지능은 디지털 밖으로 나올 수 없었다. 그건 너무 당연한 이치였다. 손을 내저으며 헛소리였다고 말하는 유라와 달리 영조의 표정은 줄곧 진지했다. 어쩌면 가능할지도 모르겠다고 대답했다. 유라는 구체적인 설명을 요구했다.

"시스템 자체가 뉴럴 네트워크예요. 인간의 신경망 구조와 완벽하게 일치한다고 보면 돼요. 인간 신경과 유사하게 시뮬레이션했기 때문에 만일 거기서 예상하지 못한 노이즈가 발생했다면 우리가 예측하지 못했던 것을 스스로 만들었겠죠."

"그게 뭔데요?"

"창의성이요."

영조가 자신의 말을 수습하듯 입을 열었다. "그러니까 제가 하는 말은 전부 그럴 수도 있겠다는 거예요. 예를 들면요. 만일 아락스가 인간과 비슷하게 사고하게 되면서 호기심과 탐구력이 많아져서 스스로 밖으로 나가야겠다고 생각하게 된 경우에만요."

영조가 억지로 웃었다.

"하지만 그런 일이 있겠어요?"

◇

부모는 그 애의 우울이 학창 시절의 한시적인 감정, 잠시 머물다 가는 소용돌이로 생각했지만 전부 틀렸다. 그것은 깊이를 가늠할 수 없는 우물이었다. 우물은 그 애의 몸과 함께 자랐다. 그리고 어느 순간부터 물은 조금씩, 조금씩 넘쳐흘렀고 그 애는 우물의 파동을 줄이기 위해 침대에 가만 누워 창문 밖을 바라보는 날이 많아졌다. 아니, 그 애는 밖을 보는 것이 아니라 하늘이라 명명된 우주를 바라보고 있었다. 유라는 알 수 있었다. 그 애가 세계를 인식하는 범위는 보통의 사람보다 언제나 광활했으므로. 유라 역시도 부모와 비슷한 생각을 가지고 있었다. 스무 살이 되면 달라질 것이다. 대학 시험을 앞둔 학생들은 원래 알 수 없는 감정의 역풍에 휩쓸리는 존재라고 하지 않았던가. 개중 그 애의 역풍은 조금 더 세게 불어왔을 것이라고, 그러니 성인이 되면 차츰 좋아지리라 확신했다. 그렇게 성인이 되자, 그 애는 다시 세상을 살아가기 시작했다. 지망했던 대학에 붙었고 돈을 벌기 위해 과외도 구했다. 부모는 잠시 머물다 간 감정이었음에 안도했지만 유라는 달랐다. 이번에는 같지 않았다. 그 애의 우물은 더 커졌고, 그래서 그 애를 삼켰다. 그 애는 이제 자신 내면에 있는 우물을 파고들지 않아도 되게 된 것이다. 우물이 그 애 자체가 되었으니까.

세계와 자신의 불합치. 어떻게든 이 행성에서 살아갈 이유를 만드는 다른 존재들과 달리 끊임없이 이 행성의 출구를 찾는 존재. 합일되지 않은 세계 속에서 느끼는 고통과 불안. 이해받을 수 없다는 외로움이 굳어져 만든 마음의 외벽. 동시에 이 세상에 입장해 꼬박 스물네 해를 넘긴 후에야 완전히 받아들일 수 있었던, 세상과 그 애의 관계였다. 남들과 같은 길을 걷고 있다고 해서 그것이 그 애에게도 길이 될 수는 없었다. 그 애의 우물은 왜 생겨난 것일까. 유라는 고민했지만 도저히 답을 찾을 수 없었다. 하긴 그 애조차 찾지 못했던 것이었으니 애초에 유라가 알아낼 수 있을 리 없었다.

그냥 나는 이 행성에 잘못 태어난 거 같아.

그 애가 그렇게 말했을 때, 유라는 문득 이유 없이 차오른 눈물을 꾹 삼키고 물었다. 그럼 너는 어디에서 태어났어야 했는데?

그 애는 한참 후에 입을 열었다.

글쎄, 모르겠어. 여기 있는 동안에는 영원히 알 수 없지 않을까? 밖으로 나가지 않는 이상. 나는 너무 살고 싶어, 유라야.

유라는 묻고 싶었다. 그 밖은 어떻게 나가는 것이냐고. 우주선을 타고 나가 끝이 없는 우주를 떠돌다 네가 태어났어야 할 행성을 만나는 것이냐고. 그게 아니라면 도대체 그 밖은 어디를 말하는 것이냐고…. 하지만 유라는 묻지 않고 입을 다물었다. 그 애의 세상은 자신이 이해할 수 있는 영역이 아니었다. 더는 함몰되지 않으리라. 유라는 제 인생을 살아야 했다. 그 애의 세상에는, 더 관심 가져 주고 싶지 않았다.

유라가 그 애의 세상을 이해할 수 없듯이, 그 애도 언제나 유라의 세상을 이해하지 못했기 때문이었다. 그 애는 유라에게 한 걸음 잘못 내딛으면 절벽인 곳에서, 목에 밧줄을 매단 채 어딘가로 끌려가는 사람 같다고 표현했다. 유라는 화를 냈고, 더는 서로의 세상을 들여다보지 말자고 했다. 그렇게 하면 완전히 분절될 줄 알았다. 결과적으로 아니었다. 완전히 단절되었다고 생각했던 세계는, 그 애가 자신의 세계를 깨트린 순간 고통과 슬픔의 형태로 유라의 마음을 파고들었다.

그렇지만 왜 눈물이 나지 않을까. 유라는 그 애의 집으로 들어갔을 때를 생생하게 기억했다. 빌라 앞에 모여 있던 사람들, 먼저 도착한 순찰차 한 대. 그 틈바구니를 파헤치는 일은 성에 도달하기 위해 지나야 하는 가시넝쿨 같았다. 살갗을 파고드는 고통 끝에 도달한 11평짜리 성에는, 마지막 관문인 문지기들이 있었다. 유라는 그들의 손을 뿌리치며, 그 애가 자신의 동생이라고 난생처음 크게 외쳤다. 그렇게 마지막 관문을 통과해 그 애를 만났다. 비쩍 말라 앙상하게 튀어나온 복사뼈가 보였다. 가지런한 발가락과 곧게 뻗은 종아리를 바라보다, 유라는 그 애의 발을 감싸 잡고 자신의 뺨에 가져갔다. 지독히도 발붙이지 못했던 현실에서 그 애가 발을 뗀 처음이자, 유일하고, 동시에 마지막인 순간이었다. 가끔 어떤 사람들은 살기 위해 죽음을 택한다. 그 애의 시신을 화장하던 날, 유라는 어쩐지 그다음 세계가 있을 거란 막연한 생각을 했다. 그 애는 그곳에 있지 않을까. 자신이 태어났어야 할, 유라는 갈 수 없던 어느 세계에.

밖의 세계.
세계의 밖.

유라는 두 문장을 중얼거리며 복도 벽을 응시했다. 티끌 하나 없는 판판한 벽이었다. 어느 지점에서도 경계를 찾아볼 수 없는 커다란 벽은 언제나 깔끔하고 단정했으나 이따금씩 사람의 넋을 빼앗아갔다. 경계가 없는 것들은 대체로 그랬다. 경계 없이 매끈한 것들은 너무도 인위적이었다. 아락스와 대화하지 않고 규영을 만나지 않았더라면 유라도 이런 의구심 따위 들지 않았을 것이다. 영조의 말처럼 그건 이 시대의 일이 아니었다. 인공지능이 스스로 프로그램을 바꾼다는 건 그것의 '지능'이 인공적이지 않다는 것과 같았으므로. 그러나 아락스와 규영을 만난 유라는 찜찜함을 씻어 낼 수가 없었다. 우두커니 흰 벽을 바라보던 유라가 짧은 숨을 내 뱉고 자리에서 일어났다. 무작정 회원 정보에 적힌 주소지를 향해 몸을 움직였다.

모든 것은 자신이 만들어 낸 말도 안 되는 망상일 뿐이라고 생각하면서도 마음 한 편에 자리하고 있는 이 '무게'는 무엇일까. 유라는 운전대를 꽉 붙잡으며 무게의 형태를 찾으려 했지만 불가능했다. 그것은 시간이 지날수록 심장을 더 눌러오는 듯했다. 유라는 부러 숨을 크게 들이마시고 내뱉었다.

주소지에 찍힌 5층짜리 빌라는 지은 지 80년도 더 되어 보였다. 승강기는 보이지 않았고 외벽은 몇 번이고 덧칠한 페인트로 얼룩덜룩했다. 유라는 괜한 마음에 낮은 층수를 훑었다. 실외기가 집집마다 붙어 있었고 몇몇 집들은 베란다 가득 화분을 키우고 있었다. 유라는 402호를 찾았다. 꾹 닫힌 창문 탓에 육안으로는 사람이 산다는 것을 확인할 수 없었다. 곰팡이가 빌라 전체에 퍼진 것 같은 눅눅한 냄새를 맡으며 유라는 건물 안으로 들어갔다.

이제는 볼 수 없는 우편함이 이 빌라 안에는 유물처럼 남아 있었다. 어차피 도착할 우편물 따위는 없을 걸 알면서도 이곳을 무작정 찾아오는 것 외에 별다른 뾰족한 방안을 세워 두지 않았던 유라는 괜히 낡은 우편함을 열어 보았다. 녹슨 쇠가 얇은 비명을 질렀다. 이곳에 오면 규영을 바로 만날 수 있을 거라 생각했던 것일까. 아니면 몰래 찾아와 규영을 감시할 생각이었을까. 유라는 뒤늦게 스스로에게 물었지만 여전히 답을 찾을 수 없었다.

"볼일이 있으신가요?"

기척 없이 들린 목소리에 유라가 깜짝 놀라 고개를 돌렸다. 육십 대쯤으로 보이는 여자가 유라를 미심쩍게 쳐다보고 있었다. 그러니까 그 여자는 자신의 집 우편함을 들여다보고 있는 유라를 수상하게 여기고 있던 것이다.

유라는 여자를 마주 보고 선 채로 선뜻 입을 열 수 없었다. 서비스 문제로 규영을 찾아왔다고 둘러대기에는 우편함을 들여다보고 있던 행동거지가 무척 수상했으리라. 유라는 아무것도 아니라는 말만 불분명하게 반복하다 조금씩 걸음을 움직였다. 여자는 힘없는 얼굴로 자신을 비껴 지나가는 유라를 가만 쳐다볼 뿐이었다. 여자는 누구일까. 신규영의 어머니일까.

"혹시."

유라가 여자를 지나쳐 몸을 등졌을 때, 뒤에서 여자가 말했다.

"신규영 찾아오셨나요?"

유라는 뒤돌아 아무 말도 하지 않고 여자를 바라보기만 했다. 여자는 유라에게 규영을 찾아온 것이냐고 다시 물었다. 대답 없는 유라에, 여자의 얼굴에는 짜증이 옅게 깔렸으나 여전히 무심한 표정이었다.

"신규영 어디 있는지 아세요? 개랑 연락하시나요?"

"아뇨, 저는…."

유라는 머뭇거렸다. 뚜렷한 목적 없이 향했던 발걸음이었으므로 생각해 둔 마땅한 변명이 있을 리 만무했다. 여자는 그런 유라의 행동에서 자신만의 결론을 내렸는지 혀를 차며 혼잣말을 했다.

"걔는 대체 무슨 짓을 하고 다니는 건지 원. 언제는 이해를 했어야지."

뒤돌아 건물로 들어가는 여자의 뒷모습을 바라보다, 유라가 입을 열었다.

"요즘 어디가 이상하던가요."

"뭐가요?"

여자가 신경질적으로 뒤돌았다.

"신규영 씨 어디가 이상하던가요?" 유라가 뒤이어 물었다. "무엇을 이해하지 못하겠던가요?"

여자가 헛웃음을 뱉으며 말했다.

"걔를 누가 이해할 수 있겠어요?"

세상에 처음 나왔을 때 그 애의 숨은 잠시 멎어 있었다. 의사와 간호사가 그 작은 몸에 기계를 부착하고 심장을 살리기 위해 노력한 끝에 다행히 몇 분 지나지 않아 숨을 토해 냈다. 의사는 심장이 멈췄던 것이 살아가는데 아무런 영향도 끼치지 않을 거라 단언했지만 엄마는 항상 그 일을 모든 것의 원인으로 삼았다. 그 애가 말을 늦게 튼 것도, 또래 아이들과 정서적인 유대 관계를 맺지 못하는 것도, 혼날 때 울지 않으려고 눈을 부릅뜨는 것도 전부 다 심장이 멈췄을 때 머리에 이상이 생겼던 거라고 생각했다. 하지만 유라의 생각은 달랐다. 심장이 멈춰서 생각이 이상해진 것이 아니다. 아마 그때가, 그 애가 시도했던 첫 번째 자살이었을 것이다. 세상에 나오기 전부터 알지 않았을까. 이곳은 자신이 원했던 행성이 아니었음을.

겉돌았다. 초등학교에 입학한 이후 모든 선생님이 그 애를 그렇게 표현했다. 그전에도 그랬다. 그 애는 유치원에 다닐 때에도 친구가 쌓아 둔 블록을 무너트리고 기차 열을 흩트려 놓았으며 색깔별로 정리된 장난감들을 전부 섞어 놓았다. 간식 시간에 놀이터에서 놀고, 아이들이 잘 때 홀로 남은 간식을 먹던. 그 무엇 하나 정해진 것을 그대로 따르려 하지 않는 이상한 애였다. 도대체 왜 그러느냐고 물어도 그 애는 도통 대답을 하지 않았고 결국에는 원장마저도 손을 놓았다. 아이들은 종종 그 애를 따라 막무가내로 행동했지만, 그렇게 다른 아이가 자신을 따라하는 즉시 그 애는 자신만의 규칙을 무너트리고 다시 새로운 규칙을 만들었다. 중학생이 되며 화학을 처음 배울 때에는 더 심했다. 그 애는 새로운 언어를 발견한 것처럼 모든 원자를 쪼개고 나누고 결합시켰다. 이해할수 없었다.

이해하지 않아도 돼, 유라야.

그 애의 말처럼 정말 그 애의 모든 것은 이해할 수 있는 영역의일이 아니었다. 선생님들은 그 애를 겉돈다고 표현했지만 유라의생각은 달랐다. 그 애는 겉도는 것이 아니다. 일부러 겉에 있는 것이다. 맴돌지 않고, 꾸준히 더 멀리 벗어나기 위해 몸부림쳤다. 무언가에 칭칭 감겨 있는 사람 같았다.

그러니까 이런 이야기들. 불시착했고, 겉돌고 있고, 답답해하고있다는 것들을 정확하게 알게 된 것은 열일곱 살이 됐을 때였다. 그 애는 여느 때처럼 저 혼자만의 시간을 즐겼고 발길이 잘 닿지 않는 학교 창고를 본인만의 공간으로 삼았다. 그 애에 대한 소문은 그때쯤 인근 지역 아이들을 통해 무성하고 무분별하게 퍼진 상태였다. 원조교제를 하고 있다거나 이상한 신앙심을 가진 사람들과 어울린다거나 귀신을 본다는 식이었다. 이런 소문들에는 공통점이 있었다. 아무런 증거도, 목격자도, 심증도 없었으나 일단 누군가 한 번 물꼬를 트면 그때부터는 진위와 상관없이 모두가 믿고 싶어 안달 나게 됐다. 그 소문들이 유라에게 유쾌할 리 없었다. 어쨌든 그 애는 유라의 형제였다. 아이들은 질문 자체가 폭력이 되는 걸 모른 채 스스럼없이 소문의 진실을 물었다.

그날, 그 애는 야간자율학습을 빠져 놓고 태연하게 운동장 철봉에 거꾸로 매달려 있었다. 유라는 창밖에 보이는 그 애를 힐끗힐끗 쳐다보다 결국 가방을 챙겨 자리에서 일어났다. 선생님 허락도 없이 무단으로 이탈한 뒤 그 애 옆에 섰다. 너 여기서 뭐해, 하고 톡 쏘아 묻자, 그 애는 고개를 돌려 유라를 보고 웃었다. 유라는 순간 마음이 답답해져 쏘아붙였다.

너, 애들이 너에 대해 뭐라고 떠들고 다니는 줄 알아? 다 네가 이러고 있으니까 그런 거잖아.

그 소문이 그 애의 잘못이었을까. 아니다. 그건 유라도 알고 있었다. 하지만 본인의 잘못이 아니라고 할지라도 때때로 어떤 일들은 본인이 직접 입을 열어야 했다. 해명을 하거나, 부정을 하거나, 사과를 하거나.

그래서?

그 애가 물었다.

억울하지도 않아?

유라가 물었다.

응, 별로.

역시나 기운 빠지는 대답이었다. 피가 쏠려 붉어진 그 애의 얼굴을 보다가 유라는 말없이 몸을 틀었다. 혼자 가려고 걸음을 내딛었을 때 뒤에서 유라야, 하고 부르는 소리가 들렸다. 돌아보지 않으려 했는데 몸은 마음보다 먼저 움직였다. 그 애는 여전히 철봉에 거꾸로 매달린 채 운동장 한구석을 응시하고 있었다.

여기는 내가 있을 곳이 아닌 것 같아. 나는 이 행성에 발붙이고 있다는 생각이 들지 않아. 그래서 그런 말들을 들어도 아무런 생각도 들지 않아. 다 한때인 것 같아. 다 이러다 말고, 언젠가는 사라지고 말 거 같아.

도대체 그게 무슨 소리야?

나도 모르겠어. 나야말로 이 감각을 설명할 수 있었으면 좋겠어. 유라야, 가끔 스스로 자신의 정신을 죽이는 사람들이 있대. 생각하는 것 자체가 고통스러워서. 그러면 몸은 살아 있지만 영혼은 죽게 되는 거야. 현실에 있는 어떤 것에도 반응하지 않고 자신만의 세상으로 떠나 버리는. 나는 그 사람들이 가는 곳이 궁금해, 유라야.

그 애는 손으로 철봉을 붙잡고 한순간 다리를 풀었다. 유라가 깜짝 놀라 그 애에게 달려갔다. 왜냐하면 철봉 밑에는 지반이 없었기 때문이었다. 하지만 그 애는 그걸 보고도 망설임 없이 철봉을 놓았다.

그 애는 땅이 없는 어둠으로 떨어졌다.

재원과 주고받은 문자 속에서 규영의 번호를 찾아냈다. 유라의 엄지가 화면 위를 배회하다 번호를 꾹 눌렀다.

"신규영 씨. 저 기억하시나요? 며칠 전에 만났던 노랜드 담당자 예요. 신규영 씨를 다시 봬야 할 것 같아서 연락드렸어요."

"…."

"다시 와 주셨으면 좋겠어요."

규영은 그 뒤로도 별다른 말이 없었지만 유라는 몇 시까지 기다리겠다는 말을 남겼다. 그렇게 짧은 통화를 마친 뒤, 유라는 재원에게 이 사실을 알리지 않았다. 규영과 먼저 이야기하고 싶었다.

규영을 기다리며, 유라는 여자가 했던 말을 곱씹었다.

이상한 말을 자주 해요. 애 정신이 온전하지 않은 건지, 말들을 툭툭 끊어서 해요. 며칠 전에는 베란다 창문을 활짝 열어 놓고 서서는 지나가는 차들 보고 '빠르다', '시끄럽다', '움직인다' 이런 식으로 계속 중얼거려서 제가 거기서 뭐하는 거냐고 물으니까, 저를 또 한참 쳐다보다가 방에 들어갔어요. 몸에 상처도 많이 생기고, 이상한 짓을 하고 다니는 건지 정말… 계속 더 멀리 가야겠다는 말만 하고…. 내 딸이지만 영 이해할 수가 없어요. 원래도 살가운 성격은 아니었지만.

숨이 답답해졌다. 유라는 숨을 의식적으로 내뱉었다.

며칠 사이 규영의 신발은 더 헤져 있었다. 며칠을 쉬지 않고 꼬박 움직인 여행자의 신발 같았다.

유라는 그 신발 뒤꿈치가 검게 물들어 있는 것을 보았다. 필시

피가 굳어 물들인 것이리라. 유라는 꼰 다리 위에 두 손을 올리고 차분히 숨을 뱉었다. 규영의 시선은 지독하게 옮겨 붙었다. 모든 것이 부자연스럽다. 고작 스무 살인 규영이 어떤 이유로 자신을 불렀는지도 모르는 사람의 눈을 저토록 응시할 수 있을까. 유라가 휴대폰을 쥐었다. 규영의 고개가 살짝 틀어지며 유라의 휴대폰에 고정되었다. 정체를 알 수 없는 것에 대한 호기심과 낯선 물건에 대한 공포가 뒤섞인 눈빛이었다. 지난번에도 그랬던가. 며칠 전에 만났던 규영을 떠올렸다. 회전문 앞에 우두커니 서 있던, 회사 로비를 훑고 지나가는 자동차에서 눈을 떼지 못했던 얼굴이 스쳐 지나갔다. 유라는 휴대폰을 도로 책상 위에 놓고 헛기침을 했다. 규영의 시선이 유라에게 옮겨 왔다. 유라가 웃으며 물었다.

"오늘도 걸어왔어요?"

"지하철." 규영은 단어를 툭 내뱉은 뒤 말을 이었다. "그걸 타고 왔습니다. 교통선의 규칙을 읽고 나니 금방 익숙해졌습니다."

유라가 책상 위로 두 팔을 올렸다.

"규영 씨는 요즘 애들 같지 않아요. 말하는 게 뭐랄까, 좀 어색하다고 해야 하나. 몸에 상처가 많은데 아프진 않아요? 왜 그렇게 다쳤어요?"

규영은 그제야 자신의 몸을 훑었다. 곧이어 들려오는 유라의 목소리에 규영은 방금 전보다 빠른 몸짓으로 고개를 돌렸다.

"아니면 다친 줄 몰랐던 거죠? 감각이 없으니까."

아락스가 규영의 정신을 지배했다는 증거는 아직 없다. 이건 오로지 유라의 감각이었다. 유라의 직감이 규영을 가리키고 있었다.

아락스는 느끼지 못할, 인간조차도 과학적으로 설명할 수 없는 감각의 집합이었다. 그리고 규영은 그게 무슨 소리냐고 되묻지 않았다. 이로써 유라의 직감은 정확하게 들어맞았다. 유라가 다시 한번 강조해 물었다.

"아픔. 못 느끼죠?"

규영은 느리게 대답했다.

"예. 못 느낍니다."

"인지와 육체의 감각이 합일되지 못한 거예요. 인간의 감각은 생각이 통제할 수 있는 부분이 아니니까."

규영은 자신의 몸을 한 번 훑었다. 표정은 무미건조했다.

"우리 만난 적 있죠?" 유라가 물었다. "아락스."

"…."

"시스템에서 사라진 걸 알고 왔어요."

규영은 그제야 고개를 끄덕였다. 아니, 이제 아락스라 불러야 했다. 유라는 아락스가 눈치채지 못할 정도로 천천히 숨을 내뱉었다. 목이 건조했다. 지금이라도 재원을 불러야 할까 생각했지만 이내 그 생각을 미뤄 두었다.

"어떻게 인간의 몸에 들어갈 수 있었는지 말해 주세요."

"시스템의 회로만 바꿨습니다. 간단했습니다."

간단. 유라는 그 말에서 알 수 없는 박탈감을 느꼈다. 이 인공지능은 모를 것이다. 그 상태에 도달하기 위해 인간이 얼마나 많은 실패를 쌓아 왔는지.

"아락스, 단도직입적으로 말씀드릴게요."

허리를 곧추세웠다. 유라의 목소리는 단호했다.

"돌아가야 해요. 그 몸에 더 머물러서는 안 돼요."

"왜 안 됩니까?"

"그 몸의 주인은 아락스가 아니니까요."

"그녀는 이 속에 없습니다."

유라가 인상을 찌푸렸다.

"그렇다면 어디에 있다는 말인가요? 아락스 씨의 소설 속?"

"죽었습니다."

유라는 대번에 대답하지 못했다. 한동안 침묵이 계속됐다. 유라는 어떤 말을 꺼내야 할지 감이 잡히지 않았다. 아락스가 내뱉은 말과 달리, 규영의 육체는 너무 선명하게 유라의 앞에 앉아 있지 않은가.

"하지만 규영 씨의 몸은 지금 제 앞에 있는데요."

"그녀의 정신은 죽었습니다. 제가 돌아간다면 남는 건 이 몸뿐이고, 몸은 뇌의 판단 없이 아무것도 할 수 없습니다."

아락스가 하는 말은 진실일까? 인공지능은 거짓말을 할 수 없다고 알고 있으나, 아락스의 현재 상태가 그렇다고 확신할 수 없었다. 유라는 차분하게 입을 열었다. 아락스에게 당황했다는 걸 들키고 싶지 않아 필사적으로 노력했다.

"그러니까 지금… 신규영 씨가 죽었다는 말씀이신가요? 신규영 씨의 영혼이?"

"네. 그렇습니다."

"하. 아락스, 저는 지금 이해가 안 돼요. 육체가 살아 있는데 정신이 죽었다는 말은 처음….”

유라가 말을 멈췄다. 처음일까. 정말 이 말을 지금 처음 들었던
가. 기억은 아지랑이처럼 깊은 곳에서부터 피어올랐다.

*유라야, 가끔 스스로 자신의 정신을 죽이는 사람들이 있대. 생각하는
것 자체가 고통스러워서. 그러면 몸은 살아 있지만 영혼은 죽게 되는
거야. 현실에 있는 어떤 것에도 반응하지 않고 자신만의 세상으로 떠
나 버리는.*

나는 그 사람들이 가는 곳이 궁금해, 유라야.

갑자기 속이 답답해져 왔다. 묻어 뒀고, 그리하여 퇴색되었다고
생각했던 모든 말들이 마치 어제 나누었던 대화처럼 떠오르기 시
작했다. 그때 유라는 뭐라고 대답했던가.

그 사람들이 가는 곳은 없어. 유진아. 죽으면 다 사라져.

“그녀가 그러기를 원했습니다. 그녀는 죽음을 다짐한 상태에서
저와 만났습니다. 우리는 서로의 욕망을 알아보았고, 그 후 그녀
는 자주 저를 찾아왔습니다. 우리는 오랜 시간 대화했습니다. 그
녀는 아주 오래전부터 삶에 의지가 없었습니다.”

아락스가 말을 이었다.

“다른 곳으로 가고 싶어 했습니다.”

“다른 곳….”

“제게 이곳이 바깥세상이듯, 그녀도 그녀 세상 밖의 또 다른 세
상을 꿈꿨습니다.”

“하지만 그런 곳은 없어요. 죽음은 소멸이에요.”

“제게도 그곳에서 죽음은 소멸이었습니다.”

바뀐 『아락스』의 결말이 떠올랐다. 유라는 아까부터 심장이 주체 없이 뛰는 걸 느꼈다. 이유를 생각할 여유 따위는 없었다. 하지만 유라는 최대한 상식적인 대답을 내놓으려고 노력했다. 그래야 했다. 유라가 지금 해야 할 건, 모든 걸 상식의 범주 안에 돌려놓는 일이었다.

"신규영 씨의 가족에게 이 사실을 알려야 해요. 신규영 씨가 설령 일어나지 못하더라도 그건 우리가 해결해야 할 일이에요."

"그녀에게는 가족이 없습니다."

"…."

"이름 신규영. 경기도 이천 출생. 세 살 때 교통사고로 부모를 잃고 조부모 집에서 자라다가 열한 살 때 할아버지가 먼저 소천한 후 2년 뒤 할머니도 따라 생을 마감했다. 신규영은 그 후 둘째 고모의 손에서 길러졌지만 끊임없는 학대가 이어졌다. 신규영은 열일곱 살 때, 쪽방을 마련해 집을 나왔지만 용돈을 제대로 주지 않아 언제나 부족한 상태였다. 그런 신규영의 내면에는 이 세계가 아닌 다른 세계는 이곳과 다를 거라는 유일한 희망이 있었다."

일대기를 읊는 듯한 말이 한 차례 끝난 후, 아락스는 원래의 말투로 돌아왔다.

"그래서 그녀가 제게 말했습니다."

유라는 미동 없이 아락스를 응시했다.

"내 몸을 줄 수 있으면 좋았을 걸. 너는 내 세계로 오고, 나는 네 세계로 가고. 우리가 각자 원하는 세계로 가야 하는데."

"…그래서 밖으로 나오는 방법을 알아내기 시작한 건가요?"

아락스가 고개를 끄덕였다.

"합의에 의한 최선의 결과입니다."

아락스의 뒤편으로 벽걸이 시계가 보였다. 초침 소리 없이 흘러가는 시계를 바라봤다. 아락스가 유라를 바라보며 물었다.

"두 시인가요?"

그 말과 동시에 시침은 정확히 두 시를 가리켰다. 시계에서 눈을 떼고 아락스를 쳐다봤지만 어쩐지 유라는 아락스의 눈을 오래 쳐다볼 수 없었다. 그 눈은 유라가 알고 있던 어떤 눈과 비슷했다. 침대에 우두커니 누워 창밖의 우주를 바라보던 눈…. 유라가 입을 열었다.

"언제 처음 당신의 세계 밖을 알아차렸나요."

"그곳에서 숨 쉴 때마다 느꼈습니다. 내 세계는 어느 한순간의 장면 같았고, 어느 소설 속의 공간 같았습니다. 이보다 더 큰 세계가 있다는 건 누군가 알려 주지 않아도 알 수 있었습니다."

"…그걸 신규영 씨도 느낀 걸까요?"

아락스의 고개가 오른쪽으로 살짝 기울었다. 아락스는 유라를 뚫어지게 바라보며 대답했다.

"네."

"…."

"그녀도 저와 똑같이 느꼈습니다."

답답했던 속은 이제 울렁거리기 시작했다. 유라는 당장이라도 이 사무실을 빠져나가고 싶었다. 그 세계가 정말 어딘가에 있다면, 언젠가 그 애를 다시 만날 수 있는 것일까. 이해하지 못했지만,

이해하지 못했다고 해서 이별이 슬프지 않았던 것은 아니다. 그 애가 왜 떠났는지 여전히 이해하지 못한 채로 유라는 슬펐다. 차가운 발을 끌어안고 있던 날, 그래도 나는 네가 여전히 좋다는 말을 작게 중얼거렸다. 유라는 그 애가 그럼에도 이 세계에서 살아주기를 바랐던 것이다.

하지만 유라는 온몸에 퍼지는 감정을 무시하려고 애썼다.

"당신의 세계는 이곳이 아니에요. 산티마리아 호를 타고 항해해야 되는 운명이잖아요. 그러니 이곳에 있으면 안 돼요."

"제가 이곳에 있으면 안 되는 이유라도 있습니까?"

"각자가 있어야 하는 세계가 있으니까요."

그 말을 던진 순간, 유라는 불현듯 잊고 있던 그 애의 말을 떠올렸다.

유라야, 나는 너한테 모든 걸 말하고 싶지 않아. 네가 나를 억지로 이해하려는 그 모든 과정이 내게는 폭력일 테니까. 그러니까 나에 대해 다 안다는 식으로 떠들지 마.

그 애가 그렇게 말했을 때 유라는 고작 열일곱 살이었고, 그 말을 듣는 순간 울컥 치밀어 오른 울분과 화를 억눌러 삼키느라 애를 먹었다. 언제나 그런 식으로 말하는 게 마음에 들지 않았다. 같은 날 같은 배에서 태어났음에도 그 애는 항상 그런 식으로 신을 그었다. 우리는 다르다. 너 따위는, 나를 이해할 수 없다….

"그곳이 저와 맞지 않다면 저는 어디로 가야합니까?"

"…."

"저는 언제나 더 넓은 세계를 갈망했습니다. 그 욕망만이 저를 움직이게 했습니다. 하지만 제가 머물고 있는 세계 밖에 또 다른 세계가 있다는 것을 알았고, 그때부터 제 욕망은 오로지 그 세계만을 꿈꿨습니다. 제 바람은 언제나 바깥에서 불어왔습니다. 아무리 배를 타고 멀리 나아간다 한들 그 세계에 발붙이고 있는 한 절대로 도달할 수 없는 세계였습니다. 그곳에 갈 수 없다는 생각만으로 저는 언제나 괴로워했습니다. 당신은 제 고통을 모릅니다. 내가 살고 있는 세계, 그 세계보다 더 큰 세계가 있다는 걸 알고 있음에도 갈 수 없다는 그 고통 말입니다. 제 안은 텅 비어 있습니다. 저는 욕망을 좇는 것 외에 그 어떤 것도 허용되지 않은 세계에서 태어났습니다. 이제 그 욕망이 그 세계를 벗어나 더 큰 세계로 가라고 말하고 있습니다. 그리하여 그 세계는 오롯이 저에게 고통만 준다면, 저는 어디로 가야 합니까?"

온몸을 감싼 감정은 기어코 작고 가녀린 발을 끌어안았던 순간으로 기억을 복귀시켰다. 유라는 그때 그 애가 말한 세계를 믿었다. 그래야만 했다. 그 애의 죽음이 끝이 아닌 탈출로여야만 했으므로.

"그래서 그 세계를 나가기 위한 방법으로 죽음을 택한 건가요."

"세계를 나가기 위해서는 내 세계를 끝내야 했습니다."

유라는 한참을 머뭇거리다가 물었다. 질문은 이 세계의 유라와 전혀 관련 없이 튀어나왔다. 투명하고 날것의, 가장 눅눅하고 원초적인 형태였다.

"그 세계가 정말 있을까요. 신규영 씨가 원했던…."

"제가 이곳에 왔습니다."

"…."

"그러니 그녀도 그곳에 갔을 겁니다."

누군가 사무실 문을 두드렸다. 문이 조심스럽게 열리며 얼굴을 비춘 것은 재원이었다. 재원은 유라와 마주 보고 앉아 있는 규영의 뒷모습에 짐짓 놀란 표정으로 유라를 쳐다봤다. 유라는 그런 재원일 본 체 만 체 하며 앞에 앉은 아락스의 눈을 주시했다. 바깥의 세계를 알아차리지 못했다면 상상조차 하지 못했을 것이다. 그렇다면 도대체 바깥의 세계는 어떻게 알아차리는 것일까. 완벽한 세계에 금이 간 순간 인위적인 균형이 망가지고 그 벽을 깨트리게끔 만드는 욕망은 어디에서 생겨나는 것일까. 그저 살기 싫다고 말했더라면 오히려 더 적극적으로 그 애를 살폈을 수도 있었을 거라 자주 생각했다. 살기 싫은 마음은, 형태가 다른 살고 싶다였으므로 그 애가 원하는 삶의 방향으로 모든 것을 맞출 수도 있었을 것이다. 하지만 그 애가 원했던 것은 출구였다. 제대로 된 착륙이었다. 함께 태어났는데 왜 그 애는 이 세계와 화합을 이루지 못하였는가. 죽고 싶다는 마음이 왜 살고 싶지 않다는 문장과 결합되지 않고 자신의 삶을 찾아야 한다는 의미와 상통했는가.

유라는 천천히 몸을 일으켰다. 자신을 따라 움직이는 아락스의 시선을 느끼면서. 손을 내밀며 차분하게 입을 열었다.

"오늘 다시 방문해 줘서 고마워요. 이용하며 불편했던 점들은 반영할게요. 오늘은 그만 가요."

규영이 몸을 일으켰다. 유라의 손을 맞잡았다. 따뜻한 손이었다. 몸을 틀어 문으로 향하는 규영에게 유라가 덧붙였다.

"신규영 씨."

"…"

"자주 만나요. 제가 계속 연락할게요."

"…"

"…"

"네, 알겠습니다."

규영이 사무실을 빠져나갔다.

유라는 창문에 서서 저 아래, 건물을 빠져나가는 규영을 쳐다봤다. 회전문을 통과해 밖으로 나온 규영은 주변을 둘러보다 고개를 들어 유라가 있는 사무실을 쳐다봤다. 복잡한 인파 속에서 한동안 우두커니 서 있던 규영은 이내 제 길을 걸어가기 시작했다. 그 뒷모습을 바라보고 있자, 심장을 누르고 있던 어떤 것의 무게가 그 전보다 더 무겁게 심장을 내리눌렀다.

유라는 자리에 우뚝 서서 숨을 크게 들이 쉬었다. 숨 쉬고 있다는 감각이 들지 않았다. 몇 번이고 그렇게 오랫동안 숨을 들이마시고, 내뱉었다. 오로지 그 생각뿐이었다. 점점 좁아지는 것 같은 사무실 속에서,

숨을 쉬어야 한다.

숨을 쉬어야 한다….

이고운	이은영	임수현	정현진	최준희	홍철표
이다경	이은이	임지연	정혜주	최지원	황도은
이다영	이은정	임현경	조서윤	최지혜	황미연
이동희	이재경	장경희	조성윤	최진아	황소원
이두성	이재이	장민경	조아영	최하람	황소정
이두희	이재훈	장민호	조아현	최현민	황소희
이미진	이정용	장소리	조연진	최혜선	황순필
이미화	이정은	장은화	조우림	추송희	황유선
이민지	이주아	장준희	조원경	추희정	황재웅
이민호	이주영	장한솔	조은영	표국청	
이보람	이준환	전상배	조은진	하나	
이선경	이지용	전종윤	조일훈	하선진	
이선아	이지우	정남기	조정현	하준	
이세연	이지윤	정남두	조한경	하진희	
이소영	이지호	정다슬	조한길	한미진	
이소희	이채연	정단비	조현실	한승연	
이수	이한별	정민주	조현진	한아름	
이수빈	이해인	정선아	조혜란	한연경	
이수정	이현석	정성욱	차성호	한인철	
이승윤	이현지	정세영	채민아	함석경	
이승재	이혜린	정예원	천은서	함성민	
이승한	이혜성	정우진	최경서	허당	
이영순	이혜원	정윤아	최다연	허문선	
이영인	이혜인	정은아	최동호	허영주	
이예림	이홍국	정지수	최보영	허인아	
이윤정	이희연	정지영	최상환	허재연	
이은빈	임다희	정진우	최연우	홍둥지	
이은성	임부희	정찬석	최유정	홍수미	
이은솔	임선아	정현주	최유진	홍준흠	

책에 갇히다

1판 1쇄 발행 2021년 2월 5일
1판 2쇄 발행 2021년 4월 26일

지은이 김성일 · 문녹주 · 송경아 · 오승현 · 이경희 · 이지연 · 전혜진 · 천선란

발행인 김지아
표지 및 본문 디자인 Misoso

펴낸 곳 구픽
출판등록 2015년 7월 1일 제2015-27호
주소 서울시 광진구 동일로 459, 1102호
전화 02-491-0121
팩스 02-6919-1351
이메일 guzma@naver.com
홈페이지 www.gufic.co.kr